人的資源の
グローバル統合

―外航海運業の船員戦略―

米澤聡士 著

文眞堂

はしがき

　本書の目的は，人的資源のグローバル統合に焦点を当て，外航海運業という業種レベル，さらには船員職という職種レベルにまで精緻化した概念的フレームワークを提示すると同時に，外航海運企業[1]が人的資源のグローバル統合を成功裏に展開するための要件について議論することである。

　多国籍企業活動におけるグローバル統合の概念は，これまで多くの先行研究において示されてきた。そして，それらは，グローバル統合と現地適応との二分法による議論や，いくつかの戦略パターンへの類型化が中心となってきた。また，それらの多くが，組織構造やマーケティング，イノベーションなどの観点から，包括的に論じられるものであった。代表的な先行研究に示された概念として，Perlmutter（1969）の「EPRGプロファイル」や，Bartlett and Ghoshal（1989）の「トランスナショナル企業」などが挙げられる。

　しかしながら，グローバル統合と現地適応によるベネフィットは，個々の産業部門や企業の戦略，製品や市場の性質によって異なっている。さらに，マーケティングや調達，生産，研究開発などの付加価値活動によっても，グローバル統合および現地適応のいずれが適切であるか，またどの程度のグローバル統合が企業にとって最適なベネフィットをもたらすかが異なっていると考えられる。たとえば，Porter（1986）は，戦略の性質によって，グローバル統合か現地適応のいずれの戦略が適切であるかを，4つのパターンに区分して説明した。また，Ghoshal（1987）は，グローバル統合と現地適応のフレームワークについて，産業部門レベル，企業レベル，付加価値活動レベル，機能レベルのそれぞれの次元に区分して論じる必要性を示した。このことは，多国籍企業による戦略のグローバル統合に関して，具体的な産業部門や付加価値活動にフォーカスし，より精緻な検討を加える必要があることを示唆している。

　人的資源管理に焦点を当てた先行研究として，古沢（2009）は，企業が世界レベルで能力水準の高い人的資源を効率的に活用する手段としてグローバル統

合を挙げ,「制度的統合」と「規範的統合」とで構成される概念的フレームワークを提示した。人的資源のグローバル統合とは,多国籍企業が,従業員の採用,配置,教育・訓練,評価などに関する人事制度を世界レベルで統一化し,国籍に関わらず,能力水準の高い人的資源を活用すると同時に,企業理念や知識を全社レベルで共有することである。この人的資源のグローバル統合は,国際人的資源管理の分野においてしばしば議論される「ヒトの現地化」の枠を超え,世界レベルで人的資源の効率的な活用を実現し,多国籍企業に固有の優位性をもたらす有力な手段として注目すべきである。

しかしながら,人的資源のグローバル統合がもつ重要性やベネフィット,具体的な手段は,個々の業種ないし企業が直面する労働市場の特性,従業員の職種や雇用形態,技術やスキルの特性,職務環境などによって異なっている。このことは,人的資源のグローバル統合に関して,一般的な概念をベースとしながらも,特定の業種および職種レベルにブレークダウンし,当該業種および職種に固有の要因を踏まえた上で,より精緻な分析を加える必要がある点を強く示唆している。

そこで本書では,現場レベルの従業員に関して,人的資源のグローバル統合,とりわけ制度的統合が最も進展している業種のひとつとして,外航海運業に注目する。外航海運業は,わが国の輸出入貨物のうち,99％以上の輸送を担う重要な産業部門であり[2],海上輸送の現場で船舶のオペレーションに従事するのが,世界各国から雇用された船員である。そして,船員の採用,配置,教育・訓練,評価などに関する海運企業のマネジメントが船員戦略である。一般的な外航海運企業においては,船員の採用および配置に関して,制度的統合がなされている。また,先進的な海運企業においては,さらに教育・訓練や評価制度,給与制度などに関しても全社レベルで統一化し,それらを船員の国籍やバックグラウンドに関わらず運用している。外航海運企業が,船員戦略におけるグローバル統合を達成するためには,このような制度的統合に加えて,いかに規範的統合を促進するかが重要な課題となる。

外航海運企業による船員戦略において,人的資源のグローバル統合がとりわけ重要となる理由として,以下の2点が挙げられる。第1に,船員の多様性と雇用形態である。一般的に,外航海運企業は,フィリピンやインドなど世界各

国のマンニング・ソースから船員を雇用しており，日本の代表的な海運企業の場合，管理職レベルに相当する職員の約9割，ワーカーレベルに相当する部員のほぼ全てを外国人が占めている。さらに，これらの外国人船員は，職位に関わらず全員が3ヶ月から9ヶ月のきわめて短期的な契約ベースで雇用される。したがって，外航海運企業では，多様な国籍やバックグラウンドをもつ人的資源が現場の船員組織を構成しているだけでなく，船員組織を構成するメンバーが頻繁に変動するという特徴がある。このため，海運企業が，安全かつ効率的な船舶のオペレーションを維持するためには，現場レベルの船員に対して，企業に固有の知識を効果的に移転し，能力水準を高度化させるだけでなく，それらを全社レベルで標準化し，すべての自社管理船において，ひとしく適正に運用しなければならない。すなわち，海運企業は，船員戦略を通じて，船員の国籍やバックグラウンドに関わらず，能力水準を高度化し，一定水準以上に標準化する必要があると言える。第2に，船員市場の変化が挙げられる。2008年のリーマン・ショック以前には，世界的に海運市場が需要過剰になるにしたがって船員不足が深刻化し，海運企業間での船員獲得競争が激化した。近年においては，船員市場の需給バランスに変化が見られるようになったが，長期的に見れば，世界的に船員不足の傾向が継続するとされている。船員の雇用形態に鑑みれば，海運企業は，変動する船員市場の環境下で，自社に必要な条件の船員を常に過不足なく雇用し，船舶の安定的なオペレーションを維持する必要がある。しかしながら，船員組織の多様性とメンバーの変動性は，海運企業にとって，船員の安定的な確保を困難にし，企業に固有の知識の共有・移転を阻害する要因となる。他方，船員の観点からは，特定の海運企業の安全管理ポリシーや企業に固有の知識を吸収するインセンティブ，船員間の信頼関係を構築するモチベーションが低下する。したがって，海運企業が，これらの制約要因を所与のものとしながら，船員の能力水準の高度化ないし標準化，オペレーションに必要な船員の安定的な確保という2つの課題を達成する上で，人的資源のグローバル統合がきわめて重要な役割を果たすと言える。

　本書は，上述の問題意識に鑑み，人的資源のグローバル統合の概念を，外航海運業の船員という業種および職種レベルにまでブレークダウンし，より精緻なフレームワークを提示すると同時に，海運企業が成功裏に人的資源のグロー

バル統合を展開する要件は何かを議論する。

　筆者がこの研究を始めた契機は，2002年春，シンガポールにおいて日系船舶管理企業を訪問した際，海運業において船舶管理という業態が存在することや，その重要な役割のひとつに，船員のマネジメントが位置づけられることを知る機会を得たことである。当時，世界的な海運需要の増大に伴って，海運企業は深刻な船員不足に直面し，マンニング・ソースを急速に拡大させていた。また，日本の海運企業が，外国での船舶管理機能を強化すると同時に，船舶管理や船員戦略の主要な担い手を，外国人にシフトさせつつある時期でもあった。したがって，筆者がこの研究を進めてきた2000年代初頭以降，船員戦略の重要性は，海運企業にとっても，国際ビジネスの研究対象としても，いっそう増大してきたと言える。

　今般，筆者が本書を上梓できたのは，多くの方々からご指導，ご支援を賜ったおかげであり，皆様に深く感謝申し上げる次第である。ここにそのすべてのお名前を記すことが困難であることをご容赦頂きたい。

　とりわけ，筆者が早稲田大学商学部および大学院商学研究科に在籍した当時から，国際貿易論，多国籍企業論を中心に，学問のみならず厳しくご指導，ご鞭撻を賜った江夏健一早稲田大学名誉教授には，深く感謝申し上げたい。また，外航海運業に関する研究のきっかけを与えて頂き，主に異文化マネジメント論の観点からご指導頂いた太田正孝早稲田大学教授，国際人的資源管理の観点から，研究の方向性を示唆して頂いた白木三秀早稲田大学教授，国際貿易論の観点からアドバイスを賜った田口尚志早稲田大学教授をはじめ，早稲田大学商学学術院の先生方に，厚く御礼申し上げる次第である。さらに，国際ビジネス研究学会，日本海運経済学会，日本貿易学会等の学会活動を通じて，筆者の研究に貴重なコメントを頂いた先生方，充実した研究環境を提供して頂き，様々なお励ましを賜った日本大学経済学部，前任校である久留米大学の教職員の皆様に，深く感謝申し上げたい。

　本書は，2006年より6年間採択された日本郵船・ヘイエルダール記念事業研究助成金による研究成果の一部である。筆者の研究を助成対象として頂いた日本郵船株式会社ならびに関係各社，各国の海運企業，海事行政機関，船員教育機関などの皆様，日本郵船運航船の乗組員の皆様には，ご多忙のところ筆者

のインタビュー調査や参与観察にご協力頂き，改めて厚く御礼申し上げる次第である。本書の執筆が，皆様のご協力なくして不可能であったこと，また船員戦略の様々な現場で，国籍や立場を問わず海技者としての誇りに満ちた皆様にお会いできたことが，筆者にとって大きな支えであることを申し添えたい。さらに，本書の出版にあたり，日本大学経済学部平成30年度学術出版助成を受けた。

　そして最後に，本書を刊行する機会を頂いた株式会社文眞堂の皆様に，心より感謝申し上げる次第である。

　　2018年4月

　　　　　　　　　　　　　　　　　　　　　　　　　　　　　　米澤聡士

目　　次

はしがき

序　章　本書の構成および特徴 …………………………………… 1

第1節　本書の構成 ……………………………………………………… 1
第2節　本書の特徴および意義 ………………………………………… 11

第1章　人的資源のグローバル統合
　　　　―先行研究と本書の研究課題― ……………………………… 15

第1節　はじめに ………………………………………………………… 15
第2節　国際ビジネス理論におけるグローバル統合 ………………… 16
第3節　人的資源のグローバル統合 …………………………………… 27
第4節　外航海運業における人的資源のグローバル統合に関する
　　　　研究課題 ……………………………………………………… 34
第5節　小結 ……………………………………………………………… 38

第2章　外航海運業における船員戦略の概念と
　　　　グローバル統合の重要性 …………………………………… 40

第1節　外航海運業における船員戦略の担い手と役割 ……………… 40
第2節　外航海運企業による船員戦略の概念 ………………………… 42
第3節　船員の資格および配乗に関する要件 ………………………… 44
第4節　船員の組織と職務 ……………………………………………… 46
第5節　船員戦略におけるグローバル統合の重要性 ………………… 49
第6節　小結 ……………………………………………………………… 51

第3章　マンニングと立地優位性 …………………………… 53

- 第1節　はじめに ………………………………………………… 53
- 第2節　研究方法 ………………………………………………… 55
- 第3節　多国籍企業理論における立地優位性の概念と
  マンニングの本質 ……………………………………… 57
- 第4節　外航海運業の船員戦略におけるマンニング ……… 64
- 第5節　マンニング・ソースとしてのフィリピンの立地優位性 … 71
- 第6節　小結 ……………………………………………………… 78

第4章　マンニング・ソースにおけるクラスターの構造と機能 …………………………………………………………… 80

- 第1節　はじめに ………………………………………………… 80
- 第2節　研究方法 ………………………………………………… 81
- 第3節　海事クラスターとマンニング・クラスター ……… 82
- 第4節　マンニング・クラスターの概念的フレームワーク … 84
- 第5節　クロアチアにおけるマンニング・クラスターの構造と機能 … 91
- 第6節　小結 ……………………………………………………… 96

第5章　船員戦略における教育・訓練と知識移転 ………… 98

- 第1節　はじめに ………………………………………………… 98
- 第2節　研究方法 ………………………………………………… 99
- 第3節　船員戦略における「知識」と「知識移転」の概念 … 100
- 第4節　外航海運企業における知識移転の事例
  ―日本郵船のケース― ……………………………… 111
- 第5節　効果的な知識移転の要件 ……………………………… 119
- 第6節　小結 ……………………………………………………… 124

第6章　船員戦略におけるダイバーシティ・マネジメント … 126

- 第1節　はじめに ………………………………………………… 126

第2節	研究方法 ………………………………………………………	*127*
第3節	客船事業におけるサービスの特性とダイバーシティ・ マネジメントの重要性 ……………………………………	*129*
第4節	客船事業におけるダイバーシティ・マネジメント ………	*136*
第5節	日本郵船グループにおける客船事業 　　　―郵船クルーズ・Crystal Cruise― …………………	*143*
第6節	客船事業におけるダイバーシティ・マネジメント 　　　―郵船クルーズ「飛鳥Ⅱ」のケース― ………………	*148*
第7節	ダイバーシティ・マネジメントの成功要件 ………………	*155*
第8節	小結 …………………………………………………………	*160*

第7章　継続的雇用と船員市場の内部化 …………………… *163*

第1節	はじめに ……………………………………………………	*163*
第2節	研究方法 ……………………………………………………	*164*
第3節	船員市場内部化の背景 ……………………………………	*165*
第4節	船員市場の内部化インセンティブ ………………………	*169*
第5節	船員市場内部化の手段 　　　―日本郵船のケース― ………………………………	*175*
第6節	船員市場内部化の要件 　　　―海運企業の優位性― ………………………………	*178*
第7節	小結 …………………………………………………………	*180*

第8章　継続的雇用とインターナル・マーケティング ……… *182*

第1節	はじめに ……………………………………………………	*182*
第2節	研究方法 ……………………………………………………	*183*
第3節	インターナル・マーケティングの概念的フレームワーク …	*184*
第4節	インターナル・マーケティングとしての船員戦略 　　　―日本郵船のケース― ………………………………	*192*
第5節	インターナル・マーケティングとしての船員戦略 　　　―概念的フレームワーク― …………………………	*197*

第6節　船員戦略におけるインターナル・マーケティングの
　　　　成功要件 …………………………………………………… 204
　第7節　小結 …………………………………………………………… 207

第9章　継続的雇用とリテンション・マネジメント ………… 209

　第1節　はじめに ……………………………………………………… 209
　第2節　研究方法 ……………………………………………………… 210
　第3節　リテンション・マネジメントの概念
　　　　　―先行研究と論点の整理― ………………………………… 212
　第4節　リテンション要因と船員の知覚
　　　　　―インタビュー調査結果の考察― ………………………… 223
　第5節　船員の継続的雇用とリテンション・マネジメントの
　　　　　プロセス ……………………………………………………… 229
　第6節　小結 …………………………………………………………… 232

第10章　オペレーションにおけるクロスボーダー・
　　　　　コミュニケーション ……………………………………… 235

　第1節　はじめに ……………………………………………………… 235
　第2節　研究方法 ……………………………………………………… 236
　第3節　安全管理におけるコミュニケーション要因の
　　　　　位置づけとインターフェイス …………………………… 237
　第4節　海洋事故事例とコミュニケーション要因
　　　　　―日本郵船のケース― ……………………………………… 241
　第5節　船舶オペレーションとクロスボーダー・コミュニケーション
　　　　　―異文化マネジメント論の観点から― ………………… 245
　第6節　小結 …………………………………………………………… 254

第11章　結論　外航海運企業における船員戦略
　　　　　―「人的資源のグローバル統合」としての
　　　　　　フレームワーク― …………………………………………… 256

注………………………………………………………………… *269*
参考文献……………………………………………………… *278*
索引…………………………………………………………… *291*

序章
本書の構成および特徴

第1節　本書の構成

　本書の目的は，人的資源のグローバル統合に焦点を当て，外航海運業という業種レベル，さらには船員職という職種レベルにまで精緻化した概念的フレームワークを提示すると同時に，外航海運企業が人的資源のグローバル統合を成功裏に展開するための要件について議論することである。

　本書は，外航海運企業の船員戦略について，古沢（2009）が示したモデルをベースに，人的資源のグローバル統合として体系化し，主要な機能を制度的統合と規範的統合とに区分する。その上で，外航海運業に固有の要因を踏まえ，それぞれの機能について概念を精緻化する。すなわち，制度的統合として，船員の採用（マンニング），教育・訓練（トレーニング），配置（クルーイング）を位置づける。他方，規範的統合として，船員の継続的雇用と，現場における船員間関係を位置づける。そして，それぞれの機能において，立地優位性，知識移転，ダイバーシティ・マネジメント，市場の内部化，インターナル・マーケティング，リテンション・マネジメント，異文化マネジメントに関する理論的フレームワークをそれぞれ援用し，船員戦略の概念を説明する。さらに，日本の大手外航海運企業，日本郵船を代表的な先進事例として捉え，同社をはじめ主要なマンニング・ソースを含めたケース・スタディを行う。ケース・スタディに関して，筆者は，船員戦略にコミットするプレーヤー，すなわち国内外の海運企業をはじめ，海事行政機関，船員教育機関，海員組合等を対象に，2003年より2016年にかけて，継続的にインタビュー調査とオペレーション現場の参与観察を実施し，主に質的データを収集した。本書では，船員戦略における人的資源のグローバル統合に関する概念的フレームワークを提示した上

で，インタビュー調査および参与観察から得られた質的データに基づき，海運企業が人的資源のグローバル統合を成功裏に達成するための仮説を帰納的に導出する。

第1章では，グローバル統合に関する代表的な国際ビジネス理論と，人的資源のグローバル統合に焦点を当てた先行研究を概観し，一般的な概念を整理した上で，外航海運業における船員戦略の観点から，本書の研究課題を明確にする。

第1に，国際ビジネス論において，グローバル統合に言及した代表的な先行研究を概観し，多国籍企業活動全体におけるグローバル統合の論点を整理する。第2に，本書のベースとなる人的資源のグローバル統合に関する概念的フレームワークを整理する。その上で，業種レベルおよび機能レベルでの精緻化の必要性について論じる。第3に，人的資源のグローバル統合に関する基本的なフレームワークをベースに，船員戦略の諸機能を「制度的統合」と「規範的統合」とに区分し，外航海運企業における人的資源のグローバル統合に関する業種および職種，さらに機能レベルの分析枠組と研究課題を明確にする。

第2章では，外航海運業における船員戦略の概念を整理した上で，グローバル統合の重要性について論じる。第1に，外航海運業における船員戦略の担い手と，それぞれの役割を整理する。海運企業の船員戦略は，船舶管理の一部として位置づけられ，船舶管理会社ないしマンニング会社によって遂行される。ここでは，船舶管理の概念を提示した上で，船員戦略にコミットするプレーヤーと，それぞれの役割を示す。第2に，船員戦略の概念を明確にする。船員戦略は，船員の採用（マンニング），教育・訓練（トレーニング），配置（クルーイング）の3つの機能を中心に，現場における船員間のコミュニケーション，昇進や給与に関する船員人事制度などを加えたものとして捉えられる。さらに，船員戦略に固有の重要な人的資源管理施策として，能力水準の高い船員の継続的雇用に向けた取り組みが挙げられる。第3に，船員戦略をめぐる法的枠組や制度，船員組織の特性，船員の職務設計について整理する。第4に，外航海運企業における船員のグローバル統合の重要性について議論する。船員戦略と船員業務の特性に鑑みれば，外航海運企業は，これらの船員戦略を制度的

に統合するだけでなく，規範的統合を達成することで，世界レベルで最適な船員の活用を行うことが可能になると考えられる。

　第3章から第10章までは，船員戦略の機能ごとに「制度的統合」と「規範的統合」とに区分する。このうち，第3章から第5章までは，船員戦略における「制度的統合」として，船員の採用と配置，教育・訓練を位置づける。

　第3章では，船員の採用に焦点を当て，マンニング・ソースの立地優位性について検討する。海運企業によるマンニングは，自社のニーズに適合する船員を世界のマンニング・ソースから効率的に雇用することであり，マンニング・ソースの決定プロセスは，多国籍企業活動における世界レベルの「立地選択」である。したがって，特定のマンニング・ソースがもつ「立地優位性」が，マンニング・ソースの選択に影響を及ぼしている。船員は，数ヶ月間の契約ベースで雇用されるため，海運企業は常時従業員の雇用すなわちマンニングを行わなければならず，船員市場や自社管理船の船員ニーズの変化に伴って，マンニング・ソースの立地優位性も変化する。そこで，マンニング・ソースがもつ立地優位性要素が何であり，それらがどのような背景によって形成され，企業によってどのように知覚されるかといった諸問題を検討することが重要な意味をもつ。

　そこで本章では，外航海運企業にとって代表的なマンニング・ソースであるフィリピンを対象に，マンニング・ソースのもつ立地優位性と，それらの優位性要素が形成される背景について，主に多国籍企業理論の観点から検討する。本章では第1に，マンニングの本質と，マンニングにおける立地優位性の概念について，多国籍企業理論を用いて説明する。第2に，日本の大手海運企業の船員戦略をケースとして取り上げ，マンニング・ソースの選択に関する意思決定プロセスについて検討する。第3に，海運企業および現地でのインタビュー調査に基づき，最大規模のマンニング・ソースであるフィリピンの立地優位性要素とそれらが形成される背景について，第2の船員市場規模であるインドとの相対的な概念を含めて明らかにする。

　第4章では，前章で検討した立地優位性を形成する有力な要素として，マンニング・クラスターに焦点を当て，その構造と機能について検討する。

マンニング・ソースに形成される立地優位性の高度化プロセスには，船舶管理企業や船員教育機関，海事行政機関などの様々な企業や機関がコミットする場合が多い。すなわち，それぞれの企業や機関が意図するかどうかにかかわらず，特定のマンニング・ソースにおいて，船員の雇用や教育に関する様々なプレーヤーが相互に異なる役割を果たし，船員の能力水準を高度化したり，海運企業にとっての利用可能性を高めることで，当該マンニング・ソースとしての立地優位性が増大する。このことは，マンニング・ソースの立地優位性を形成するひとつの要因として，ある種のクラスターが機能していることを示唆している。

本章では第1に，クラスターに関連する国際ビジネスの諸理論を検討し，それらのインプリケーションに基づいて，マンニング・クラスターの概念的フレームワークを提示する。第2に，マンニング・クラスターが明確に形成されているクロアチアを事例として取り上げ，同国におけるマンニング・クラスターの構造，各プレーヤーの役割，クラスター全体の機能について検討する。クロアチアは，船員の能力水準や利用可能性の観点から，海運企業にとって重要なマンニング・ソースとして位置づけられている。第3に，先に示したマンニング・クラスターの概念的フレームワークとクロアチアの事例から，マンニング・クラスターの構造と機能についての仮説を帰納的に導出する。

第5章では，船員戦略における教育・訓練（トレーニング）を，国境を越えた「知識移転」として捉え，それが成功裏に行われるための要件について論じる。船員に対する企業内教育・訓練は，それ自体が海運企業の優位性となるが，トレーニング・プログラムを世界レベルで制度的に統合し，船員知識の標準化を図ることで，優位性の水準はさらに高度化する。本章では，企業に固有の船員知識の高度化と標準化のプロセスを，国境を越えた知識移転の観点から説明する。

外航海運業のようなサービス産業では，企業の優位性を構築する上で，現場レベルの人的資源に体化された技術やスキルなどの知識の重要性がきわめて大きいとされており，まさに船員は，海運企業が提供する海上輸送サービスの品質を決定する重要な要素である。このため，海運企業は自社のもつ船舶オペレーションに関する知識を，様々な国籍，経験，能力をもつ個々の船員に的確

に移転し，全社レベルで能力の標準化を図る必要があると言える。しかしながら，外航海運企業における国境を越えた知識移転には，当該産業部門に固有の阻害要因も存在する。たとえば，日本の海運企業が運航する船舶に乗船するのは，大部分が外国人船員であるが，それらの船員は一定期間の契約ベースで雇用されるため，知識の受領者としての吸収能力やモチベーションには相当な差異がある。他方，海運企業の船員戦略における知識移転活動の水準も，自社における船員戦略の位置づけや，知識の移転者である個々の船員によって大きく異なっている点が指摘できる。このため，海運企業にとっては，このような阻害要因をいかに克服し，成功裏に知識移転を行うかが焦眉の課題となっている。

先進的な海運企業は，自社の競争優位を著しく左右する船員に対して，企業に固有の知識を移転するためのトレーニング・プログラムを全社レベルで体系化し，巨額な設備投資を伴う教育・訓練を行っている。このことが，船員の能力水準を高度化させ，船舶オペレーションの品質を向上させることにつながるのである。さらに，海運企業のトレーニングにおいては，知識の創造者，移転者，受領者がすべて外国人船員である場合も多い。すなわち，日本企業の企業特殊的知識を日本人抜きで創造・移転することが，世界レベルでの現場従業員の効率的な活用において不可欠となる。

本章では第1に，船員戦略における「知識」とは何かを明確にする。第2に，日本の大手海運企業による知識の創造・移転の事例を検討し，知識移転の方法と課題を説明する。第3に，知識移転を対象とする理論的フレームワークを用いて，外航海運業の船員戦略における知識移転の概念を明確にする。そして最後に，成功裏に知識移転を行うための要件について，帰納的に仮説を提起する。

第6章から第10章までは，船員戦略における「規範的統合」として，船員組織における多様性のマネジメント，船員の継続的雇用とオペレーション現場における船員間関係を位置づける。

第6章では，船員の配置と教育・訓練に焦点を当て，多様な国籍やバックグラウンドをもつ従業員を効率的に配置し，多様性に起因する制約要因を排除す

ると同時に，成果を最大化するために，いかなる教育・訓練を中心とするマネジメントが必要であるか，ダイバーシティ・マネジメントの観点から検討する。本書の対象である外航海運業は，多様な国籍やバックグラウンドをもつ人的資源を活用することによって，アウトプットを生産する代表的な業種である。海運企業のなかでも，とりわけ船員のダイバーシティが顕著な部門が客船事業である。大手海運企業が運航する客船には，1隻あたり数百名の船員が乗務するが，これらの船員の国籍は，日本をはじめ欧州，アジア各国を中心に十数ヶ国以上にのぼる。サービス産業の一般的な特性として，アウトプットの品質を決定し，企業が競争優位を獲得する上で最も重要な要因が，サービスを提供する人的資源に体化されたスキルやノウハウである点が挙げられる。さらに，外航海運業に固有の特性として，船員のダイバーシティが大きいだけでなく，船員の流動性が高い点が挙げられる。このため，ダイバーシティの制約要因が大きく，成功裏にダイバーシティの成果を挙げるためのマネジメントがいっそう重要な役割を果たすと言える。したがって，海運企業にとっては，これらの多様な国籍やバックグラウンドをもつ船員のマネジメントをいかに遂行し，高水準のサービスを提供できるかが重要な課題となる。

そこで，本章では第1に，ダイバーシティ・マネジメントに関する先行研究によって示された理論的フレームワークを用いて，クルーズ客船事業におけるダイバーシティ・マネジメントの概念を明確にする。第2に，クルーズ客船事業のサービスにおけるダイバーシティ・マネジメントの重要性と課題を明らかにする。第3に，日本の海運企業によるクルーズ客船事業の代表的な成功事例として，郵船クルーズ「飛鳥Ⅱ」のケース・スタディによって，クルーズ客船の現場におけるダイバーシティ・マネジメントを検討する。そして最後に，上述の理論的フレームワークとケース・スタディから，外航海運企業の船員戦略におけるダイバーシティ・マネジメントの成功要件とは何かを帰納的に考察する。

第7章から第9章までは，船員の継続的雇用に焦点を当てる。すなわち，船員市場の内部化の重要性と，それを達成するためのマネジメント，さらに継続的雇用を促進する手段としてのインターナル・マーケティングの観点から，能力水準の高い船員の「引き留め」すなわち船員市場の内部化を成功裏に行う要

件について検討する。外国人船員は短期的な契約ベースで雇用されるため，船員市場における流動性が高い。さらに，船員不足の状況下では，船員の流動性の高さがいっそう顕著になり，世界的な船員不足の傾向は今後も継続すると予測されている。このため，海運企業にとっては，自社運航船のオペレーションに必要な船員を確保するだけでなく，能力水準の高い船員を継続的に雇用するための「引き留め」が，いっそう重要性を増している。

第7章では，船員市場の内部化の観点から，船員の継続的雇用の重要性について検討する。海運企業が不完全な船員市場を内部化することによって，船員の安定的な確保を可能にするだけでなく，船員の継続的な雇用を通じて，企業に固有のスキルや能力が高度化され，人的資源に体化された知識を占有することによって，自社の優位性を高めることが可能になると考えられる。そこで本章では，外航海運業における船員市場の内部化に焦点を当て，内部化理論を援用して，以下の4点について検討する。本章では第1に，船員市場の内部化が必要とされる背景について概観する。第2に，海運企業が船員市場を内部化するインセンティブについて，内部化理論の概念を用いて説明を試みる。第3に，海運企業による船員市場の内部化が，具体的にどのような形で行われているかを，海運企業のケースを用いて明らかにする。そして第4に，船員市場の内部化が成功裏に行われる要件とは何かを検討する。

第8章では，船員の「職務満足」の導出に焦点を当て，海運企業側の観点から，船員の職務満足を醸成し，継続的雇用をもたらす一連の人的資源管理施策を「インターナル・マーケティング」として捉える。そして，先行研究に示された概念的フレームワークと，代表事例および成功事例としてのケース・スタディに基づいて，その概念を明確にすると同時に，期間限定的な契約ベースで雇用される船員の継続的雇用を達成するための要件を明らかにする。

本章では第1に，インターナル・マーケティングに関する代表的な先行研究を概観し，概念的フレームワークを整理する。第2に，代表事例および成功事例として捉えられる大手海運企業のケースを取り上げ，同社の船員戦略について，インターナル・マーケティングの概念に関わる活動を中心に検討する。第3に，上述の概念的フレームワークとケース・スタディに基づいて，インターナル・マーケティングとしての船員戦略の概念を明確にする。第4に，海

運企業がインターナル・マーケティングとしての船員戦略を成功裏に展開する要件について，概念的フレームワークとケース・スタディから帰納的に導出する。

第9章では，能力水準の高い船員の「引き留め」（リテンション）に焦点を当て，船員側の観点から，継続的雇用をもたらすリテンション・マネジメントとは何かを検討する。外航海運業をめぐる経営環境の変化や，船員に固有の職務特性，雇用形態の特異性に鑑みれば，海運企業が能力水準の高い船員を確保するだけでなく，成功裏に船員の教育・訓練を行い，能力水準の高度化と標準化を図る上で，リテンション・マネジメントがきわめて重要な役割を果たす。したがって，今日の海運企業にとって，船員のリテンションを成功裏に達成するための人的資源管理施策を戦略的に行うことが不可欠であると言える。人的資源のリテンションが成功裏に行われるかどうかは，単に人的資源管理施策の存在とリテンションの実態との相関関係を検討するだけでは不十分である。すなわち，人的資源管理施策がどのように船員に知覚され，業種特殊的な背景や要因が何であり，いかなる行動を生起させる結果，リテンション成果に結びつくかを明らかにする必要がある。

本章では第1に，リテンション・マネジメントに関する先行研究を概観し，その概念を整理すると同時に，外航海運企業による船員を対象としたリテンション・マネジメントの論点を明確にする。第2に，海運企業が実施する人的資源管理施策を調査し，具体的なリテンション・マネジメントとしていかなる施策が行われているかを検討する。第3に，船員および船員経験者に対するインタビュー調査から，人的資源管理施策を中心とするリテンション要因に対して，従業員の知覚がどのように形成されるかを明らかにする。第4に，人的資源管理施策とそれに対する船員の知覚を踏まえ，外国人船員のリテンションが成功裏に行われるプロセスを仮説として提示する。

第10章では，現場における船員間関係に焦点を当て，とりわけ船舶オペレーションにおけるクロスボーダー・コミュニケーションの観点から，海運企業にとって存立基盤とも言える安全性を維持するためのマネジメントについて検討する。すなわち，船舶オペレーションの最重要課題である安全管理において，異なる国籍やバックグラウンドをもつ船員が，特異なコミュニケーション

環境を成功裏にマネジメントし，船舶オペレーションを安全に遂行するための要件とは何かを明らかにする。

　海運企業にとって，船舶オペレーションの安全性は，コストだけでなく，自社に対する信頼性を著しく左右するため，競争優位の重要な源泉となる。しかしながら，世界的な船員不足が顕著になった2000年代に入り，日本の海運企業が運航する外航船が関係する海洋事故が多発しており，主要な事故原因として，船員を中心とする人的要因が指摘されている。世界的な船員不足に伴って，船員の技術水準の維持・向上が困難になりつつあるとの懸念が高まるなか，このことは，外航海運業における安全管理の重要性が，いっそう増大していることを示唆している。さらに，外航船に乗務する船員の大部分が外国人であるため，国境を越えた安全管理が，海運企業にとって焦眉の課題であると言える。外航船には多くの国籍やバックグランドで構成される船員が配乗され，異なる国籍の船員同士が，船舶という特異な労働環境のもとで協調しつつ業務に従事している。このように，船舶のオペレーションには，船員を中心に多くの国籍の人的資源が関係しているため，安全管理においても，国境を越えた従業員間の適切なコミュニケーションが不可欠である。

　そこで本章では，船舶オペレーションの安全管理に焦点を当て，それを成功裏に行うための国境を越えたコミュニケーションの要件について検討する。第1に，海洋事故原因におけるコミュニケーション要因の位置づけを示すと同時に，安全管理の対象である船舶管理や船員業務において，どのようなコミュニケーションのインターフェイスが存在するかを明確にする。第2に，大手海運企業で実際に発生した海洋事故をケースとして取り上げ，事故原因としてどのようなコミュニケーション要因が影響を及ぼしたかを検討する。第3に，異文化マネジメントの諸理論を援用し，クロスボーダー・コミュニケーションの観点から，安全管理における問題点を明確にする。そして最後に，外航海運業における安全管理を成功裏に遂行するために，いかなるクロスボーダー・コミュニケーションが必要であるかを提起する。

　第11章では，本書の結論を述べる。本書の結論として，外航海運業を対象に，人的資源のグローバル統合に関する概念を業種および職種，機能レベルで精緻化すると同時に，それぞれの機能レベルで成功裏にグローバル統合を達成

するための要件を仮説として提示する。本書では，人的資源のグローバル統合に関する概念的フレームワークをベースに，現場従業員レベルのグローバル統合が著しく進展し，かつ重要性の高い外航海運業を対象として，業種および職種，機能レベルでグローバル統合の概念を精緻化する。さらに，各章において，制度的統合と規範的統合を構成するそれぞれの機能レベルで，その成功要件を仮説として提示する。

　すなわち，外航海運企業の船員戦略を「制度的統合」と「規範的統合」とに区分し，「制度的統合」として，船員の採用，配置，教育・訓練を位置づけ，「規範的統合」として船員組織の多様性のマネジメント，船員の継続的雇用，現場における船員間関係を位置づける。外航海運企業における船員のグローバル統合は，これらの「制度的統合」と「規範的統合」の相互作用によって，世界レベルでの最適活用が可能になる。本書で検討したグローバル統合のすべての機能は，古沢（2009）において示されるグローバル統合のベネフィットを獲得する上で，有益なものである。すなわち，制度的統合によって，企業は国籍に関わらず世界から能力水準の高い人的資源を活用・登用することが可能となる。これに対し，規範的統合を通じて，世界レベルで経営理念やポリシー，知識や企業文化が共有されると同時に，従業員間の信頼関係が構築される。これら2つのグローバル統合によって，世界レベルで人的資源の効率的な活用が実現する。具体的には，外航海運業において焦眉の課題である船員の安定的な確保と，能力水準の高度化および標準化が，本書で議論したそれぞれの機能を成功裏に遂行することによって達成されると考えられる。また，この仮説の導出過程には，外航海運業を取り巻く経営環境，船員戦略の特性，船員市場や船員業務，職務環境の特性，船員の技術・スキルの特性といった，当該業種に固有の要因が深くコミットしている。したがって，人的資源のグローバル統合に関する概念を業種レベルにブレークダウンし，当該業種に固有の諸要因を踏まえて精緻化する意義は大きいと言える。

第2節　本書の特徴および意義

　本書の特徴および意義は，人的資源のグローバル統合に関する精緻化と新たな視点の提示，国際ビジネス分野における外航船員研究の重要性と希少性，研究方法の独自性の3点に集約される。
　第1に，人的資源のグローバル統合に関する概念を，業種および職種レベルにブレークダウンし，より精緻な概念を提示すると同時に，現場レベルの従業員を対象とする新たな視点を提示する点が挙げられる。前述のように，一般的な人的資源のグローバル統合に関しては，先行研究において有用な概念的フレームワークが提示されているが，それを特定の業種および職種レベルにブレークダウンし，当該業種に固有の労働市場の特性，従業員の職種や雇用形態，技術・スキルの特性，職務特性などの要因を踏まえ，個々の機能レベルにまで精緻化されたものはほとんどない。また，現場レベルの従業員を対象に，そのグローバル統合に関する包括的な枠組を提示する研究もほとんど見られない。その要因として，現場レベルの従業員は，単純労働に従事するワーカーとして捉えられ，競争優位の源泉として位置づけられることは稀である点が挙げられる。しかしながら，サービス産業において企業の競争優位を決定づけるのは，現場におけるサービス・デリバリーの品質である。それにもかかわらず，現場レベルの従業員の採用，配置，教育・訓練，従業員間コミュニケーション，継続的雇用を包括的に捉えた枠組については，ほとんど研究がなされていない。本書では，人的資源のグローバル統合の概念を業種レベルに精緻化するだけでなく，現場レベルの従業員をグローバル・レベルで活用する新たな視点を加えることによって，人的資源の「グローバル統合」に関する新たな枠組を提示する。
　上述のように，人的資源のグローバル統合を実際に行っている多国籍企業が数少ないなか，外航海運企業はグローバル統合に関していくつかの特徴を有している。すなわち第1に，船員戦略における制度的統合がほぼ達成されている。第2に，オペレーション現場に従事する従業員をグローバル統合の対象と

する。第3に，船員の雇用形態から，規範的統合が困難である反面，それが重要な役割を果たすと考えられ，先進的な企業では規範的統合に向けた取り組みがなされている。このような特徴を有する外航海運業を研究対象とすることによって，人的資源のグローバル統合に関するより精緻な概念を提示できると同時に，他業種の多国籍企業に対しても，人的資源のグローバル統合に関するインプリケーションを導出できるものと考えられる。

　第2に，国際ビジネス分野における外航船員研究の重要性と希少性が挙げられる。外航海運業における船員戦略は，海運企業が優位性をもつマンニング・ソースから船員を世界レベルで雇用し，企業に固有の教育・訓練によって利用可能性を増大させ，効率的に船舶への配乗を行うことによって，船員の能力を自社の戦略に適合させる一連の人的資源管理である。外航海運企業の船員組織は，世界各国のマンニング・ソースから雇用された様々な国籍やバックグラウンドをもつ者で構成されている。日本の大手海運企業の場合，自社船員（職員）の約9割が外国人であり，外国人船員のみが配乗される船舶が大部分を占めている。船員業務は，船舶という特異な職務環境において，常に変化する気象・海象条件に対応しながら，数ヶ月間連続して勤務するという固有の特性をもつと同時に，オペレーションの安全性が損なわれれば，海運企業や荷主に甚大な財務的損失をもたらすだけでなく，漁業や環境にも重大な影響を及ぼすリスクを負っている。また，船員の教育・訓練に関しても，外国人インストラクターによって行われるケースが主流となり，船舶オペレーションというサービスの生産活動だけでなく，知識の創造・移転における外国人船員の役割もいっそう増大している。外国人船員は，全員が数ヶ月間の契約ベースで雇用される従業員であるにもかかわらず，海上輸送サービス品質を大きく左右し，海運企業の競争優位を決定づける重要な要素である。外航海運業における船員戦略の本質は，世界レベルで分散する質の高い経営資源を獲得し，それらを自社の戦略に統合化するプロセスであり，このプロセスによって海運企業の競争優位の根幹が形成されるきわめて重要な付加価値活動である。したがって，外航海運業の船員戦略は，国際ビジネスの観点から論じられるべき課題を多く包含しており，同分野の研究対象として非常に重要性の高いものであると言える。

　しかしながら，これまでわが国における国際ビジネスの分野で，外航海運企

業の船員戦略ないし外航船員を対象とする研究は、ほとんど行われてこなかった。一般的に、経営学で外航海運業を対象とする研究は、国際物流の観点からアプローチするものが大半であり、個々の企業の視点から、船員のマネジメントを戦略的な人的資源管理として捉える研究は希少である。また、伝統的な海運研究においては、船員を輸送サービスの生産要素として捉え、主に経済学的視点から、そのコスト管理を中心に議論されてきた。さらに、1980年代後半以降、外国人船員の増加に伴って、日本人船員の雇用問題や、政府による船員政策が議論の対象とされるようになった。また、船員のマネジメントを対象とする研究は、航海学や安全工学などの分野においても行われることが多いが、これらの研究は、船舶の操船や設備機器のマネジメントに関するより技術的かつ微視的な課題に焦点を当てるものであり、いずれも本書の研究とは根本的に異なる理解を目指すものとして峻別される。したがって、国際ビジネスの観点から外航海運業の船員戦略にアプローチし、同分野の理論的フレームワークを応用する形で仮説を構築する試みは、国際ビジネス分野の研究に新たな可能性ないし知見を導出するものと考えられる。

　第3に、研究方法の独自性が挙げられる。本書においては、筆者が海運企業等の協力を得て、様々な研究対象に対して、主に2003年から2016年にかけて継続的に行ったインタビュー調査と、オペレーション現場である本船に乗船しての参与観察によって得られた質的データを用いて仮説の導出を試みている。これらの調査によって得られた1次データは、仮説の構築において強い説得力をもつと考えられる。なお、本書は理論的フレームワークと質的データを用いた帰納的な仮説の導出を目的としており、仮説の導出過程により重点を置いている。その理由として、以下の3点が挙げられる。すなわち第1に、人的資源のグローバル統合に関して、業種および職種レベルにブレークダウンし、当該業種および職種に固有の要因を踏まえた研究がほとんど行われていないこと。第2に、グローバル統合全体のフレームワークにおいて、制度的統合と規範的統合の具体的な構成要素を体系的に検討した研究がほとんどないこと。第3に、人的資源のグローバル統合が高度に進展し、企業の積極的な取り組みが行われるなど、その重要性がきわめて高いにもかかわらず、国際ビジネスの分野において、外航海運企業の船員を対象とする研究がほとんど見られないことで

ある。以上のことから，本書は，探索的な研究対象と研究課題に対して，明確な概念的フレームワークの構築を第一義の目的とするため，仮説の導出過程により重点を置いたものとなっている。したがって，本書には定量的なデータに基づく実証研究によって仮説を検証するプロセスは含まれない。そして，本書において提示した概念的フレームワークに基づいて，それぞれの仮説についての実証研究を行うことは，筆者の今後の研究におけるひとつの課題としたい。

第1章
人的資源のグローバル統合
―先行研究と本書の研究課題―

第1節　はじめに

　本章では，多国籍企業活動における「グローバル統合」および「人的資源のグローバル統合」に関する先行研究に基づき，その一般的な概念を整理した上で，外航海運業における人的資源のグローバル統合に焦点を当て，本書の研究課題を明確にする。

　多国籍企業活動全体を対象とする先行研究は，「グローバル統合」の概念について，「現地適応」との二分法で論じるものと，いくつかのパターンに類型化するものとに区別できる。いずれも，マネジメントの性質や組織構造，マーケティングやイノベーションなどの観点から，多国籍企業活動のグローバル統合を捉えている。

　多国籍企業活動の本質は，世界レベルで分散する経営資源を効率的に活用し，全社レベルでベネフィットを獲得することである。そのために，研究開発や，生産，調達，マーケティングなどの付加価値活動を，進出先の国や地域の経営環境に適応させるか，世界レベルで統合化するかの選択，もしくは両者間の調整が不可避となる。本書の研究課題である人的資源のマネジメントは，現地適応かグローバル統合かの選択もしくは両者間の調整が重要な役割を果たす付加価値活動のひとつとして位置づけられる。

　人的資源のグローバル統合は，制度的統合と規範的統合とに区分され，全社レベルでの人事制度の統一化と従業員の組織適応によって，世界レベルで人的資源を効率的に活用しようとする概念である。

　外航海運業は，とりわけ現場レベルの従業員に関して，制度的なグローバル

統合が最も進展している業種のひとつであると言える。すなわち,外航海運企業においては,一般的に船舶のオペレーション現場に従事する船員の採用,配置,評価・昇進,給与などに関する人事制度が世界レベルで統一化されている。さらに,先進的な海運企業は,船員業務に関する全社共通の安全管理マニュアルを作成・運用し,全社レベルで統一化された教育・訓練プログラムを実施している。これによって,船員の国籍やバックグラウンドに関わらず,業務水準および能力水準の標準化が試みられている。このような人的資源のグローバル統合に向けた取り組みによって,船員の規範的統合を達成している海運企業は,激しく変動する船員市場環境においても,安定的に船員を確保できるだけでなく,企業に固有の知識を全社レベルで共有し,オペレーションの品質を高度化ないし維持するとのベネフィットを獲得することが可能になると考えられる。

　本章では第1に,国際ビジネスの諸理論において,グローバル統合に言及した先行研究に基づき,多国籍企業活動全体を対象とするグローバル統合の概念を整理する。その上で,人的資源のグローバル統合がどのように捉えられてきたかを検討する。第2に,人的資源管理のグローバル統合に焦点を当てた先行研究に基づいて,人的資源のグローバル統合に関する概念を整理する。第3に,外航海運企業の船員戦略を対象とする人的資源のグローバル統合に関して,本書の具体的な研究課題を明確にする。

第2節　国際ビジネス理論におけるグローバル統合

　本節では,国際ビジネスの諸理論において,グローバル統合に言及した代表的な先行研究を概観し,多国籍企業活動全体を対象としたグローバル統合の概念および論点を整理する。さらに,これらの先行研究が,本書の研究課題である「人的資源」のグローバル統合をどのように位置づけているかを明確にする。

(1) EPRGプロファイルとグローバル統合

多国籍企業活動の「グローバル統合」を論じた国際ビジネス理論は，Perlmutter (1969) の示したEPRGプロファイルまで遡ることができる。EPRGプロファイルは，外国人従業員，外国の発想，外国の経営資源に対する企業姿勢の観点から，多国籍企業を本国志向（Ethnocentric），現地志向（Polycentric），地域志向（Regiocentric），世界志向（Geocentric）の4つのタイプに類型化したものである（Perlmutter, 1969, p.11）[3]。

そのなかで，Perlmutterは，企業の特性を① 組織の複雑性，② 意思決定の権限，③ 評価とコントロール，④ 報酬と懲罰，⑤ 情報のフロー，⑥ 従業員の採用・配置・能力開発などの観点から分類することが可能であるとした（Perlmutter, 1969）。このうち，グローバル統合の概念に相当する世界志向型企業の特徴として，子会社の幹部社員も全社レベルのマネジメントチームのメンバーとなり，子会社間で双方向の情報フローが存在する点や，世界中のあらゆる主要部門に，最適な人材を世界レベルで配置する点などが指摘されている[4]。

さらにPerlmutterは，世界志向のコストとベネフィットについても検討を加え，世界志向のコストは，組織内のあらゆるレベルにおけるコミュニケーションコスト，教育コスト，意思決定にかかる時間コストであるとしている。これに対し，世界志向のベネフィットは，世界レベルで製品やサービスの品質を向上させられること，有益な経営資源を世界レベルで活用できること，子会社の経営を改善できること，世界レベルでの目標にコミットする姿勢を強化できることであると論じている（Perlmutter, 1969, p.15）。

Heenan and Perlmutter (1979) では，Perlmutter (1969) が示したEPRGプロファイルに基づいて，人事計画，人事統制，人事管理の観点から，多国籍企業における本国志向の要因と，世界志向の阻害要因を中心に検討を加えている[5]。そのなかで，世界志向型企業の利点が，① 最適な資源配分，② 広範な世界展望，③ 情報交換の改善，④ 部門別の利益向上であるとしながら，国際的な事業展開を成功裏に展開する要件として，従業員の昇進・特権・報酬の基盤を国籍ではなく能力ベースで捉える点を指摘している（Heenan and Perlmutter, 1979, 邦訳, p.61）。さらにHeenanらは，同一企業においても，付

加価値活動によって戦略の志向性が異なる可能性を示唆している。

　Perlmutter（1969）が示したEPRGプロファイルは，多国籍企業活動におけるグローバル統合と現地適応の概念を示した最初のフレームワークであると言える。Perlmutterは，多国籍企業の経営姿勢の観点からその性質を類型化したが，類型化の根拠として，従業員の採用，配置，能力開発といった，人的資源管理の機能レベルにまで言及している。このことは，EPRGプロファイルの概念が，特に人的資源に関する経営姿勢に焦点を当てていることを示唆している。Perlmutter（1969）は，グローバル統合の人的資源管理において，とりわけ世界レベルでの「採用」と「配置」に注目しているが，Heenan and Perlmutter（1979）では，従業員の「評価」や「昇進」を国籍にかかわらず能力ベースで行う重要性を指摘し，人的資源を採用，配置した後のキャリア過程においても，世界レベルでの統合化が必要であることを示唆している。このように，多国籍企業のグローバル統合の概念は，すでに1960年代から見られた多国籍企業活動の性質の変化に鑑み，人的資源のグローバル統合の必要性が増大したことを背景として提示されたものである。このことは，多国籍企業活動のグローバル統合の本質は，元来人的資源の世界レベルでの統合化にあることを示唆している。

(2) 資源移動とグローバル統合

　Fayerweather（1975）は，国境を越えた経営資源の移動に注目し，世界レベルでの統合と分散について論じている。それによれば，国際経営を「2ヶ国ないし，それ以上の国にまたがって，事業を営む経営」と定義した上で（Fayerweather, 1975，邦訳, p.9），商品の輸送や資金の移動，人間の移動など，国境を越えた経営資源の移動に関する経済的な取引のプロセスにおいて，どの資源の移動が効率的で利益を生むか，有効な輸送手段は何かに関する意思決定に注目した（Fayerweather, 1975，邦訳, p.12）[6]。

　Fayerweatherは，多国籍企業が果たす役割の本質は，資源の偏在に伴う需給関係によって生じる機会に応じて，国際企業が各国間の「資源」を移動させる点にあるとした。「資源」は，具体的に，天然資源，資本，労働，工業技術，経営管理技術，企業家の能力の6つのカテゴリーに分類できる

(Fayerweather, 1975, 邦訳, p.25)。そして, これらの資源のうち, 人的資源をとりわけ重要な要素として位置づけている。多国籍企業の課題として, 利用可能な資源の組み合わせが限られているとした上で, 特に重要な経営資源として, 経営管理および技術についての人材と資本を指摘した。さらに, 人材の確保が多くの企業にとって重大な制約要因となるとしており, 換言すれば, 人的資源の確保が, 多国籍企業の経営資源の移動において最も重要な課題であると言える (Fayerweather, 1975, 邦訳, p.46)。人材が重要な経営資源として位置づけられる最大の理由は, それらがもつ技術や経営管理上のノウハウの組み合わせが, 企業の優位性を決定づける重要な源泉であることにある。

このように, Fayerweather (1975) においても, 人的資源が重要な経営資源として位置付けられており, とりわけ人的資源の採用と能力開発に関する重要性が強調されている。そして, 多国籍企業に固有の優位性は, 従業員の採用と能力開発を世界レベルで統合化することによって, 個々の従業員がもつ技術の総和よりも, 企業全体として優れた水準の能力を獲得できると論じた。その上で, 人的資源の分散と統合の選択において, 統合化のもつ相対的な優位性が強調されている。

(3) 組織のマネジメントとグローバル統合

Bartlett and Ghoshal (1989) は, 組織のマネジメントの観点から, 多国籍企業を4つの類型に分類した[7]。このうち,「効率」「適応性」「知識」のマネジメントを最も成功裏に行う企業を「トランスナショナル企業」と呼んだ (Bartlett and Ghoshal, 1989, 邦訳, p.88)[8]。トランスナショナル企業は, 部品, 半製品, 完成品の流れ, 各組織単位がもつ経営資源を管理し, 知性・着想・知識を結びつけ, イノベーション能力を高度化するために, 統合化されたネットワークを通じて, ① 集中化, ② 形式化, ③ 内面化を行う (Bartlett and Ghoshal, 1989, 邦訳, p.94)。さらに, トランスナショナル企業が成功裏にマネジメントを展開するためには, 社員のコミットメントが不可欠な要素であり, トップマネジメントは, 社内のすべての人々が会社の全体目標にコミットする状態を作り出さなければならないとされている。コミットメントを作り出すためには, 各個人が企業の目的と価値を等しく理解し, 最終目標に大筋で共鳴

し，基本的戦略を受け入れて消化しなければならない（Bartlett and Ghoshal, 1989, 邦訳, p.96）。

　Bartlett and Ghoshal の示したトランスナショナル企業の概念では，世界レベルでの効率的な知識の開発と共有を達成するために，全社レベルで統合化されたネットワークの必要性が強調されている。この概念において，人的資源のマネジメントが直接的に論じられているわけではないが，知識の開発と共有が効率的なイノベーションをもたらすひとつの要件として，組織に対する従業員のコミットメントが挙げられている。このことは，多国籍企業によるイノベーションの効率化において，人的資源の規範的統合が不可欠であることを示唆している。

　また，Ghoshal and Nohria（1989）は，多国籍企業の本社と親会社との関係について，「構造とコンテクストの適合」との観点から，階層的（hierarchical）構造，連邦的（federative）構造，同族的（clan-like）構造，統合的（integrative）構造の4つの構造に分類し，子会社のコンテクストによって，適合する構造が異なるとしている（Ghoshal and Nohria, 1989）。そして，これら4つのパターンは，本社と親会社との交換関係が，構造的要素の様々な組み合わせで構成されるガバナンス構造によって決定される。構造的要素とは，権限の中央集権化，ルールやシステムの公式化，メンバーの規範的統合化などを指す（Ghoshal and Nohria, 1989, p.323）。さらに，親会社と子会社との関係を特徴づける文脈的条件として，現地における経営資源の水準と経営環境の複雑性を挙げている。その上で，親会社と子会社間の関係を示す構造は，以下の3つの要素の組み合わせによって決定されるとした。すなわち第1に，意思決定における権限の所在，第2に，意思決定における体系的なルールや手続の公式化と活用，第3に，メンバーの規範的統合化，意思決定のベースとしての価値観やコンセンサスの共有である（Ghoshal and Nohria, 1989, p.323）。

　Ghoshal and Nohria が示した類型は，親会社－子会社間の交換関係の性質について区別したものである。人的資源の観点からすれば，多国籍企業が，複雑な経営環境下で，優れた経営資源を世界レベルで活用するためには，従業員の価値観やコンセンサスが全社レベルで共有され，全社レベルで共通化された制度やルールに基づいて業務を遂行する必要があると言える。すなわち，

Ghoshal and Nohria (1989) は，多国籍企業活動のグローバル統合において，とりわけ人的資源の規範的統合の重要性を示した点に特徴がある。

(4) ナレッジ・マネジメントとグローバル統合

Doz et al (2001) は，企業が競争優位を獲得する上で，「知識」の重要性が高まるのに鑑み，ナレッジ・マネジメントの観点から「メタナショナル企業」（超国籍企業）の概念を提示した。メタナショナル企業の本質は，本国もしくは特定の国の子会社から競争優位を獲得するのではなく，技術や市場に関する知識，能力を獲得する場として世界全体を捉え，世界中に分散する専門的知識から未開の潜在能力を見出すことである。メタナショナル企業は，世界レベルで分散している知識を感知・結集することによって，競合企業よりも効率的にイノベーションを行うことができるようになる（Doz et al., 2001）。

企業が競争優位を獲得するためには，世界中に分散する知識を感知，結合，活用する能力をもつことが不可欠である[9]。すなわち，感知（Sensing）とは，新しい能力，革新的技術，市場に関する知識を認知し，アクセスすることである。また，結合（Mobilizing）とは，分散する能力を統合化し，新たな製品やサービスの市場機会を創出することである。さらに，活用（Operations）とは，日常的なオペレーションにおいて，効率や柔軟性，財務面の統制を達成するために，知識活用の規模と構成を最適化することを言う（Doz et al., 2001, pp.7-9）。

Doz らが示したメタナショナル企業の概念においては，多国籍企業が効率的なイノベーションによって競争優位を獲得することを第一義の目的とし，そのための要件として，人的資源を世界レベルで獲得することに主眼が置かれている。その上で，獲得した人的資源の知識や能力を全社レベルで結合するための組織構築を中心に議論している。すなわち，メタナショナル企業の概念は，効率的なイノベーションを実現するために，世界レベルでの人的資源の獲得に焦点を当てたものである。Doz らは，人的資源のグローバル統合について，直接的には論じていない。しかしながら，企業が競争優位を獲得する上で，世界全体から知識や技術を獲得することが不可欠であり，そのために制度的統合が必要となる点を示唆していると言える。

⑸ 競争戦略とグローバル統合

　Porter (1986) は，競争戦略論の観点から，業種および付加価値活動レベルでグローバル統合と現地適応の選択を分析する必要性を論じている。すなわち，Porter自身が提示した「価値連鎖」のフレームワークにおいて，業種ごとの付加価値活動の性質を踏まえ，付加価値活動のグローバル統合と現地適応から得られるベネフィットが，業種ごとに異なると論じている。

　Porterによれば，企業の活動は，一連の付加価値活動で構成される「価値連鎖」[10]として捉えられ，多国籍企業のグローバル戦略の本質は，規模の経済性を獲得すると同時に，国際市場のニーズを吸収してそれに対応し，世界中から得た資本，労働力，原料，技術といった資源を効率よく組み合わせることであるとしている (Porter, 1986)。その上で，グローバル戦略の特徴が，価値連鎖における個々の付加価値活動を，様々な国に自由に配分できる点にあり，戦略の本質は，価値連鎖におけるそれぞれの付加価値活動を「配置」および「調整」することにあるとした。すなわち「配置」とは，価値連鎖の個々の活動をどこに置くかを決定することであり，「調整」とは，分散した活動をひとつのネットワークとして「統合化」することである (Porter, 1986)。

　そして，Porterは，業種の性質を「マルチドメスティック」と「グローバル」に区分し，それぞれの特徴を踏まえた上で，競争優位を獲得しうる戦略の性質が両者では異なることを示している。すなわち，マルチドメスティックな性質をもつ業種では，国ごとの競争が他国とは無関係に展開されるため，企業はノウハウなどの無形資産を国別に適合させ，または修正を加える必要がある。したがって，当該企業の競争優位は国ごとに異なっている。これに対し，グローバルな性質をもつ業種とは，ひとつの国での競争上の地位が他の国の地位によって大きく左右される (Porter, 1986, 邦訳, p.22)。

　マルチドメスティック業界の企業は，世界的に展開する子会社が，国ごとに事業展開する上で必要な活動をコントロールし，高度な自律性をもたなければならない。これに対しグローバル業界の企業は，世界的規模で企業活動をある程度統合し，各国間の連結を確保しなければならない。ただし，グローバル業界の企業は，国際活動を統一システムとして捉えると同時に，何らかの国別の視点をもたなければならず，この両者をいかにバランスさせるかが，グローバ

ル戦略の中心課題である（Porter, 1986, 邦訳, pp.23-24）。

そして Porter（1986）は，価値連鎖を構成するそれぞれの活動ごとに，グローバル戦略とマルチドメスティック戦略を使い分ける必要性について論じている。それによれば，価値連鎖を構成する活動のうち，購買物流，製造，出荷物流を「上流活動」，販売・マーケティング，サービスを「下流活動」と位置づけ，それぞれの活動の性質に鑑み，適切な戦略が異なるとしている。下流活動は，買い手との関係が深いため，買い手が存在する場所に配置される傾向が強く，マルチドメスティックな戦略が選択されやすい。これに対し，上流活動は買い手の場所とは無関係に行うことが可能であり，人事・労務管理，技術開発，調達などの「支援活動」も，後者と同様の性質を持つ。このため，上流活動と支援活動における競争優位は，特定の国における企業の競争的地位よりも，競争を展開するすべての国における成果から生じる。したがって，立地拘束的な性質を持たない上流活動や支援活動が競争優位の源泉となる業種では，グローバル戦略が選択され，世界的視野から最適な選択を行う傾向が強いとしている（Porter, 1986, 邦訳, p.30）。

さらに Porter は，活動の配置と調整の観点から，国際戦略のタイプを4つに類型化し，そのなかで，活動の配置を高度に分散させ，それらの活動を緊密に調整する戦略を，グローバル戦略と位置づけている[11]。グローバル戦略とは，配置と調整に関する選択を世界レベルで最適化し，コストリーダーシップもしくは差別化を達成し，競争優位を獲得することである。したがって，このグローバル戦略のひとつの手段として，人的資源のグローバル統合が位置づけられると言える。Porter は，生産やマーケティング，財務などの主要な付加価値活動について，グローバル戦略を展開する上での課題を指摘しているが，人的資源のマネジメントについては特に言及していない。しかし，人的資源管理に関連する競争優位の源泉として，ナレッジ・マネジメントを挙げ，グローバル戦略を展開する企業の競争優位は，分散した活動間にノウハウや専門知識を共有・蓄積し，このような知識を各国の事業単位の間で移動させる能力からもたらされるとしている（Porter, 1986, 邦訳, p.38）。

Porter（1986）では，多国籍企業の競争の単位を業種レベルで捉えており，付加価値活動の配置と調整に関しても，業種ごとの議論が必要となる点が強調

されている。このことは，人的資源のグローバル統合においても，当該業種に固有の特性を踏まえた概念と，成功要件の検討が必要であることを示唆している。また，価値連鎖を構成する付加価値活動のなかで，支援活動の特性に鑑み，人的資源のマネジメントを世界レベルで統合化する必要性に言及している点にも注目すべきである。

(6) 機能レベルのグローバル統合

上述の Porter（1986）において，業種および付加価値活動レベルでグローバル統合を捉える必要性が論じられているが，Ghoshal（1987）では，さらに下位の構成要素である機能レベルでの議論が必要となる点が示唆されている。

Ghoshal（1987）は，多国籍企業の戦略目標と，それらを達成し，競争優位を獲得する手段の観点から，グローバル戦略に関するフレームワークを整理した。その上で，Ghoshal（1987）は，多国籍企業活動の本質について，以下のように論じている。すなわち，多国籍企業は，既存の事業展開の効率化を達成するために，賃金や資本コストなどの要素費用に関する国ごとの差異を活用することでベネフィットを獲得する。さらに，それぞれの製品や市場に対する投資と，それらに関わるコストを共有することで，範囲の経済性を獲得し，競争優位を獲得する。また企業は，市場や政策の環境変化から生じる，国ごとに異なるタイプのリスクを管理しなければならない。そのために，リスクの規模を戦略的に世界レベルでバランスさせ，柔軟な事業展開を行う必要がある。さらに，リスクに対するポートフォリオを多様化させ，代替選択肢を創造することで，リスク管理に関する競争優位を獲得することが可能となる。イノベーションに関しては，組織や経営，システムに関する国ごとの差異から学習するだけでなく，異なる製品，市場，事業間で学習成果を共有し，イノベーションの経験を蓄積することによってベネフィットを獲得する（Ghoshal, 1987）[12]。

さらに，Ghoshal は，業種レベル，企業レベル，付加価値活動レベル，機能レベルの4つの次元において，現地適応およびグローバル統合のベネフィットのバランスが，両者の度合いを決定するとのフレームワークを提示した[13]。それによれば，第1に，業種レベルにおいて，産業部門の特性によって，グローバル統合と現地適応のベネフィットの度合いが異なる。第2に，同一の業種に

属する企業であっても，市場の範囲や製品の性質，事業展開の特性によって，グローバル統合および現地適応のベネフィットが異なり，効率化やイノベーションの効果を競争優位に転換する上で，いずれの戦略が適切であるかが異なる。第3に，同一の企業であっても，それぞれの付加価値活動によって，グローバル統合と現地適応のベネフィットは異なっている。たとえば，研究開発に関しては，グローバル統合によるベネフィットが大きいが，販売に関しては現地適応から多くのベネフィットが得られるとされている。第4に，同一の付加価値活動においても，そこで行われる機能の性質によって，グローバル統合と現地適応のいずれを選択すべきかが異なっている。たとえば，同じマーケティングにおいても，製品計画，価格設定，宣伝，資金調達，プロモーションといった下位の機能が存在するが，それぞれについて，グローバル統合と現地適応のいずれからより多くのベネフィットを獲得できるかが異なっている(Ghoshal, 1987, p.429)。

　Ghoshal (1987) が示した概念的レームワークにおいては，多国籍企業が，事業展開の効率とリスク管理，組織学習を世界レベルで最適化することに着目し，グローバル統合と現地適応とのバランスをどのように決定するかに焦点が当てられている。Ghoshal (1987) においては，人的資源のマネジメントに関して深く議論されていない。しかしながら，Ghoshal の示す多国籍企業活動の本質に鑑みれば，人的資源の獲得に関しても，企業がポートフォリオを多様化させ，多くの国に選択肢をもつことによって，コストを最適化すると同時に，労働市場の変化によるリスクを世界レベルでバランスさせることが可能であると考えられる。さらに，多国籍企業活動の適応－統合に関する決定要因が，企業や付加価値活動レベルだけでなく，業種や付加価値活動の下位機能によっても異なっていると論じており，グローバル統合の概念を，付加価値活動だけでなく，下位の機能レベルにまで踏み込んで検討する必要性を示唆した点に重要な意義がある。このことは，人的資源のグローバル統合に関して，人的資源管理を構成する採用，配置，教育・訓練などの機能レベルで議論しなければならないことを強く示唆している。

(7) 国際ビジネス理論におけるグローバル統合の概念

上述のように，PerlmutterのEPRGプロファイルを端緒として，グローバル統合に関する概念的フレームワークは，概ね多国籍企業活動全般を分析対象とし，生産やマーケティング，研究開発といった付加価値活動の観点から，現地適応との相対的な概念としてグローバル統合を捉えている。一般的に，多国籍企業活動のグローバル統合の必要性は，以下の背景によってもたらされると論じられてきた。すなわち第1に，企業活動のグローバル化が進展し，事業展開を行う拠点が世界レベルで拡大していること。第2に，市場の同質化が進展し，世界各国の市場における顧客のニーズが収斂傾向にあること。第3に，多国籍企業にとって利用可能性が高い知識や能力を，世界的視野で発見し，活用することの重要性が高まったこと。第4に，多国籍企業活動に関連する諸政策が自由化され，世界各国での企業活動や，国家間での貿易や投資，人的資源の移動が，いっそう自由に行われるようになったことなどである。

このような世界レベルでの経営環境の変化に鑑み，グローバル統合によって多国籍企業が獲得しうるベネフィットが，以下のように論じられてきた。第1に，生産に関して，世界レベルで分散する拠点での活動を統合化することにより，規模の経済性を獲得することが可能となる。第2に，マーケティングに関して，世界市場をひとつの単位として捉え，一元的にマーケティング活動を展開することで，効率を高めることが可能である。第3に，研究開発に関して，世界各国に存在する知識や能力を獲得し，全社レベルで効率的に活用することによって，成功裏にイノベーションを行うことが可能となる。第4に，人的資源管理に関して，能力水準の高い人的資源を世界レベルで採用し，国籍にかかわらず能力ベースで配置，評価することで，上述のイノベーションの担い手として効率的に活用できることなどである。その上で，これらのベネフィットをより確実に獲得するために，全社レベルで何らかの戦略的な取り組みが必要であることが示唆されている。

本節で取り上げた代表的な先行研究は，多国籍企業活動全般を対象とする有用な概念を提示している。しかしながら，Porter（1986）やGhoshal（1987）が論じたように，グローバル統合の重要性や決定要因，具体的な戦略は，業種や付加価値活動，さらにその下位の機能がもつ性質によって異なっているた

め，分析対象をそれらのレベルにブレークダウンし，より具体的かつ精緻な概念的フレームワークを構築する必要があると言える。すなわち，グローバル統合と現地適応によるベネフィットは，個々の産業部門や企業の戦略，製品や市場の性質によって異なっている。さらに，付加価値活動やその下位の機能によっても，グローバル統合および現地適応のいずれが適切であるか，またどの程度のグローバル統合が，企業にとって最適なベネフィットをもたらすかが異なっていると考えられる。このため，多国籍企業による戦略のグローバル統合に関しては，具体的な産業部門や付加価値活動にフォーカスし，当該業種や付加価値活動の特性を踏まえた上で，さらに精緻な検討を加える必要があると言える。

そこで，本書では，グローバル統合が進展している外航海運業に焦点を当て，さらに船員職という職種レベルにブレークダウンする。その上で，人的資源管理という付加価値活動の観点から，グローバル統合の概念をより精緻化すると同時に，具体的な機能レベルの取り組みと，それによる海運企業のベネフィット，成功裏にグローバル統合が進展する要件を検討する。

第3節　人的資源のグローバル統合

前節においては，国際ビジネスの諸理論に基づいて，多国籍企業活動全体におけるグローバル統合の概念と，そのなかでの人的資源の位置づけを整理した。その結果，グローバル統合の概念は，付加価値活動や下位の機能レベルにブレークダウンし，より精緻に検討すべき点が明らかになった。そこで本節では，人的資源のグローバル統合に焦点を当て，代表的な先行研究に基づいて，その概念を整理する。

(1) 人的資源のグローバル統合に関する基本概念

人的資源のグローバル統合を説明する有用な概念的フレームワークとして，古沢モデルが挙げられる。古沢（2009）は，世界レベルで能力水準の高い人的資源を効率的に活用する手段としてグローバル統合を挙げ，グローバル統合は

さらに「制度的統合」と「規範的統合」とに区分できることを示した。制度的統合とは，人事制度を世界レベルで統合化し，国境を越えた人事異動を活発化させることである。これによって，国籍に関わらず能力水準の高い人的資源を活用・登用することが可能となる。これに対し，規範的統合とは，国境を越えた従業員の組織社会化を通じて，世界レベルで経営理念やポリシー，企業文化が共有されると同時に，従業員間の信頼関係が構築されることである（古沢, 2009, p.8）。これら2つのグローバル統合によって，世界レベルで人的資源の効率的な活用が実現し，効果的なイノベーションが可能になるなどの成果が期待できるとされている（古沢, 2009）。このような人的資源管理におけるグローバル統合の概念は，これまで国際人的資源管理の分野で頻繁に議論されてきた「ヒトの現地化」の枠を超え，世界レベルで人的資源の効率的活用を図る点で注目すべきであると言える。

人的資源管理の具体的な機能として，従業員の採用，配置，教育・訓練，評価，昇進，給与などをめぐるマネジメントが挙げられる。Morgan（1986）は，多国籍企業による国境を越えた人的資源管理の概念について，人的資源管理の機能，それを行う従業員のタイプ，人的資源管理が行われる国の3つの観点から，従業員の採用，配置，活用をめぐるマネジメントを，本国から派遣される従業員，現地人従業員，第三国人従業員のいずれかが，本国，現地，第三国のそれぞれで展開する3次元フレームワークを提示した（Morgan, 1986, p.44, Figure.1）。また，白木（2006）は，人的資源管理の機能としてさらに人事計画，労使関係，企業内コミュニケーションなどを加え，Morganの示したフレームワークを細分化している。人的資源のグローバル統合の概念は，従業員のタイプや事業展開を行う国に関わらず，上述の人的資源管理の機能を世界レベルで統一化し，人的資源の採用，配置，活用を全社レベルで最適化することである。

制度的統合と規範的統合は，具体的に以下の手段によって促進される。制度的統合の手段として，①全世界統一のグレード制度，②全世界統一の評価制度および報酬制度，③有能人材の登録・発掘システム，④育成施策，⑤情報共有化インフラの5点が挙げられる（古沢, 2008）。すなわち，制度的統合とは，一般的な国際人的資源管理のフレームワークとしてMorgan（1986）が示

した人的資源管理の機能を世界レベルで統一化し，従業員の国籍に関わらず，同一の人事制度の下で採用，配置，教育・訓練，評価などを行うことである。さらに，全社レベルで人事情報を共有するシステムを構築することによって，上述の諸機能を円滑に遂行することが可能となる。

他方，規範的統合の手段として，① 採用活動，② 教育・啓蒙，③ 評価制度，④ 国際人事異動，⑤ 国境を越えたプロジェクト，⑥ 社内イベントなどが挙げられる（古沢，2008）。すなわち，規範的統合とは，世界各拠点での従業員の採用段階において，規範的統合に適応しうる人的資源を選抜した上で，教育・訓練を通じて，必要となる技術やスキルを共有させ，国境を越えた人事異動やプロジェクトに参画させることによって，世界レベルで企業文化やポリシーの共有化を促進すると同時に，評価を通じて規範的統合を反映した職務成果をフィードバックすることであると考えられる。

したがって，制度的統合と規範的統合は，それぞれ別個に議論すべきものではなく，世界レベルで統合化された人的資源管理の諸制度を通じて，従業員の規範的統合が促進されるものとして位置づけられる。たとえば，従業員の採用に関して，世界中の拠点から能力水準の高い従業員を獲得するスキームを構築するだけでなく，規範的統合の可能性を視野に入れた採用基準を設けるなどの取り組みが必要となる。それによって，入社後の規範的統合がより容易に促進されると考えられる。また，世界レベルで統一化された企業内教育・訓練プログラムを整備すると同時に，それを通じて様々な国籍の従業員が企業に固有のポリシーや価値観を共有でき，従業員間のコミュニケーションが促進されると考えられる。さらに，全社レベルで同一の評価基準を導入し，公正な評価のもとに，キャリア過程における昇進機会が従業員の国籍に関わらず与えられることによって，企業に対する従業員の帰属意識が高まり，能力水準の高い従業員の離職意思抑制ならびに継続的雇用が達成されると言える。このように，人的資源管理の制度面の統合化は，規範的統合を促進するための手段として位置づけられる。

人的資源のグローバル統合に類似する概念として，伊丹（1994）の示す「グローカル・マネジメント」の手法が挙げられる。それによれば，外国での事業展開は，国内における経営に関する客観的なフィードバックの役割を果たすと

同時に，有能な人材が蓄積される場であり，異質な経験と情報を獲得する多様性の源泉であると位置付けられる。その上で，世界レベルで経営資源を効率的に活用すると同時に，人的資源の観点から国ごとの多様性に配慮したマネジメントの必要性が強調されている（伊丹，1994）。このことは，能力水準の高い人的資源を世界レベルで採用し，それらを全社レベルの戦略に組み込むことによって，企業が競争優位を獲得するとの観点から，全社レベルでの人的資源の活用が重要な役割を果たすことを示唆している。

さらに，吉原（1985）は，主に1970年代以降における多国籍企業活動の性質の変化に鑑み，日本企業の管理体制の限界を指摘した上で，グローバル戦略を成功裏に遂行するためには，戦略に組織構造を適合化するだけでは不十分であり，人的資源のグローバル統合が必要であると論じている（吉原，1985，p.34）。それによれば，日本的経営の非フォーマル性，現地人従業員とのコミュニケーション関係，日本語によるコミュニケーションの困難性が，効率的な戦略の阻害要因となるとされている。その阻害要因を克服する手段として，以下の3点が挙げられている。すなわち第1に，情報伝達や業績評価，昇進などの制度をフォーマルなものとして明示化すること。第2に，事業計画や事業評価を世界レベルで総合的に取り扱うこと。第3に，マーケティングや生産管理などのノウハウや組織文化といった情報的経営資源を海外に移転することである（吉原，1985）。このことは，とりわけ日本の多国籍企業が成功裏にグローバル戦略を遂行するためには，制度的統合と規範的統合の双方が不可欠である点を示唆したものであると言える。

(2) 規範的統合と組織社会化

規範的統合は，世界レベルでの従業員の組織社会化と換言できる。組織社会化とは，新しい組織における地位，状況，役割について学習し，職務の遂行に必要な社会的知識やスキルを獲得する過程と定義される（Van Maanen, 1978, p.19）[14]。組織社会化には，組織において達成される技能形成と，組織における個人の文化受容の2つの側面があり，それぞれ「技能的側面」および「文化的側面」と呼ばれる（高橋，1993, p.4）。また，組織社会化の目的として以下の4点が挙げられる[15]。すなわち第1に，組織の価値観，目標，文化などを個人が

理解すること。第2に，個人が職場の規範を理解し，職場内でのコミュニケーションを円滑に行うこと。第3に，個人が，組織での職務遂行に必要とされる技能や知識を獲得すること。第4に，組織に対する個人のアイデンティティを確立し，組織における職務遂行に対するモチベーションを向上させることである（Fisher, 1986, p.105）[16]。さらに，このような組織社会化の成果に関して，尾形（2008）は，個人レベルの成果と組織レベルの成果とに区別し，以下のように論じている。すなわち，個人的成果として，① ポジティブなキャリア展望，② 受容感の獲得，③ 有能感の獲得，④ 組織コミットメント，⑤ 職務満足，⑥ モチベーションの6点を挙げ，さらに上述の個人的成果が達成されることによって，組織的成果が導出されるとの概念を示した。組織的成果とは，① 採用・教育コストの回収，② 業績や革新への貢献，③ コア人材への成長，④ 円滑な従業員の調整と統合の4点である（尾形, 2008, p.58）。

　一般的な組織社会化の概念は，組織および個人が，国境を越えて構成されるという環境を前提としたものではないが，多国籍企業における組織社会化に固有の要因として，適応すべき組織が国境を越えた組織環境を有している点が挙げられる。すなわち，組織の観点からは，組織メンバーが多様な国籍やバックグラウンドから構成され，獲得すべき知識の多様性が高く，企業の理念やビジョン，企業文化や価値観の性質も多様である。他方，従業員の観点からは，上述の点を踏まえ，組織社会化を達成するために必要とされる既存の経験や適応能力の水準が相対的に高いと考えられる。したがって，国境を越えて組織が形成される多国籍企業においては，組織社会化の困難性および重要性がいっそう高いと言える。

　このような条件の下，多国籍企業が規範的統合を達成する有力な手段として，従業員間のコミュニケーションが挙げられる。Evans（1992）は，世界レベルでのユニット間統合の手段を組織間の「接着剤」（glue）と呼び，具体的に① 従業員間の face-to-face コミュニケーション，② 水平的プロジェクトグループ，③ プロジェクト志向のトレーニング，④ キャリア・マネジメント，⑤ ビジョンと価値観の共有，⑥ 人材開発への価値観の適応の6点を挙げた（Evans, 1992, p.90）。グローバル統合の最も初歩的な活動は，異なるユニットの従業員が，face-to-face のコミュニケーションをとることで，両者間に存在

する障壁を取り除くことである。たとえば，世界レベルの部門別ミーティングや，トレーニング・プログラムなどを通じて，情報や教育の共有化が促進されると同時に，個々の従業員の組織化能力が養成される。また，グローバル統合を達成する上でのキャリア・マネジメントにおける重要な要素として，マネジメント能力の開発，異文化マネジメント能力，国境を越えた知識移転などが挙げられる。そして，全社レベルで共有された価値観を，従業員の採用，社会化，能力開発，昇進などの人的資源管理機能に適用することで，グローバル統合が達成される（Evans, 1992）。

　また，規範的統合が達成されるプロセスにおいて，個々の従業員の行動パターンや心理過程に焦点を当てた先行研究も見られる。Gupta and Govindarajan（2002）は，グローバル化する企業が競争優位を獲得する要件として「グローバル・マインドセット」の構築を挙げ，その概念と効果を明確にした上で，組織と個人の観点から，グローバル・マインドセットが形成される要件を提示した。マインドセットとは，所与の環境において，自己を取り巻く情報を吸収・解釈・加工する能力をいう。マインドセットは時間の経過とともに継続的に形成され，情報の収集・解釈が反復される。このプロセスにおいて，既存のマインドセットと整合性のない新奇な情報が棄却されたり，逆にそれを採用することによってマインドセットが変更されたりする。組織は個人の集合体であるから，組織のマインドセットは，個々の成員がもつマインドセットの相互作用の結果形成されるものであり，組織の意思決定に影響を及ぼす。グローバル・マインドセットとは，異なる文化や市場に存在するダイバーシティに対する開放的な意識と，ダイバーシティを統合化する能力とを結びつけるものであるとされ，多国籍企業が多様かつ異質な知識を統合化する上で，重要な役割を果たす（Gupta and Govindarajan, 2002）。

　グローバル・マインドセットをもつ企業は，より具体的に以下の5点の優位性を獲得できる。第1に，ビジネス・チャンスに対して迅速に行動できる。第2に，現地適応化と世界標準化のトレード・オフに対して，より適切に対応できる。第3に，国境を越えて分散する活動をより円滑に調整できる。第4に，新製品や技術をより迅速に生み出すことができる。第5に，国境を越えた子会社間で，ベスト・プラクティスをより効果的に共有できる（Gupta and

Govindarajan, 2002, p.119)。

　さらに，グローバル・マインドセットを構築する手段として，個人レベルでは，第1に，語学や文化に関する知識を，自己学習，大学ベースの教育，企業内セミナー，マネジメント・プログラムなどの公式な企業内教育を通じて習得すること。第2に，国境を越えたプロジェクトに参加すること。第3に，外国勤務の経験から外国文化を浸透させること。第4に，シニア・マネジメントクラスの地理的・文化的多様性を増大させることなどが挙げられている。他方，多様な知識基盤を統合化する能力を高めるためには，このような統合化に向けた努力が評価に値するものであると従業員が認識し，自己の業務においてこのような統合化に従事する十分な機会を与えられることが重要である。そのために，企業レベルで達成すべき要件として，第1に，能力主義に基づく内部労働市場を形成すること。第2に，地域や事業部門，職種を越えたジョブ・ローテーションを実施すること。第3に，異なる国籍や子会社の従業員間での個人的・社会的関係を形成することなどが指摘されている（Gupta and Govindarajan, 2002, pp.121-125）。

　このように，人的資源のグローバル統合の概念とベネフィット，グローバル統合の手段は，代表的な先行研究によって示されている。しかしながら，実際に人的資源のグローバル統合が進展している業種や企業は数少なく，業種および職種レベルにブレークダウンした研究はほとんど見られない[17]。さらに，現場レベルの従業員を対象とするグローバル統合に向けた取り組みを行う企業はきわめて少ない。そこで本書は，人的資源のグローバル統合に関して，本節冒頭において取り上げた古沢モデルをベースに，分析対象をさらに業種および職種，さらに機能レベルにまでブレークダウンし，その概念を精緻化すると同時に，グローバル統合が進展する外航海運業の先進事例から，その成功要件を帰納的に導出するものである。すなわち，本書では，分析対象を外航海運業の船員職という職種レベルにブレークダウンし，さらに，船員のマネジメントについて，採用，配置，教育・訓練を中心とする機能レベルに細分化する。その上で，それぞれの機能において，いかなる制度的統合の下で，どのように規範的統合が達成されるか，それによって海運企業にどのようなベネフィットがもたらされるかを検討する。人的資源のグローバル統合は，制度的統合と規範的統

合とに区分できるが，本章で検討した先行研究が示唆するところによれば，この両者は別個のものとして捉えられるのではなく，相互に密接な関係をもつプロセスとして，ひとつのフレームワークに包含されるべきものである。したがって，規範的統合が成功裏に進展する要件として，制度的統合が位置づけられると言える。

第4節　外航海運業における人的資源のグローバル統合に関する研究課題

本節では，これまでの議論を踏まえ，外航海運業における人的資源のグローバル統合に関する研究課題を明確にする。

本書では，先行研究によって提示された人的資源のグローバル統合に関する概念的フレームワークをベースに，外航海運業という業種レベル，さらに船員職という職種レベルにブレークダウンし，グローバル統合の構成要素である「制度的統合」と「規範的統合」の概念を，当該業種および職種に固有の要因を踏まえてさらに精緻化する。すなわち，人的資源の「制度的統合」と「規範的統合」を構成する下位の機能に対して，国際ビジネスの諸理論を援用し，当該業種および職種におけるグローバル統合の概念をより精緻なものにする。さらに，海運企業がそれぞれの機能を成功裏に遂行し，人的資源のグローバル統合を達成するための要件を，先進事例として捉えられる大手海運企業のケース・スタディから導出する。より具体的には，外航海運業の船員戦略，すなわち船員の採用（マンニング），教育・訓練（トレーニング），配置（クルーイング），現場における船員間関係，継続的雇用を中心とするマネジメントを，人的資源の「グローバル統合」として捉える。そして，それらの要素を「制度的統合」と「規範的統合」とに区分し，人的資源のグローバル統合に関する概念を，業種および職種レベルで精緻化すると同時に，グローバル統合を成功裏に展開し，現場レベルの従業員である船員を世界レベルで最適活用する要件を仮説として提起する。

船員戦略がもつ制度的統合の側面として，先進的な海運企業においては以下

の5点の取り組みが行われている。第1に，国籍に関わらず統一化された基準のもとに職位が決定され，職位に応じて明確な職務設計がなされている。第2に，船員は，全社レベルで統一化された評価基準にしたがって，下船時に所定の評価項目に関して評価を受ける。また，報酬は，マンニング・ソースごとに定められたタリフにしたがって，職位および配乗船種に応じて支給される。第3に，船舶管理会社が主要なマンニング・ソースに配置され，全社レベルの船員戦略において必要とされる船員の雇用および管理を行う。第4に，船員は，全社レベルで統一化されたトレーニング・プログラムにしたがって，職位や配乗船種に応じて定められた企業内教育・訓練を受ける。第5に，船員の能力水準や職務実績は，船舶管理会社が世界レベルで一元的に管理・活用している。これによって，海運企業は，海上物流需要の変化に応じて効率的な船員の採用および配置が可能となり，船員のコスト効率の最適化が図れるだけでなく，同一の職位や配乗船種であれば，国籍に関わらず船員の能力は世界レベルで標準化されると考えられる。

　他方，規範的統合の本質は，世界レベルで従業員の組織社会化を図ることであるが，海運企業における船員の規範的統合の目的は，海運企業に対する船員の帰属意識を高めると同時に，個々の船員に対して，企業に固有の技術やスキル，さらに安全管理ポリシーを共有させ，船員の能力水準を全社レベルで標準化することである。その結果，船員の継続的雇用を達成し，安定的な確保が可能となるだけでなく，オペレーションの品質を標準化し，それを維持することが可能となる。さらに，短期的な契約ベースで雇用される船員が，同一企業のキャリア過程において，当該企業の船員戦略，とりわけ船舶管理や知識移転という重要な機能の担い手として，役割を果たすことも期待できる。

　そこで，上述のベネフィットを獲得するために海運企業が行う船員戦略全体を，人的資源のグローバル統合として捉えるならば，その概念を以下のように業種レベルで精緻化できよう。すなわち，船員戦略における「制度的統合」の機能として，船員の採用，配置，教育・訓練を位置づけ，それぞれの機能レベルで，概念的フレームワークを提示する試みが可能である。第1に，船員の雇用に関して，マンニング・ソースの立地優位性の観点から検討する。すなわち，海運企業のマンニングは，世界各国の船員市場から船員を獲得することで

あるが，これは多国籍企業活動における立地選択に相当する機能である。そこで，多国籍企業による立地選択の本質と，その決定要因である立地優位性の要素と形成プロセスを検討することで，マンニングにおけるグローバル統合の概念を明らかにできる。第2に，船員の教育・訓練に関して，船員戦略における教育・訓練（トレーニング）を，国境を越えた「知識移転」として捉え，それが成功裏に行われるための要件について検討することが可能である。船員に対する企業内教育・訓練は，それ自体が海運企業の優位性となるが，トレーニング・プログラムを世界レベルで制度的に統合し，船員知識の標準化を図ることで，優位性の水準はさらに高度化する。企業に固有の船員知識の高度化と標準化のプロセスは，国境を越えた知識移転の観点から説明できる。

　他方，船員戦略における「規範的統合」の側面として，船員組織における多様性のマネジメント，船員の継続的雇用，船員間関係のマネジメントが位置づけられる。海運企業にとって，船員の雇用形態に起因する船員組織の多様性とその構成メンバーの流動性の高さを所与のものとし，能力水準の高い船員を確保するだけでなく，オペレーション現場の船員組織を円滑に機能させ，輸送サービスの安全性や正確性を高めることが焦眉の課題である。そして，これらの課題を達成する有力な手段として，船員の規範的統合が考えられる。

　規範的統合に関する研究課題として，第1に，船員組織における多様性のマネジメントに焦点を当てる必要がある。これまでに述べたように，外航海運業は，オペレーション現場において，多様な国籍やバックグラウンドをもつ人的資源を活用することによってアウトプットを生産する代表的な業種である。そこで，同一の職場に配置される多様な人的資源が，高度に標準化された品質のオペレーションを遂行するためには，多様性をいかにマネジメントするかが重要な課題となる。そこで，ダイバーシティ・マネジメントの観点から，多様なプロファイルの船員を効率的に配置し，人的資源の多様性に起因する制約要因を排除すると同時に，その成果を最大化するために，いかなるマネジメントが必要であるか検討することが可能である。第2に，船員の継続的雇用がもたらすベネフィットを，船員市場の内部化の観点から検討することができる。すなわち，船員の安定的な確保と能力水準の高度化において，継続的雇用がなぜ重要な役割を果たすのかについて，船員市場の不完全性に注目し，取引コストの

回避を中心に，内部化理論を用いて説明できよう。第3に，海運企業が船員の継続的雇用を達成するための手段として，インターナル・マーケティングの概念を用いることが可能である。すなわち，継続的雇用を達成する要因として，多様な国籍からなる従業員の職務満足に注目し，従業員をある種の顧客として捉えた人的資源管理施策を展開する取り組みとその効果について，主に海運企業側の視点から検討できる。第4に，従業員の継続的雇用により焦点を当てた概念としてリテンション・マネジメントに注目し，契約ベースで雇用する船員を自社に引き留めるための戦略について検討できる。上述のインターナル・マーケティングが，従業員の引き留めを第一義の目的としているわけではなく，主に企業側の視点で論じられるのに対し，リテンション・マネジメントは，主に企業の諸施策に対する従業員の知覚と，離職意思抑制に至る行動・心理過程に重点を置いたものである。そこで，規範的統合の要件として，いかなる船員戦略の取り組みが必要であり，それらがどのような知覚と心理過程を経て離職意思の抑制につながるかを，船員側の視点から検討する必要がある。第5に，規範的統合に関連する船員間のコミュニケーションについて検討する余地がある。海運企業の競争優位の源泉として，オペレーションの安全性や正確性が挙げられるが，それらを達成する重要な要因が，船員の能力水準である。具体的な船員の知識や能力は，専門的な航海技術や機械工学の知識など多岐にわたるが，船員組織や船員業務の特性を鑑みれば，国際ビジネスの観点からとりわけ重要となるのが，多様な国籍やバックグラウンドを有する船員間のコミュニケーションである。そこで，海運企業の最大の課題である安全なオペレーションに対して，船員間のコミュニケーションが及ぼす重要性と，それを達成するための要件を明らかにする必要がある。

　そして，上述の議論を統合化することによって，外航海運業における人的資源のグローバル統合に関して，ひとつの概念的フレームワークと成功要因を仮説として提示することが可能になると考えられる。

第5節 小　　結

　本章では，第1に，国際ビジネスの諸理論に基づいて，多国籍企業活動全体におけるグローバル統合の概念と，それぞれのフレームワークにおける人的資源の位置づけを検討した。第2に，人的資源のグローバル統合に関する先行研究を概観した上で，本書のベースとなる概念的フレークワークを整理した。これらを踏まえ，第3に，外航海運業の船員戦略におけるグローバル統合に関して，本書の研究課題を明確にした。

　外航海運業にとって，船員のグローバル統合によるベネフィットは，船員の安定的な確保と，能力水準の高度化および標準化である。本書の課題である船員戦略は，海運企業の世界レベルでの人的資源管理に相当し，船員のグローバル統合は，古沢（2009）に示された概念的フレームワークにしたがって，さらに機能レベルで制度的統合と規範的統合とに区分できる。そこで本書では，図表1-1に示すように，制度的統合として，船員のマンニング，トレーニング，クルーイングの各機能を位置づけると同時に，船員の継続的雇用と船員間コミュニケーションを規範的統合として捉える。そして，当該業種および職種に固有の要因を踏まえ，海運企業がそれぞれの機能を世界レベルで統合化することで，いかなるベネフィットが獲得できるかについて，ひとつの概念的フレームワークとして提示する。さらに，船員のグローバル統合から成功裏にベネフィットを獲得するためには，いかなる要件が必要であるかを，仮説として提示することを試みる。

第5節 小 結

【図表 1-1】外航海運業における人的資源のグローバル統合に関する研究課題

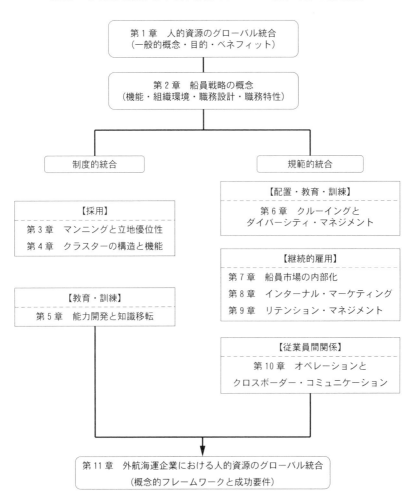

(出所) 筆者作成。

第2章
外航海運業における船員戦略の概念と
グローバル統合の重要性

　本章では，本書の研究対象である外航海運業の船員戦略に関する概念，手段，特性を踏まえ，グローバル統合の重要性を明確にする。船員戦略とは，主に船員の採用，配置，教育・訓練，評価，昇進，給与，従業員間関係を中心とするマネジメントであり，外航海運業における船舶管理機能のひとつとして捉えられる。外航海運企業は，本国以外の国から大部分の船員を雇用し，同一の船舶オペレーションの現場において，多様な国籍やバックグラウンドをもつ船員が同時に業務を遂行するのが一般的である。そこで，本章では第1に，外航海運業における船員戦略の担い手と，その役割を明らかにする。第2に，船員戦略の概念として，具体的な機能が何であるかを説明する。第3に，船員戦略をめぐる諸制度，船員組織の特性，船員の職務設計について整理する。そして最後に，外航海運企業の船員戦略にとって，グローバル統合がなぜ重要となるかを議論する。

第1節　外航海運業における船員戦略の担い手と役割

　外航海運業における船員戦略は，船舶管理のひとつの機能として位置づけられる。船舶管理とは，船舶の所有者である船主から，不動産である船舶を預かり，一定の契約のもとに船舶の管理を行うことである。そして，船舶管理の具体的な役割として，次の3点が挙げられる。すなわち第1に，委託を受けた船舶に関して適切なメンテナンスを施し，船舶の資産価値を良好に維持すること。第2に，船主の要請に基づいてコスト管理を行うと同時に，船舶のオペ

レーションに必要な船員や備品，潤滑油等を確保し，危険を担保する保険を付加するなどの措置を講じること。第3に，委託を受けた船舶に対して監査を行い，会社の定める安全管理基準を遵守させた上で，適正なオペレーションが行われているかを監督することである[18]。

図表2-1は，船舶のオペレーションの観点から，海運業全体における船員戦略の担い手を簡略化して図示したものである。船舶を運航するのに直接携わるプレーヤーとして，少なくとも船主（Owner），運航会社（Operator），荷主（Customer），船舶管理会社（Manager），マンニング会社，船員（Crew）が挙げられる。船舶を所有する船主は，その運航および営業に関する行為を運航会社に委託する。運航会社は，船主から船舶を借り受けるための傭船契約を結び，船舶に搭載する貨物を受託するための営業行為を行う。大手海運企業の場合，運航会社の子会社が船舶を所有し，運航会社が実質的に船主となる「オーナー・オペレーター」であることも多い。パナマやリベリアなどに船籍を置くいわゆる便宜置籍船[19]は，運航会社の現地子会社が所有する。そして，貨物の所有者である荷主と運航会社との間で運送契約を結び，船舶を運航する。船主は，船舶のメンテナンスをはじめオペレーションの管理を船舶管理会社に委託する。船舶管理会社は，船主の要請に従って，オペレーションに必要な諸要素，すなわち船員，備品，潤滑油等を確保する。このとき，船員の確保に関し

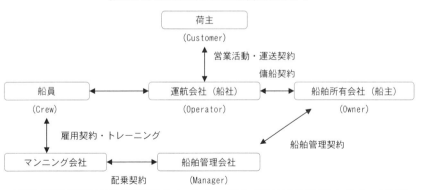

【図表2-1】外航海運業の構造と船員戦略の担い手

（出所）NYK SHIPMANAGEMENT社インタビュー調査（2014年7月29日）に基づいて筆者作成。

ては，船舶管理会社がさらに別のエージェントに委託する。船員を確保ないし育成することをマンニングといい，マンニング会社は船舶管理会社との間で配乗契約を結び，必要に応じて船員を供給する。マンニング会社は，フィリピンやインドをはじめとする船員市場国（マンニング・ソース）に配置され，現地人の船員を契約ベースで雇用する。大手海運企業では，子会社の船舶管理会社が，実質的にマンニングとトレーニングの機能を兼ねる場合が多い。日本の大手海運企業の場合，日本人船員に関しては，日本の運航会社が正社員として直接雇用するのが一般的である。世界の大手海運企業は，自社が実質的に所有もしくは運航する船舶の管理を，このような船舶管理会社に委託するが，自社の子会社を含む複数の船舶管理会社と契約し，リスクの分散と競争の促進を図ることが多い。

第2節　外航海運企業による船員戦略の概念

　船舶管理の中でも，とりわけ重要性が増大しつつあるのが船員戦略である。なぜならば，一般的に船舶管理コストの約半分を船員費が占めるだけでなく，船員の技術や能力の水準が，オペレーションの安全性や効率，コストを大きく左右するからである。とりわけ，わが国の海運企業においては，日本人船員の人件費が高騰したことなどの要因によって，主に1980年代以降，フィリピン人を中心に，外国人船員を雇用する傾向が強まった。今日においては，わが国の外航海運に従事する船員の大部分が外国人で占められている。さらに2000年代初頭以降，新興国を中心に物流需要が増大したのに伴って，世界的に船員不足が深刻な問題となり，船員コストの高騰への対応や，オペレーションの安全性の確保が焦眉の課題となっている。このため，海運企業が国境を越えた船員戦略をいっそう戦略的に展開する必要性に迫られている。

　オーナー・オペレーターとしての海運企業においては，グループの中核に位置づけられる運航会社が船員戦略を策定し，その子会社である船舶管理会社が中心となって遂行する形をとるのが一般的である。船員戦略は，海運企業のオペレーション現場を対象とする世界レベルの人的資源管理として捉えられ，

「マンニング」（採用），「クルーイング」（配乗），「トレーニング」（教育・訓練）という3つの主要な機能のほか，給与や評価，昇進をめぐる人事制度，オペレーション現場における職務設計と安全管理，オペレーション現場における船員組織や船員間関係のマネジメントから構成される。

　マンニングとは，自社管理船のオペレーションに必要な人的資源を，世界各国の船員市場から獲得することである。マンニングは，多国籍企業活動における立地選択と同様の性質をもち，船員市場の規模や標準的な船員コスト，船員の能力水準によって，各国のマンニング・ソースとしての立地優位性が決定される。そして，これらの立地優位性と，海運企業の船員ニーズが適合する国が，マンニング・ソースとして選択される。一般的に，優位性をもつマンニング・ソースとして，フィリピン，インド，中国などのアジア諸国，クロアチアやルーマニアなどの東欧諸国，ノルウェーなどの北欧諸国が挙げられる。さらに，船員の雇用形態は，一般的にその国籍や職位に関わらず，数ヶ月間の短期的な契約ベースである。このため，海運企業が自社管理船のオペレーションに必要な船員を確保するためには，絶え間なくマンニングを行わなければならず，能力水準の高い船員の継続的雇用を実現するための戦略的な取り組みも不可欠となる。後述するように，1隻の船舶を運航するのに必要な船員の規模と資格は，各国の船員関連法規や船舶管理会社の基準によって定められているため，管理船の隻数に比例して船員需要が増大する。このため，海上物流需要が大きく変動する経営環境下では，海運企業にとって，マンニングのもつ重要性がきわめて高いと言える。

　そして，採用した船員を自社管理船に配置するのがクルーイングであり，一般的に「配乗」と呼ばれる。海運企業は，船員のクルーイングにおいて，船員の能力やコストといったプロファイルを，自社管理船の船種や職位に適合化し，効率的なオペレーションを展開する。大手外航海運企業では，様々な船種の船舶を運航ないし管理しており，船員に必要とされる能力やコスト，職務経験などのプロファイルは，配乗される船舶の船種や職位によって異なっている。たとえば，バルカー（ばら積み船）やコンテナ船などの船種では，船員のプロファイルの中でもコストが相対的に重視される。これに対し，LNG船やVLCC（大型タンカー）などのいわゆるハイリスク船は，取扱貨物の性質や業

務の要求水準，業務手順の煩雑さなどの理由から，コストよりも船員の能力水準や同船種での乗船経験を基準に配乗される。このように，自社の船員ニーズと個々の船員のプロファイルを世界レベルで最適化することが，クルーイングにおける最大の課題であると言える。

　さらに，トレーニングとは，自社船員の能力水準を高度化するための諸方策である。船員の能力水準は，オペレーションの品質を決定づける重要な要因であるが，海運企業がコストを負担し，企業内教育・訓練としてどの程度の規模や水準でトレーニングを実施するかは，個々の企業によって著しく異なっている。この主たる要因は，船員の雇用形態が短期的な契約ベースであることから，教育・訓練に対する投資効率が悪いとする企業側の知覚にある。しかしながら，本書において先進事例として取り上げる海運企業は，大規模な投資によって企業内部にトレーニング機能を整備すると同時に，全社レベルで統一化された教育・訓練プログラムを策定・遂行し，船員の安定的な確保と，オペレーションの安全性および効率の維持を達成している。このことは，企業独自の教育・訓練によって，海運企業が船員戦略としての優位性を獲得できることを強く示唆している。このほか，船員戦略には，給与や評価，昇進をめぐる人事制度，オペレーション現場における職務設計と安全管理，オペレーション現場における船員組織や船員間関係のマネジメントなどの機能がある。船員職の職務特性として，船舶という狭隘かつ動揺する閉鎖的な空間において，長期間継続的に勤務する職務環境や，不規則に変化する気象・海象条件のもと，場合によっては危険な作業を伴う業務内容，国籍やバックグラウンドの異なる船員同士が，同一のチームにおいて協業するコンテクスト環境などが挙げられる。このため，オペレーション現場における船員組織のマネジメントや，船員間のコミュニケーションを良好に促進する取り組み，組織風土の醸成も，船員戦略として重要な役割を果たすと言える。

第3節　船員の資格および配乗に関する要件

　船員戦略の諸機能，すなわち，マンニング，クルーイング，トレーニングに

関しては,国際条約に定められた基本ルールに基づいて各国が施行する船員関連法規によって,具体的な取り決めがなされている。すなわち,STCW95(船員の訓練及び資格証明並びに当直の基準に関する国際条約)によって,船員に必要とされる最低限の知識や技能等の要件,当直基準,船員の職務や訓練などに関する世界レベルでの基本的なルールが定められており,この基準が各国の船員関連法規に反映されている。しかしながら,船員関連法規によって定められる具体的な基準や,その厳格性は国によって異なっている。たとえば日本では,「船員法」や「船舶職員及び小型船舶操縦者法」によって,船員の資格要件や当直基準,最少安全定員が定められており,日本船籍の船舶には,これらの法律に従って船員が配乗される[20]。

船員は,各国の船員関連法規が定める要件を満たした上で海技士資格を取得し,その資格が認める職務の範囲で,雇用・配乗される。また,船員の職位によっては,別途必要とされる専門的な資格を取得する必要がある。海技士資格は,部門ごとに等級に区分され,配乗する船員の資格要件は,船舶の大きさや機関出力,航行区域,船員の職位などによって異なっている。安全最少定員に関しては,船舶の大きさや最長航行時間,自動操縦装置の有無などを基準として,必要とされる人員が定められている[21]。マンニング企業は,各船舶の船籍国(旗国)の定める船員関連法規にしたがって,船員を雇用・配乗しなければならない。すなわち,マンニングは,旗国の法律に定められた人員,資格,能力水準などの基準を満たす範囲で行われるため,この点においてマンニング企業の裁量は制約を受ける。

また,国によっては,配乗する船員の国籍を要件として定める場合もある。日本船籍の船舶に対する配乗に関しては,船員法の定めるところにより,従来日本人船員のみに限定されていたが,1999年より,所定のSTCW締約国の船員資格をもつ外国人船員が,国土交通省の実施する承認試験に合格した場合,日本籍船への配乗が認められるようになった。さらに,2011年より,国土交通省が指定する外国の商船大学等を卒業し,船員資格をもつ者について,承認試験を経ずに日本籍船への配乗を認める機関承認制度が導入された[22]。このような船員政策の変化に鑑み,海運企業は,日本籍船に対するマンニングの選択肢を拡大させ,世界レベルで船員を獲得することがいっそう容易になりつつあ

る。さらに，日本の海運企業は，自社の所有する船舶を外国に登録する「便宜置籍船」を多く導入しているが，その要因のひとつとして，便宜置籍国の船員関連法規においては，船員の配乗要件が緩やかなため，外国人船員の配乗が可能である点が挙げられる。

第4節　船員の組織と職務

(1)　船員組織の構造

　船舶には，船長を頂点とする船員組織が形成される。図表2-2は，一般的な外航船の船員組織の構造と指揮・命令系統を図示したものである。船員組織は，船舶の操船を主たる職務とする甲板部と，エンジンや設備機器の取り扱いを主たる職務とする機関部とに大別され，一般的に前者をデッキ部門，後者をエンジン部門と呼ぶ。このほか，通信業務に従事する無線部門や，厨房業務に従事する司厨員などが所属する事務部門がある。さらに，いずれの部門も，業務において重要な役割および責任を負う職員と，職員の指示のもとで作業を遂行する部員とに区別され，前者をOfficer，後者をRatingと呼ぶことが多い。

　デッキ部門の職員に関しては，船長を頂点として，1等航海士から3等航海士が配置され，エンジン部門の職員としては，船長および機関長を頂点として，1等機関士から3等機関士が配置される。さらに，電気機器の取り扱いを職務とする電気担当士官や，特殊な設備機器の取り扱いを職務とする専門の機関士が乗船する場合もある。このうち，船舶においてとりわけ重要な役割を担う1等航海士および1等機関士以上の職位の船員をSenior Officer，2等航海士および2等機関士，3等航海士および3等機関士をJunior Officerとして区別している。部員は，これらの職員の指示のもとに，各部門の諸業務を遂行する。一般的に，デッキ部門には，職位の高い順に，甲板長（Bosun），甲板手（Able Seaman），甲板員（Ordinary Seaman），エンジン部門には，操機長（No.1 OilerまたはFitter），操機手（Oiler），操機員（Wiper）のポジションが置かれる。船員組織の構造と，各職位の役割および責任，船員組織内の指揮・命令系統は，船舶管理企業が作成する安全管理マニュアル（SMSマニュ

【図表 2-2】船員組織の構造と指揮系統

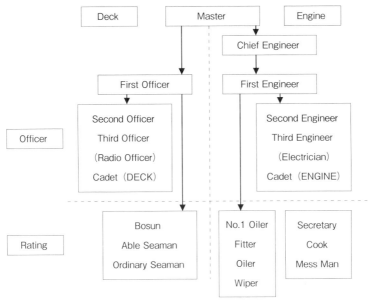

(出所) 筆者作成。

アル) に規定される。このなかで，各船舶は海運企業の指示・命令に従って職務を遂行するものとして位置づけられる。

(2) 船員の職務設計

　船員の職務設計は，船舶管理会社が作成するSMSマニュアルに定められており，通常，職位ごとに果たすべき具体的な職務が示されている。デッキ部門では，航海中や出入港時の諸業務，当直時間の取り決め，航海士として行うべき設備機器の取り扱い，停泊中の荷役をはじめとする諸作業，備品の管理，事務作業，船員に関するマネジメント，必要に応じた教育・訓練，緊急事態における対応などについて，職位ごとに担当する職務が定められる。また，エンジン部門では，設備機器の管理，メンテナンス，部品や船用品の管理，当直時間の取り決め，荷役に関する諸作業などについて，職位ごとに職務が規定されるほか，船舶に搭載される設備機器のうち，各職位の船員が担当するものが具体

的に割り当てられる。

　原則として，1隻の船舶において，ひとつの職位に配乗される船員は，1名ないし2名であるため，船舶のオペレーションが安全かつ効率的に行われるためには，職位に関わらず，個々の船員が，自己に割り当てられた職務を確実に遂行することが不可欠であると言える。また，船員の職位によって，責任や役割の度合い，船員組織における位置づけに差異はあるが，船員の職務自体に関しては，組織の下位に位置づけられる部員についても，船舶のオペレーションにおいて重要かつ不可欠なものが多い。たとえば，航海中にブリッジに配置され，当直の航海士の指示のもと，舵を直接操作し，船舶を安全に航行させる上で重要な役割を果たすのが，甲板長や甲板手などの部員である。また，出入港時に船舶の舳先（先端部）に配置され，周囲の船舶の動向や，刻々と変化する港内の諸状況を判断し，操船を行うブリッジとのコミュニケーションを的確にとることで，船舶の安全な離着桟を可能にするのが，部員である甲板長の役割である。したがって，職位に関わらず，1名でも船員が欠ければ，船舶を安全に運航することが困難となる。この点は，マンニングにおいて，海運企業が必要とする船員を常時確保することの重要性を強く示唆している。

(3) 安全管理マニュアル（SMSマニュアル）

　船舶管理企業は，船舶管理の基準や方法に関して，SMSマニュアルを策定・運用する。前項で述べたとおり，SMSマニュアルには，一般的に，職位別の船員の役割と業務，船員の権限や責任，船員組織における指揮系統や船員のマネジメント，オペレーション，メンテナンス，緊急事態時の対応などに関するルールが規定されている。

　SMSマニュアルは，1998年にIMO（国際海事機関）が定めたISMコード（船舶オペレーションの安全と汚染防止に関する国際基準）に基づいて策定・運用されている。ISMコードは，SOLAS条約（海上における人命の安全のための国際条約）によって，2002年からは国際航海に従事する500トン以上のすべての船舶に適用され[23]，SMSマニュアルの作成・維持・管理が船舶管理企業に対して義務付けられた[24]。

　船舶管理企業のSMSマニュアルには，ISMコード第2条「安全及び環境保

護の方針」に規定される安全や環境保護に関する内容を含むことが義務付けられ，旗国の行政機関から承認を得なければならない。したがって，SMSマニュアル自体は，世界レベルで統一された基準にしたがって作成されるが，SMSマニュアルの運用における厳格性，それに基づく安全管理手法，現場での徹底度には，船舶管理企業間で顕著な差異がある。

さらに，SMSマニュアルとは別に，個々の船舶における詳細な業務手順に関して，現場指示書が作成される場合が多い。現場指示書の作成に関して法的な義務はないが，船員業務を円滑かつ確実に遂行する観点から，船舶管理企業が管理対象とする船舶ごとに作成する。現場指示書は，船舶ごとに，各設備機器の取扱手順やメンテナンス，緊急時の対応などについて，船舶の竣工前から，竣工後の一定期間にわたり，実際に乗船する船員によって作成される。このため，現場指示書の内容や精度は，船員を雇用・配乗する船舶管理企業や，現場指示書の作成に直接従事する船員の特性によっても左右される。

第5節　船員戦略におけるグローバル統合の重要性

　船員戦略の本質は，世界各国のマンニング・ソースから船員を雇用し，国籍やバックグラウンドにかかわらず，企業に固有の能力やスキルを習得するためのトレーニングを行った上で，自社管理船に効率的に配乗することである。その上で，必要とされる船員を安定的に確保し，オペレーションの品質を維持ないし高度化することが，船員戦略の最重要課題である。このように，現場レベルのすべての従業員が，立地の拘束を受けずに世界レベルで雇用され，国籍やバックグラウンドに関わらず同一の現場に配置される点において，外航海運業は，現場従業員の制度面におけるグローバル統合が最も進展した業種のひとつであると言える。これに加えて，外航海運企業が雇用する船員は，ほぼすべてが期間限定的な契約に基づいて雇用される点に注目すべきである。このことは，とりわけ規範的統合を困難にする要因として捉えられる反面，船員の規範的統合がいっそう重要な役割を果たすことを示唆している。

　今日の外航海運業を取り巻く経営環境に鑑みれば，外航海運企業が船員のグ

ローバル統合から獲得しうるベネフィットは，主に以下の2点である。すなわち第1に，船員の安定的な確保が挙げられる。とりわけ2000年代初頭以降，新興国の経済発展に伴って海上輸送需要が増大した結果，船員市場も世界レベルで需要過剰となり，海運企業間での船員獲得競争が激化した。近年では，船員市場の需給バランスに変化が見られるようになったが，長期的にみれば，船員不足の傾向が継続するとされている[25]。このため，自社運航船のオペレーションを安定的に維持するために，船員を過不足なく効率的に確保することが，海運企業にとって焦眉の課題となっている。したがって，船員戦略を世界レベルで統合化することによって，世界の船員市場から効率的に船員を採用し，継続的に雇用することが可能になると考えられる。具体的には，制度的統合として，採用や教育・訓練，評価，給与，昇進などに関する制度を世界レベルで統一化すると同時に，継続的雇用のための施策を全社レベルで実施することによって，船員の安定的な確保と効率的な活用が可能になる。また，規範的統合として，個々の船員が企業に固有の知識や安全管理ポリシーを共有し，船員間の信頼関係が構築されることによって，船員の離職意思が抑制され，継続的雇用が達成されると考えられる。

第2に，船員の能力水準の高度化と標準化が挙げられる。船員市場が逼迫するのに伴って，能力水準の低い船員が市場に参入し，船舶オペレーションの品質が低下することが懸念される。実際に，2000年代中頃には，日本の大手海運企業においても，大規模な海難事故が相次いで発生した。事故原因は様々であるが，主に船員の能力水準に起因するものが多くを占めている。このため，海運企業の競争優位を決定づける海上輸送サービスにおいて，安全かつ確実なオペレーションを実現するためには，船員の能力水準を高度化すると同時に，国籍やバックグラウンドにかかわらず，同一船種，同一職位の船員であれば，すべて一定水準以上の技術・スキルを有するよう，能力水準の標準化を図る必要がある。そのためには，全社レベルで標準化された教育・訓練プログラムを通じて，すべての船員が企業に固有の知識を共有すると同時に，全社レベルで安全管理体制を整備し，すべての船舶において同等に運用されなければならない。これらの課題を達成する有力な手段として，制度面および規範面における船員のグローバル統合が位置づけられる。

これに対し，外航海運企業が船員のグローバル統合を達成する上で，制約要因となる課題も存在する。すなわち第1に，組織を構成する人的資源の多様性である。日本企業の場合，管理職レベルに相当する職員の約9割，ワーカーレベルに相当する部員のほぼ全員が外国人で占められている。一般的に，海運企業は，フィリピンやインド，ロシア，東欧諸国，東南アジア諸国など様々な国から，マンニング企業を通じて船員を雇用し，能力や経験に応じて，各船舶に配乗する。このため，雇用する船員の国籍やバックグラウンドは多様であり，このことが，主に規範的統合に対する制約要因となりうるのである。

第2に，船員の雇用形態が挙げられる。船員は期間限定的な契約ベースで雇用され，1回の雇用契約期間は3ヶ月から9ヶ月と極めて短い。標準的な雇用契約期間は，マンニング・ソースごとの雇用慣行や税制，海員組合との取り決めなどによって異なり，たとえばフィリピンが約9ヶ月，インドが約6ヶ月，東欧諸国で約3ヶ月が一般的となっており，近年においてはさらに短縮傾向にある。このため，一般的には船員市場における雇用の流動性が高い。企業の観点からは，一般的に，従業員の雇用期間が短く，流動性が高い場合，教育・訓練に大規模な投資を行い，世界レベルでトレーニング・プログラムを統合化するインセンティブは低い。他方，従業員の観点からは，雇用期間が短いことによって，規範的統合の受容度が低下する。雇用の流動性が高ければ，特定の海運企業の安全管理ポリシーや，安全重視の企業風土を含む企業に固有の知識を吸収するインセンティブ，船員間の信頼関係を構築するモチベーションは一般的に低いと考えられる。これらのことから，短期的かつ不安定な雇用形態が，制度的統合と規範的統合の双方に対する制約要因となる。

したがって，外航海運企業にとっては，これらの制約要因を所与のものとしながら，船員の安定的な確保と，能力水準の高度化および標準化を達成する上で，人的資源のグローバル統合が重要な手段となるのである。

第6節 小　結

本章では，外航海運業における船員戦略の概念，機能，特性を踏まえ，グ

ローバル統合の重要性を明確にした。外航海運業における船員戦略の最重要課題として，船員の安定的な確保と，能力水準の高度化ないし標準化が挙げられる。そして，船員の雇用形態に起因する船員組織の多様性や，メンバーの変動性などといった阻害要因を所与のものとしながら，海運企業が上述の課題を達成する重要な手段として，船員戦略におけるグローバル統合が挙げられる。今日の海運企業を取り巻く経営環境に鑑みれば，船員のグローバル統合から得られるこれらのベネフィットが，海運企業にとっていかに重要性の高いものであるかは，本章で述べたとおりである。したがって，人的資源のグローバル統合に関する概念を業種および職種レベルで精緻化する上で，外航海運業の船員戦略を研究対象とする意義はきわめて大きいと言える。

第3章
マンニングと立地優位性

第1節　はじめに

　本章では，船員戦略におけるグローバル統合の第1段階として，船員の雇用に当たる「マンニング」に焦点を当て，その概念を明確にした上で，マンニング・ソース（船員市場国）の優位性と，それらが形成される背景について，主に多国籍企業理論における「立地優位性」の観点から検討する。

　外航海運企業は，第2章で論じた制度ないし要件のもと，制度的に統合化されたプロセスにしたがって，世界のマンニング・ソースに船員の採用拠点を設置し，船員を戦略的に雇用している。日本の大手外航海運企業が船員を雇用するマンニング・ソースは，フィリピンやインドを中心に，クロアチア，ルーマニア，ロシアなどの東欧諸国，中国，インドネシア，ベトナムといったアジア諸国など多岐にわたり，今日では自社船に配乗する船員の大部分を外国人が占めている。

　外航海運業は，労働集約的な製造業と同様に，主に1980年代から，円高や人件費の上昇に伴って，生産活動の担い手を国外にシフトさせた業種のひとつである。すなわち，主要な生産活動である船舶のオペレーションにおいて，その担い手である船員の人件費が，諸外国と比べ相対的に高騰し，コスト競争力が低下した日本の海運企業は，船員の配乗に関する規制が緩やかなパナマやリベリアなどの国に，船舶の国籍を便宜上移転させると同時に，フィリピンなど船員の人件費が低い国から船員を雇用するようになった。このように，歴史的にみると，戦後日本の外航海運企業が外国人船員を雇用するようになった最大の要因は，日本人船員費の相対的な上昇に起因する船員コスト削減の必要性であった。したがって，当初海運企業は，部員と呼ばれるワーカーレベルの下級

船員を中心に外国人を雇用し，高度な技術やスキルが必要な職員と呼ばれる管理職レベルの上級船員に日本人を充当することで，船員コストの最適化を図っていた。

　しかしながら，近年では外航海運業をめぐる経営環境の変化に伴い，海運企業が雇用する船員に必要な要件として，コスト以外の様々な要因が重視されるようになった。具体的には，第1に，船舶の高機能化や船種の多様化に伴って，船員に必要とされる技術やスキルも複雑化し，船舶の操船やメンテナンスをはじめ，船員業務に関する能力水準がいっそう問われるようになった。第2に，新興国の著しい経済発展に伴って海上物流需要が増大し，船員市場が世界レベルで逼迫するようになった。その結果，能力水準の低い船員が市場に参入するようになり，船舶オペレーションの安全性がいっそう問われるようになった。このため，海運企業は，自社運航船に必要な船員を量的に確保すると同時に，能力水準の高い船員を雇用することが重要な課題となっている。第3に，世界的な船員市場の逼迫に伴って，短期間の契約ベースで雇用される船員の継続的雇用がいっそう重要な課題となっている。とりわけ，船員のトレーニングを重視し，多額のコストを負担する海運企業は，船員を継続的に雇用し，教育コストを回収するだけでなく，企業に固有の知識を効率的に活用することによって，船舶オペレーションの質を高度化することが重要な課題となる。このため，マンニングにおいても，船員が円滑に組織適応し，規範的統合の成果を発揮しうるかどうかが，重要な採用基準のひとつとなっている。

　これらのことから，海運企業は世界レベルでマンニング・ソースを拡大し，船員需要の増大に対応するだけでなく，多様なマンニング・ソースの優位性を効率的に組み合わせ，自社の船員ニーズに適合させるために，戦略的に船員を雇用する必要性がいっそう増大していると言える。すなわち，海運企業は世界レベルで船員のマンニングを制度的に統合し，自社船のオペレーションに必要な船員を常に確保すると同時に，マンニングにおける船員の採用基準について，コストや能力水準だけでなく，組織加入後に規範的統合の成果を達成しうるかどうかが問われている。

　海運企業が，世界中の選択肢の中から，どこにマンニング拠点を配置するかを決定する要因が，マンニング・ソースのもつ立地優位性である。さらに，外

航海運企業の船員戦略において，船員のマンニングそのものは，立地に拘束を受けない性質をもっているにもかかわらず，特定のマンニング・ソースが選択されているという事実は，マンニング・ソースとして特定の国に固有の優位性が存在することを強く示唆している。そこで本章では，外航海運企業にとって代表的なマンニング・ソースであるフィリピンを対象に，マンニング・ソースのもつ立地優位性と，それらの優位性要素が形成される背景について，主に多国籍企業理論の観点から検討する。

本章では第1に，マンニングの本質と，マンニングにおける立地優位性の概念について，多国籍企業理論を用いて説明する。第2に，日本の大手海運企業の船員戦略をケースとして取り上げ，マンニング・ソースの選択に関する意思決定プロセスについて検討する。第3に，海運企業および現地でのインタビュー調査に基づき，最大規模のマンニング・ソースであるフィリピンの立地優位性要素とそれらが形成される背景について，第2の船員市場規模であるインドとの相対的概念を含めて明らかにする。

第2節　研究方法

本章では，多国籍企業理論の代表的な先行研究から立地優位性に関する概念を抽出すると同時に，日本の大手外航海運企業日本郵船を対象に，マンニングに関するケース・スタディを行い，インタビュー調査によって得られた質的データに基づいて，最大規模のマンニング・ソースであるフィリピンがもつマンニング・ソースとしての優位性と，それらの優位性要素が形成された背景を，第2の規模であるインドとの相対的概念を含めて明らかにする。

立地優位性の概念に関しては，多国籍企業活動に関する最も包括的な理論的フレームワークであるDunningのOLIパラダイムを中心に，PorterやRugmanが示す立地選択や立地優位性の概念を補足的に用いる。ケース・スタディに関しては，対象となる日本郵船および同子会社のほか，フィリピンとインドの行政機関などに対するインタビュー調査によって質的データを収集し，それに基づいて帰納的に結論の導出を試みる。

具体的には，2004年3月12日，日本郵船東京本社にて，船員戦略担当役員をはじめ，経営企画部門，船員戦略部門，船員人事部門の各担当者を対象に，それぞれ個別面接方式のインタビュー調査を実施し，同社の全社的な船員戦略およびマンニング・ソースの優位性に関する質問を行い，回答を得た。また，同年10月11日および12日，同社最大規模のマンニング・ソースであるフィリピンにおいて，マンニングを担当する同関連会社NYK-FIL SHIPMANAGEMENT社（以下，NYK-FIL社），現地政府機関のなかで高等教育政策を担当するCommission on Higher Education（以下，CHED），海外労働者を対象に労働政策を担当するPhilippine Overseas Employment Administration（以下，POEA）を対象に，インタビュー調査を行った。NYK-FIL社においては，同社President, Director, 船員戦略担当のGeneral Manager, 調査研究部門のAssistant Managerを対象に集団面接方式のインタビュー調査を行い，主にフィリピン人船員を雇用する要因と，他のマンニング・ソースとの相対的な優位性，フィリピン人船員のマンニングおよびトレーニングに関する現状と課題について回答を求めた。また，CHEDにおいて教育制度策定部門の担当者，POEAにおいてAdministratorを対象にそれぞれ個別面接方式でインタビュー調査を行い，フィリピンにおける船員教育制度の現状と課題，マンニング・ソースとしてフィリピンがもつ優位性とそれらが形成された背景について質問を行った。

また，2006年3月9日，日本郵船本社の船員戦略部門にて，同3月14日，シンガポールの船舶管理子会社NYK SHIPMANAGEMENT社（以下，NYKSM社）において，船員戦略策定者を対象とする個別面接方式のインタビュー調査を実施し，インドにおける船員戦略の内容と，マンニング・ソース選択のプロセス，マンニング・ソースとしてのインドの優位性に関する質問を行い，回答を得た。さらに，同3月16日および17日，インド（ムンバイ）のNYKSM社Manning Office，インド国立商船大学ムンバイ校，海運庁，民間の船員教育機関International Maritime Training Centre（IMTC），海事調査機関FOSMAに対して，それぞれ個別面接方式によるインタビュー調査を行い，インドにおける船員のマンニングに関する諸環境，マンニング・ソースとしてインドがもつ立地優位性について質問を行い，回答を得ると同時に，イン

ドでのマンニングに関する情報・資料の提供を受けた。

第3節　多国籍企業理論における立地優位性の概念とマンニングの本質

(1) 多国籍企業活動の本質と立地選択

　外航海運企業による船員戦略の本質は，多国籍企業における付加価値活動の「配置」と「調整」の概念を用いて説明することができる。競争戦略論の観点から，Porter (1998) は，多国籍企業によるグローバル競争と立地選択の本質を，以下のように論じている。すなわち，グローバル戦略の特徴は，価値連鎖の各部分を世界各国に自由に配分できる点にあり，基本的な選択は，「配置」と「調整」の2つの側面で構成される (Porter, 1998, 邦訳, p.248)。価値連鎖とは，企業によって行われる一連の付加価値活動を指し，生産，物流，マーケティング，サービスからなる主要活動と，財務，人的資源管理，研究開発，調達からなる支援活動とに区分される (Porter, 1998, 邦訳, p.246)。

　「配置」とは，価値連鎖のそれぞれの活動をどこに立地させるかの選択であり，付加価値活動の性質によって，1ヶ所もしくは少数の拠点に集中させるか，多くの立地に分散させるかを決定する。この立地選択の決定要因として，中間財や労働力を獲得する上での比較優位が挙げられている。Porter は，付加価値活動を集中させるベネフィットとして，規模の経済の獲得や，経験の蓄積による生産性の向上を指摘する一方，付加価値活動を分散させるベネフィットは，輸送・保管コストの最小化，リスクの分散，各国の市場特性に対する適切な対応，各国市場に固有の知識の獲得にあるとした (Porter, 1998, 邦訳, pp.248-250)。

　他方，「調整」とは，各国に分散したそれぞれの活動を，世界レベルで統合化するか，自律的に各活動を展開するかという選択である。「調整」の具体的な方法として，全社レベルでの共通基準の設定や情報交換，世界的視点での各拠点の責任分担などの方法が挙げられる。このような方法によって，分散した活動を調整するベネフィットは，比較優位が変化した場合の適切な対応や，各

国で獲得した知識を全社レベルで共有することが可能となる（Porter, 1998, 邦訳, pp.251-252）。

その上でPorterは，企業の競争優位は，元来立地がもたらす何らかの優位性から生じ，それらの優位性が企業のもつネットワークを通じて世界レベルで拡大し，競争上のポジションに反映されるとしている（Porter, 1998, 邦訳, p.253）。このことは，多国籍企業の競争優位の源泉は，世界各国に存在する立地優位性であり，グローバル戦略の最初の段階は，自社にとって競争優位の源泉となりうる立地優位性が存在する国もしくは地域を的確に選択し，そこに最適な付加価値活動を配置することである点を示唆している。

船員戦略の主たる活動は，海運企業が国境を越えて主にマンニングとトレーニング，クルーイングを行うことである。このことは，Porterが示す価値連鎖のうち，人的資源管理に関する「配置」と「調整」に相当する。すなわち，海運企業が様々な国にマンニング拠点を配置し，船員の獲得を世界レベルで行うと同時に，トレーニングによってそれらの能力を高度化し，最終的には全社レベルでトレーニング・プロセスを統合化することによって，一定以上の能力水準に集約させるという性質をもっている。さらに，自社管理船にこれらの船員を効率的に配乗し，全社レベルでコスト効率の最大化を図るために調整を行うのである。そして，このプロセスを成功裏に展開する有力な手段として，船員戦略のグローバル統合が位置づけられる。とりわけマンニングに関しては，海運企業が，全社レベルで統一化された基準のもとに各マンニング・ソースの立地優位性を知覚し，最適なベネフィットをもたらしうる国にマンニング拠点を配置すると同時に，全社レベルの船員ニーズを満足させるために，各マンニング拠点における船員の採用を効率的に行う。外航海運企業は，このようなマンニングに関する制度的統合によって，船員戦略における「配置」と「調整」を行い，世界レベルで効率的な船員の活用を達成するのである。

(2) 立地優位性の概念

多国籍企業が，付加価値活動をどこに配置するかを選択する上で，決定要因となるのが「立地優位性」である。多国籍企業理論における立地優位性とは，企業が付加価値活動の立地選択に影響を及ぼす特定の立地に固有の優位性要素

を指す。代表的な多国籍企業理論であるDunningのOLIパラダイムによれば，多国籍企業は国境を越えて付加価値活動を内部化し，自社のもつ優位性を高めることができるとされている。そして，付加価値活動を配置することによって，十分なベネフィットを獲得できると知覚される場所が，付加価値活動の立地として選択される（Dunning, 1993, pp.76-86）。さらに多国籍企業は，立地がもつ優位性を内部化することによって自社の競争優位を獲得するが，それが逆に活動を行う国の立地優位性を高める相互作用を生ぜしめる[26]。

　Dunningは，企業が国際生産を行う決定要因として，企業がもつ優位性（所有特殊的優位），付加価値活動を自社に内部化することによる優位性（内部化優位）と並んで，立地がもつ優位性（立地特殊的優位）を位置づけている。さらにDunningは，立地特殊的優位を構成する要素を「自然的資産」(natural assets)と「創造された資産」(created assets)とに分類した。すなわち「自然的資産」とは，低廉な労働力や気象条件，地理的条件などといった，特定の立地に自然発生的に賦存する要素であり，「創造された資産」とは，高度なスキルをもつ人的資源や，政府による促進的な諸政策，高度に整備されたインフラなど，意図をもって人為的に創造ないし開発された諸要素を指す。そして，近年において多国籍企業活動の性質が変化するのに伴い，「創造された資産」の重要性が増大しつつあることが強調されている（Dunning, 1998）。その背景として，1990年代以降の多国籍企業活動における性質の変化が考えられる。すなわち第1に，スキルをもつ労働力などの企業に固有の知識集約的資産の重要性が高まっていること。第2に，国家間の貿易障壁が低下しつつある一方で，空間的な取引コストが増大していること。第3に，国境を越えた事業展開を調整することがいっそう容易になっていることである（Dunning, 1998, p.50）。このような変化に鑑み，船員戦略のような戦略的資産追求型の事業展開に対する立地優位性として，相乗効果が期待できる優位性資産のコストと利用可能性，立地拘束的な暗黙知の交換機会，異なる文化や制度，消費者の需要や選好に関する情報へのアクセスなどが挙げられる[27]。企業活動のグローバル化が進展し，事業展開を行う国々が多様化するのに伴って，立地特殊的優位が，企業がもつ既存の所有特殊的優位を高度化する手段として捉えられるだけでなく，企業活動の地理的構成そのものが所有特殊的優位になりうる。さら

に，企業間の競争を促進すると同時に，立地拘束的な優位性を最適に活用できるようにする上で，政府による政策の重要性が強調されている（Dunning, 1998）。

　企業は，経営資源に対する特権的なアクセスを，他の企業よりも効率的に組織化する能力をもつことによって，競争優位を獲得する。特許や生産技術，組織構造などの所有特殊的優位は企業に固有の性質をもつのに対し，市場に関する知識などの優位性要素は立地特殊的なものである。したがって，特定の国で競争優位をもつ企業は，その国の競争優位にも影響を及ぼすと考えられる。また，企業が国の競争優位にどの程度影響を及ぼすかは，企業活動の性質と構造によって異なる（Narula, 1996, p.71）。

　また Narula（1996）は，特定の国における立地優位性要素とその水準が，当該国での企業活動を通じて，時間の経過とともに変化すると論じた。すなわち，特定の国における立地優位性の構成は，当該国で事業展開を行う企業の所有特殊的優位の性質に伴って変化する。自然的資産と創造された資産とを問わず，特定の国における t+1 時点での立地優位性の性質は，t 時点でその国がもつ立地優位性の一関数として捉えることができる（Narula, 1996, p.71）[28]。このプロセスを経て，自然的資産に対する特権的なアクセスによって所有特殊的優位を獲得した企業は，その事業展開を通じて自然的資産に付加価値を賦与し，当該国の自然的資産を創造された資産に転換することが可能となる。また，創造された資産を獲得・活用することによってベネフィットを獲得した企業は，創造された資産の水準をいっそう高度化し，当該国で事業展開を行う企業に対してこれらの資産の利用可能性を高めることが可能となる。このように，立地優位性と企業の競争優位との相互作用によって，特定の国における立地優位性要素の水準がいっそう向上すると考えられる。

　船員戦略では，海運企業が十分なベネフィットを獲得しうると知覚した国にマンニング拠点を配置し，その市場から経営資源である船員を獲得する。海運企業が，どこにマンニング拠点を設置し，どの市場から船員を獲得するかの意思決定は，人的資源管理拠点の「立地選択」である。それならば，マンニング・ソースの選択プロセスにおいて，個々のマンニング・ソースがもつ「立地優位性」が，立地選択の意思決定に重要な影響を及ぼしているはずである。こ

れまでに述べたように,海運企業がマンニング・ソースを外国に拡大した当初の目的は,船員コストの削減であった。したがって,当初のマンニング・ソースの優位性として,船員の人件費の低廉性が最も重要な要因と位置づけられていた。この優位性要素は,Dunningの示す自然的資産であるが,世界の外航海運業を取り巻く経営環境の変化に伴って,今日では船員コスト以外にも様々な要因に焦点が当てられるようになった。さらに,船員に関して自然的資産の性質をもつ優位性要素が,海運企業によるトレーニングや実際の乗船経験を経て,創造された資産としての性質がより強くなることも考えられる。その結果,当該マンニング・ソースから創造された資産としての船員を雇用する海運企業が,船舶オペレーションの質を高度化し,自社の競争優位を獲得することが可能となる。このような循環によって,優位性をもつ特定のマンニング・ソースにおいては,Narulaが示す立地優位性と企業の競争優位の相互作用が生じることになる。

(3) サービス企業の特性と立地優位性

上述の立地優位性要素は,同一の国であっても産業部門や企業の知覚によって異なる場合が多い。この点についてDunningは,主に製造業を説明の対象としたOLIパラダイムが,サービス企業にも適用することが可能であることを示し,サービス産業の業種特性を考慮しながら,サービス企業に固有のOLI要素が何であるかを提示している。それによれば,サービス企業の所有特殊的優位は,①サービス品質,②範囲の経済性,③規模の経済性とサービスの専門性,④技術と情報,⑤サービスに関する特殊な知識,⑥インプットや市場に対する特権的アクセスであるとされている(Dunning, 1989, pp.12-15)。その上で,これらの所有特殊的優位をもたらす一般的なサービス産業の立地優位性は,業種特性を鑑みれば,以下の4点であると論じている(Dunning, 1989)。

すなわち第1に,サービス産業の最も顕著な特徴として,無形性と不可分性を指摘できるが,このことは,サービス産業において生産と消費が同時に行われなければならない点を示唆している。したがって,生産拠点と市場が同一の立地に存在する必要があり,当該業種にとっての大規模かつ高水準な市場が存

在することが，サービス産業にとって，とりわけ重要な立地優位性の条件と考えられる。第2に，サービスというアウトプットは，ヒトによって生産され，繰り返し同じ性質のサービスが生産されることはほとんどないと言える。サービス産業の競争優位を決定づける重要な要因がアウトプットの性質であるならば，それを生産する人的資源の水準が極めて重要な要因となる。したがって，サービス産業の重要な立地優位性要素として，高度な能力やスキルをもつ人的資源の賦存状況や利用可能性が指摘できる。第3に，サービス企業の立地選択が，製造業に比べて市場志向的であるとの特徴があり，個々の企業がいずれの市場をターゲットとするかによって，その立地選択が決定される傾向が強いと言える。したがって，個々の企業のマーケティング戦略をはじめとする戦略の性質によっても，サービス企業の立地選択は大きく左右されると考えられる。それと同時に，これらの戦略に影響を及ぼす経営環境などの企業に固有の諸要因の影響も考慮する必要があると言える。第4に，政府による諸政策の重要性が指摘できる。サービス産業は，その特殊性から，政府による規制を強く受ける業種や，積極的な企業誘致の対象とされる業種が多い。したがって，投資受入国ないし投資本国の政府による諸政策が，サービス企業の立地選択に及ぼす影響を考慮する必要があると考えられる（Dunning, 1989）[29]。

　海運企業による船員戦略の性質に鑑みれば，Dunning が指摘した一般的なサービス企業にとっての立地優位性のうち，マンニングにも当てはまる要素とそうでないものとがある。マンニング・ソースの立地選択に影響を及ぼす立地優位性は，「船員」という経営資源の能力および利用可能性に集約される。海運企業の主たる事業分野は，海上物流という輸送サービス活動であり，そのアウトプットの生産に直接従事するのが船員である。したがって，船員戦略における立地優位性を検討する上で，サービス産業の業種特性を考慮する必要がある。また Dunning は，上述のサービス産業の特性を踏まえ，一般的に製造業よりも重視されるべき立地優位性として，①市場の規模や特性，②顧客との近接性，③人的資源の利用可能性，④政府による政策を指摘した（Dunning, 1989, pp.19-20）。海運企業にとって，アウトプットのクオリティーを左右し，競争優位を決定する最も重要な担い手となるのが，まさに船舶のオペレーションに従事する船員であり，マンニング・ソースの立地選択において最も重要な

優位性要素は，Dunningが示すサービス産業に固有の立地優位性のうち，船員市場の規模だけでなく，船員の能力と利用可能性であると言える。そこで，船員の能力および利用可能性という優位性要素をさらにブレークダウンし，どのような要因によって優位性要素が形成されているかを検討することが必要となる。

(4) 立地優位性の相対的概念

　立地優位性は，一般的に個々の国や地域単位で形成される。しかしながら，各国ないし各地域のもつ特性を「優位性」として捉えるかどうか，またそれらをどの程度有益な優位性として知覚するかは，個々の産業部門や企業によって異なっている。すなわち，特定の国に形成される立地優位性要素とその優位性水準は，企業の知覚によって決定される。そして，今日においては多国籍企業活動の多様化に伴って，これらの立地優位性が一国ベースで知覚されるわけではなく，いくつかの選択肢となる国や地域との間で相対的に決定されるようになっている。

　Rugmanは，立地優位性に相対的な視点を加えた新たな概念的フレームワークを提示した（Rugman, 1995）[30]。それによれば，特定の国に立地する特定企業の成功は，企業の国籍にかかわらず，持続的な付加価値の創造との観点から，特定国と外国の双方に形成されるダイヤモンド諸要素[31]によって左右されると考えられる。すなわち，特定の国におけるそれぞれの産業の活動が，特定国と外国の双方に形成されるダイヤモンドの決定要因の上に成り立っており，国際的な競争力をもたらすのは，特定国と外国のそれぞれの決定要因である（Rugman, 1995, p.106）[32]。

　この概念を援用すれば，特定の国の立地優位性要素とその水準は，自国もしくは立地選択の候補となる第三国との間で決定されることになる。すなわち，特定の国における立地優位性の水準は，当該国と競合する第三国との立地優位性水準の差異であると換言できる。この概念が示された背景として，世界各国で通商政策の自由化が進展するのに伴い，国家間での中間財や完成品の貿易がより柔軟に行えるようになった点，発展途上国の経済発展に伴って，類似した立地優位性要素ないし優位性水準をもつ国が増加した点が考えられるが，その

結果として，多国籍企業の立地選択における選択肢がいっそう多様化したと言える。

外航海運企業のマンニングにおいても，世界中に存在するマンニング・ソースの中から，海運企業が最もベネフィットをもたらすと知覚するいくつかの国が選択される。船員市場が形成されている国は無数に存在するにもかかわらず，海運企業が船員を雇用するマンニング・ソースが特定の数ヶ国に集中しているとの事実は，それらのマンニング・ソースに固有の優位性が，競合する他国との相対的な知覚によって決定されることを示唆している。したがって海運企業は，相対的な立地優位性の知覚のもとに，いくつかのマンニング・ソースを選択し，全社レベルの船員ニーズを満足するよう，マンニング・ソース間の立地優位性の差異を利用し，効率的にクルーイングを行うと言える。このことは，まさに船員戦略の制度的統合のもとに実現する。すなわち，海運企業は，全社レベルで統一された基準にしたがってマンニング・ソースの優位性を相対的に知覚し，マンニング・ソース間の相対的な優位性の差異と，全社レベルでの船員ニーズを最適に適合化するのである。

第4節　外航海運業の船員戦略におけるマンニング

(1) 外国人船員活用の背景

日本の外航海運企業が外国人船員を活用しはじめたのは，1970年代からである。とりわけ著しい円高が進行した1985年以降，日本人船員に取って代わる形で外国人船員が急速に増加した。たとえば日本郵船の場合，1985年時点では，外国人船員が全体の60.4％を占めるに留まっていたが，その後2005年には95％を占めるようになり，この水準のまま現在に至っている[33]。このことから，日本の外航海運企業にとって，外国人船員が必要不可欠であることは明らかであり，外国人船員をめぐるマネジメントを戦略的に行うことが不可欠となっている。主に1980年代後半以降，日本の海運企業が外国人船員を雇用し，自社の船舶に配乗するようになった要因として，主に以下の3点が指摘できる。すなわち第1に，円高の進行に伴って，価格競争力が低下し，運賃収入

が減少したこと。第2に，日本人船員の人件費が相対的に上昇し，船舶管理コストが著しく増大したこと。第3に，運賃同盟が形骸化し，価格競争が激化したのに加え，低コストを競争優位の源泉とする台湾や韓国などのアジア諸国の海運企業が成長し，市場におけるコスト面での競争が激化したことである。このような経営環境の変化に伴って，日本のみならず先進工業国の海運企業は，コスト削減が重要な課題となり，とりわけ船員の人件費を削減することによって，それに対応する動きが活発化した。つまり，外航海運業は労働集約的な製造業と類似したコスト構造をもち，コスト削減を実現するために，生産に従事する人的資源の海外シフトが促進された産業部門であると言える。

図表3-1は，船舶管理コストの内訳を示したグラフである。船舶管理とは，船舶の所有者たる船主から船舶を預かり，また営業活動を行う運航会社から船舶の管理を委託され，契約に基づいてその船舶の管理を行う海運業の業態である。すなわち，実際に船舶のオペレーションを全体的にマネジメントし，海運業にとって重要な役割を果たすのが船舶管理であり，それにかかるコストが海運企業にとって極めて重要な意味をもっている。図表3-1が示すとおり，船舶管理コストの約54％を占めるのが船員の人件費であり[34]，これをいかに削減するかが，海運企業全体のコスト削減にとって重要な課題となっている。一般

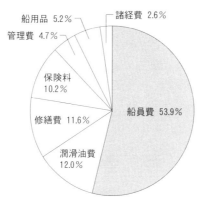

【図表3-1】船舶管理コストの内訳

(出所) NYKSM社資料をもとに筆者作成。
(注) 2014年時点での全社レベルでの平均値。
船種や個々の船舶管理契約によって予算配分は異なる。

的に，船員の給与は，マンニング・ソースごとに形成される船員市場の需給関係によって決定され，乗船する船種や職位によって異なっている。たとえば，一般的なタンカーの船長クラスで比較すると，イギリス人船員の給与水準を100 とした場合，クロアチア人 84，インド人 71，フィリピン人 52 である[35]。そこで海運企業は，船舶管理に関する諸規制が緩やかな国に船舶所有会社を設立し，自社船舶の国籍をそれらの国に移転するようになった。このような船舶を便宜置籍船[36]といい，便宜置籍船を利用する主たる目的は，船舶の所有に関する租税負担の軽減を図ると同時に，外国人船員の配乗を可能にすることにある。

(2) 近年における経営環境の変化とマンニングの課題

近年，主に中国を中心とするアジア諸国の経済成長に伴って，世界における海運需要が著しく増大している。このことは，海運市況の改善をもたらすと同時に，世界的な船舶不足という事態を招いている。そこで，世界の海運企業は，積極的に新規船舶の導入を行い，経営環境の変化に対応してきた。このような経営環境の変化に伴って，海運企業の船員戦略に新たな課題が生じた。海運需要の増大に伴って，船舶だけでなくそのオペレーションを行う船員もまた，著しく不足することが懸念される。船舶のオペレーションにおいて重要な役割を果たす人的資源は，職員と呼ばれる管理職クラスの船員であるが，2000年代初頭以降，世界的に船員不足の傾向が続いている。運輸政策研究機構が2010 年にまとめた世界の船員需給見通しに関する報告書によれば，世界的に船員需要が増加する結果，職員クラスで 2015 年には 1 万 5796 名，2020 年には 3 万 2153 名の船員が世界で不足するとされている[37]。また，BIMCO が2016 年に発表した報告書によれば，2015 年時点の状況として，部員クラスの船員は供給過剰となっているものの，職員については，すでに 1 万 6500 名が不足しており，2020 年には 9 万 2000 名，2025 年には 14 万 7500 名が世界で不足すると予測されている[38]。これまでに述べたように，1 隻の船舶をオペレーションするのに必要な船員の数は，国際条約に基づいて各国の船員関連法規が定めるミニマム・マンニング（法定人員数）を遵守する義務があり，海運企業が任意に削減することは不可能である。また，スキル水準の低い船員を大量に

雇用すれば，オペレーションの質的低下をもたらし，安全性および経済性の確保に支障をきたすことが懸念される。したがって，新規に導入する船舶のオペレーションを行う管理職クラスの船員を雇用・育成することは，世界の海運企業にとってまさに焦眉の課題となっているのである。

さらに，最も問題となるのは，船員を育成するために必要とされる期間が極めて長い点である。海運企業が職員として新規に雇用する船員が，船舶オペレーションの責任者である船長ないし機関長クラスの船員に昇進するまでには，乗船履歴にして約10年必要であるとされている。したがって，職員候補の船員を現時点で雇用しても，船舶のオペレーションをマネジメントできるまでには，最低10年必要となる。このことからも，現在すでに利用可能な船員を市場から確保すると同時に，それらの船員の高度化をいかに行うかが，海運企業にとって重要な課題であると言える。

(3) 日本郵船の船員戦略におけるマンニング

日本郵船が外国人船員を配乗しはじめたのは，1976年からである。この年，同社は18名のフィリピン人船員を在来船に，6名の香港人船員を自動車専用船にそれぞれ配乗し，それ以来外国人船員を増加させてきた[39]。しかしながら，外国人船員を雇用しはじめた当初，フィリピン人船員は部員としての位置づけであった。現在では，上述の経営環境の変化に鑑み，部員として位置づけられていた船員の技術水準を高度化させ，上級職員として配乗するようになっている。

同社は，2005年4月に中期経営計画「New Horizon 2007」を策定し，それに基づいて同年6月より「船員戦略プロジェクト」を立ち上げた。同プロジェクトの立ち上げにあたり，同社は全社レベルで戦略組織を再編成すると同時に，船員戦略の策定・遂行においてそれぞれの部門が果たす役割を明確化した。そして同社は，運航隻数の規模が著しく拡大するのに伴って，世界レベルで雇用する船員数を増加させると同時に[40]，マンニング・ソースの拡大を進めていった。同社が「船員戦略」との名称で船員のマネジメントを展開するようになったのは，このときからである。このことは，とりわけ2005年以降，経営環境の著しい変化に鑑み，同社が船員をめぐるマネジメントをいっそう戦略

的に行うようになったことを示唆している。換言すれば，同社における船員マネジメントのグローバル統合は，2005年の船員戦略プロジェクトの立ち上げを機に着手されたということである。

　日本郵船による船員戦略のなかでも，とりわけ近年の重要な変化として，マンニング・ソースの多様化が挙げられる。世界的な船員不足に直面する海運企業にとって，従来のマンニング・ソースだけでは十分な船員の獲得が困難となってきた。このため，既存のマンニング・ソースに加えて，新たな拠点を設置することが必要不可欠である。同社は，これまでフィリピン中心のマンニングを展開してきたが，2002年新たにインドにマンニング拠点を設置し，続いてクロアチアとルーマニアにマンニング拠点を設置したほか，その後インドのマンニング拠点を増設した。さらにその後，中国やベトナム，ロシア，ウクライナなどにもマンニング・ソースを拡大していった。このように，船員の雇用という点で立地選択が多様化し，海運企業にとっての選択肢が拡大することによって，それに関する立地優位性の水準が，他国との比較において相対的に決定されるようになった。

　図表3-2は，日本郵船の船舶に乗務する船員の国籍別内訳を示したものである。船員は，一般的に職員と部員とに区別されている。職員は船舶の運航において管理的な役割を果たし，部員はその指示に従って業務を行うワーカーとして位置づけられている[41]。したがって，海運企業における重要な人的資源として高度化が必要とされるのは，主に職員と呼ばれる管理者クラスの船員である。海運企業が船員をどの国から雇用するかに関する意思決定は，まさに人的資源管理という付加価値活動の立地選択であると言える。したがって，立地選択に影響を及ぼす優位性要素が立地優位性であるならば，多くの船員を雇用している国には，マンニング・ソースとしてもつ固有の立地優位性が存在するはずである。日本の海運企業にとっての主要なマンニング・ソースとして，フィリピン，インド，インドネシア，クロアチア，スロベニア，ルーマニアなどが挙げられるが，船員全体に占める割合が高いのは，フィリピン人とインド人である。それならば，フィリピンとインドには，マンニング・ソースとしての有力な立地優位性が形成されていると考えられる。

【図表 3-2】日本郵船における船員国籍別内訳（職員）

国籍	人数（人）	割合（％）
フィリピン	1,728	46.4
インド	960	25.8
日本	307	8.2
ルーマニア	269	7.2
クロアチア	230	6.2
インドネシア	77	2.1
その他	154	4.1
計	3,725	100.0

（注）2016年6月現在。
「その他」は，ロシア，中国，ベトナム，ミャンマー，アンゴラ，ナイジェリア。
（出所）日本郵船インタビュー調査（2016年11月14日）に基づいて筆者作成。

(4) マンニング・ソースの決定プロセス

 海運企業が，どのマンニング・ソースから船員を雇用するかは，多国籍企業活動における人的資源管理の「立地選択」である。ここでは，日本郵船を例に，マンニング・ソースの立地選択が，どのようなプロセスで構成されているかを明確にする[42]。

 マンニング・ソースの選択に関する意思決定は，次の3つのフェイズから構成されている。すなわち第1に，船員市場規模の検討，第2に，立地優位性要素と水準の評価，そして第3に，船員戦略全体との適合性の検討である。

 まず，マンニング・ソースの船員市場規模を検討する。具体的には，船員市場における既存の船員数に，新たに商船大学を卒業する学生数を加え，市場全体の総数を算出する。そして，他の海運企業との競争や，船員の能力水準を考慮し，自社にとって利用可能性が高いと考えられる規模を，市場全体の一定水準に限定する[43]。これによって，世界のマンニング・ソースのなかから，自社がターゲットとすべき国を，ある程度まで限定する。換言すれば，立地選択の最初の段階において，船員市場の規模を基準に戦略オプションの限定を行うのである。

次に，限定された戦略オプションについて，立地優位性要素の評価が行われ，自社にとって利用可能性が高いと判断されるマンニング・ソースがさらに限定される。今日においては，マンニング・ソースの多様化が図られているため，優位性要素の水準も多くの立地との間で相対的に決定されると考えられる。マンニング・ソースの立地優位性は，必ずしもすべて同一の要素から形成されているわけではない。さらに，それらを形成する背景はマンニング・ソースによって様々であり，それらの優位性要素が自社の競争優位に転換できると知覚するかどうかも，企業によって異なっていると考えられる。したがって，個々のマンニング・ソースがもつ立地優位性を個別に検討すると同時に，それらを相対的概念によって捉える必要があると言える。

　そして最終的に，これらのなかから，自社の船員戦略に適合するマンニング・ソースが選択される。すなわち，上述の段階で特定された立地優位性要素が，船員戦略全体において必要とされる船舶の種類や規模に適合するかどうかが，マンニング・ソースを決定する最終的な要因となる。日本郵船の場合，船員戦略の策定プロセスにおいて，次の3つの観点から様々なニーズが考慮され，戦略に反映される。すなわち第1に，物流需要や顧客（荷主）の意向などに関するマーケティング上のニーズ，第2に，船舶管理上必要とされる船員の能力や技術水準などのニーズ，第3に，船員の配乗に関する人事管理上のニーズである。これらを踏まえ，必要とされる船舶の種類や，船員の規模，能力水準が決定される。たとえば，LNG船やVLCC（大型タンカー）といった高付加価値船に配乗できる船員は，特殊な技術が必要とされ，能力水準が高いことが条件である。これらの船舶は，荷役やメンテナンスの特殊性が高く，それらの業務を安全かつ効率的に行うには，特殊かつ高度な知識や技術，経験が不可欠である。したがって，船舶管理の観点から，これらの高付加価値船に対するニーズが大きく，それに配乗する船員が多く必要とされる場合，その条件に適合する船員が多く存在するマンニング・ソースが選択されることになる。これに対し，バルカー（ばら積み船）などのコストが重視される船種の場合は，船員コストの低いマンニング・ソースが選択される。

　このように，日本郵船におけるマンニング・ソースの選択は，全社レベルで統合化されたプロセスにしたがって，世界レベルで自社の船員ニーズを満足す

るよう調整される。そして，この船員ニーズに適合する優位性をもつと知覚された国が，マンニング・ソースとして選択されるのである。

第5節　マンニング・ソースとしてのフィリピンの立地優位性

　本節では，マンニング・ソースの立地優位性について，世界最大規模のマンニング・ソースであるフィリピンを対象に，世界第2位の規模であるインドとの対比を含めて検討する。フィリピンは，世界の主要な外航海運企業にとって重要なマンニング・ソースとなっている。したがって，フィリピンにはマンニング・ソースとしての同国に固有の優位性が存在するはずである。そこで，フィリピンとインドにおけるインタビュー調査結果に基づいて，フィリピンがもつマンニング・ソースとしての優位性要素と，それらが形成される背景は何かを，インドとの対比を含めて検討する。

(1)　立地優位性に関する知覚

　立地優位性の具体的な要素やそれらの重要性は，立地選択を行う企業の知覚によって決定される。そこで，日本郵船東京本社とフィリピンでマンニングを行う同社現地法人，立地優位性を客観的に知覚しうる現地行政機関の観点から，マンニング・ソースとしての立地優位性に関するそれぞれの知覚を整理する。

　第1に，日本郵船本社サイドの知覚として，フィリピンのもつ立地優位性は，人的資源のもつパーソナリティー，船員の社会的地位，経済発展水準の3点であることが指摘された。とりわけ，フィリピン人船員のパーソナリティー，すなわち語学力やマネジメントへの適応能力，環境適応能力，宗教の適合性の観点から，日本人船員ないし日本企業との適合性も含めて，優れた優位性要素として捉えられるとされた。その反面，基礎教育の水準は不十分であり，専門的教育によるスキル水準の向上を図ることが容易ではない点も指摘されている。また，荷主に対する信頼性の観点から，重要な船種への乗務が困難であるなど，フィリピン人船員がもつ制約要因も指摘された。さらに，近年で

は中国の船員市場が拡大し，コスト面および能力面において，相対的な優位性が増大しつつある。このため中国は，今後マンニング・ソースとしてフィリピンと競合するとされ[44]，立地選択の多様化に伴う相対的な優位性水準の低下も懸念されることが明らかになった[45]。

　第2に，フィリピンにおいてマンニングとトレーニングを行っている同社現地法人は，フィリピンがもつ優位性要素として，船員のパーソナリティーに関する諸要素を集中的に回答した点に注目すべきである。具体的には，第1に，柔軟性および環境適応能力に優れていること。第2に，協調性があり，日本人船員との業務の遂行が円滑に行えること。第3に，労働意欲が高く，船上での激務に十分耐えうること。第4に，語学力に優れ，業務の遂行におけるコミュニケーションに不自由しないことである。それに加えて，人材が豊富に存在し，円滑なマンニングが可能であることが指摘された。しかしながら，本社と同様に，これらの優位性要素は，部員としては重要であるが，職員にとっての優位性としては不十分な水準であることも指摘された。また，フィリピン人船員の制約要因として，勤続年数が短く，平均的な船員の場合，40歳から45歳で退職することが多い点が，現地法人と行政機関の双方から挙げられた。このため，能力水準の高い船員でも，トレーニングと乗船経験の蓄積によって，上級職員に昇進する前に退職してしまうため，海運企業がその能力を十分活用することが困難であると指摘されている[46]。

　第3に，現地行政機関の回答を総合すると，フィリピンがもつマンニング・ソースの優位性として，海運企業の現地法人と同様，船員のパーソナリティーに関する諸要素が指摘されている。具体的には，英語によるコミュニケーションが円滑に行えるため，世界各国の船舶に乗務することが可能である点や，環境適応能力や柔軟性に優れ，船員の職務特性に適している点である。他方，制約要因としては，財政上の理由から高価な機械設備を導入することが困難なため，船員教育機関の整備が不十分である点が指摘された[47]。

　いずれの観点からも，フィリピン人船員がもつ能力として，特殊な労働環境や職務特性に対する適合性，語学力が重視される一方，教育機能の欠如や，それに伴う基礎学力ないし専門的知識の水準が制約要因として捉えられている。インタビュー調査の回答において注目すべき点は，いずれの調査対象企業ない

し行政機関においても，船員という人的資源の賦存が最も重要な立地優位性要素として指摘されているにもかかわらず，具体的にはDunningの示す「自然的資産」に当たるパーソナリティーの側面が重視され，人的資源のもつ技術やスキルといった，付加価値を生産する上で重要となるべき「創造された資産」の要素が挙げられていないことである。このことは，マンニング・ソースとしてフィリピンがもつ立地優位性要素が，あくまでも潜在的優位性であるにすぎず，それらを何らかの手段によって高度化しなければ，海運企業の競争優位に転換することが困難であることを示唆している。さらに，政府の財政上の制約条件により，船員教育施設の水準が，ハードおよびソフト両面において低い点も，マンニングを行う海運企業が何らかのトレーニング機能をもち，フィリピン人船員がもつ能力水準を，企業側の取り組みを通じて高度化することによって，船員獲得における競争優位を獲得しようとするインセンティブになっていると考えられる。その結果，Narulaが論じたように，フィリピンがもつ自然的資産としての優位性要素が，現地でマンニングを行う海運企業がもつ優位性要素との相互作用を経て，創造された資産の性質をもつマンニング・ソースとしての優位性が形成されると言える。

(2) フィリピンの立地優位性

インドにおけるインタビュー調査結果も踏まえ，マンニング・ソースとしてフィリピンがもつ立地優位性は何であり，どのような要因によってそれらが形成されているかについて，インドとの対比を含めて分析する。前項において，マンニング・ソースとしての立地優位性は，海運企業にとって重要な経営資源である船員の市場規模や能力，利用可能性に集約できることが明らかになった。そこで，この点をさらにブレークダウンし，船員の能力や利用可能性を海運企業がどのように知覚するか，それらがどのような背景から形成されるかを検討する必要がある。そこで，上述のインタビュー調査結果から，フィリピンにおける立地優位性の構築プロセスは，インフラ要因と環境要因の観点から説明することが可能である。

(i) **インフラ要因**

インフラは，輸送・通信設備などのハード・インフラと，人的資源や政策などのソフト・インフラとに分類できるが，マンニング・ソースがもつ立地優位性要素として最も重要な役割を果たすのは，ソフト・インフラである人的資源の能力と利用可能性である。本来，人的資源がもつ優位性とは，その技術やスキルといった「創造された資産」であるが，フィリピン人船員がもつ優位性要素として具体的に指摘されたのは，語学力，環境適応能力，柔軟性，宗教の適合性などのパーソナリティーに関する「自然的資産」の要素であった。第1に，英語の語学力については，船舶のオペレーションという業務の遂行に必要不可欠な能力であるだけでなく，語学力の水準が相対的に高くないとされる日本人船員とのコミュニケーションにおいても重要な要素として位置づけられる。第2に，環境適応能力や柔軟性は，船舶において長期間海上で生活しながら業務を遂行する業種特性から見ても，極めて重要な要素である。それと同時に，船舶の中ではピラミッド型の船員組織が形成され，厳格な命令系統によってマネジメントが行われているため，マネジメントへの適応能力という観点からも重要な要素であると言える。第3に，宗教の適合性については，船員全員を同一の国籍にする場合を除き，海上における他の国籍の船員との共同生活や食事に関して，支障がないことが条件とされる。フィリピンの場合，国民の約80％がキリスト教徒であるため，日本の海運企業から見て，宗教面での適合性が高いとされる。このように，船員業務の特性から見て，自然的資産ではあるものの，フィリピン人船員がもつ固有の優位性が存在するのである。

先行研究のインプリケーションからも明らかなように，サービス産業の立地優位性要素のなかでも，とりわけ重要な要素とされるのが，サービスを生産する人的資源である。外航海運業においても，船舶のオペレーションという生産現場を担う船員の賦存状況が，最も重要な立地優位性要素として挙げられる。しかしながら，具体的には船員がもつ技術やスキルではなく，パーソナリティーという面が重視されている点は特に注目すべきであり，このことは，海運企業との相互作用において，船員のもつ専門的な能力や技術の高度化が必要不可欠であることを示唆している。

これに対し，インドがもつマンニング・ソースとしての立地優位性は，イン

フラ要因として，船員がもつ基礎学力，船員としての資質・能力，キャリア構造の3点であるとされる[48]。第1に，船員がもつ学力，すなわち基礎学力と語学力がそれぞれ高い点が挙げられる。これらの要因は，伝統的に教育を重視するインド政府の政策によって，学校教育が整備され，高い基礎学力が醸成されたことに加え，船員を養成する商船大学には，厳しい受験競争による選別を経た者のみが入学するという社会的背景によって形成されている。また，イギリスによる植民地支配において英語による教育が実施されてきた歴史的背景にも影響を受けている。そして，このことが船員業務の遂行において必要不可欠な学力を養成することにつながっている。

第2に，学力以外の船員としての資質においても，インド人は高い水準であると知覚されている。具体的には，肉体的負担が大きい船員業務に耐えうる体力や勤勉性，長期間にわたり海上の限定的な空間で生活する上で不可欠な精神力，異なる国籍の船員とコミュニケーションをとりながら業務を行うために不可欠な文化的適応能力が挙げられる。これらの能力は，一般的に経済発展水準が低く，十分な所得が得られる職業が限定的であるという経済的制約要因によってもたらされたと考えられる。また，インド国内において，地域ごとに言語や文化が異なるという多様な社会構造によって，インド人には必然的に様々な異文化要素に対する適応能力が醸成されているとも考えられる。このような要因によって，船員という人的資源の能力や利用可能性が高まり，船舶のオペレーションという船員業務を安全かつ効率的に遂行する上で，有益な要素であると知覚される。

第3に，さらにインド人は，船員としての実務経験を経て，船舶のマネジメントを行う船舶管理者になる者が多い。船舶管理とは，陸上から船舶のオペレーションを管理し，船員の配乗や船舶の資産管理を行う業務であり，船員としての経験が必要不可欠であるだけでなく，企業に固有の手法によって業務が円滑に遂行されると考えられる。実際に日本郵船においても，同子会社において船舶管理業務に従事する者や，全社レベルで船員のトレーニングを担当する者の大部分はインド人が占めている。したがって，長期的な観点に立てば，このような海技者としてのキャリア構造が存在することから，将来船舶管理を効率的に行う人的資源としての利用可能性も高い点が，インドに固有の優位性と

して捉えられる。

　このように，インドのマンニング・ソースとしての立地優位性も，船員の能力および利用可能性が最も重要である点においてはフィリピンと同じであるが，具体的な船員の能力や利用可能性の知覚は，フィリピンとは異なることがわかる。すなわち，フィリピン人船員の能力および利用可能性が，パーソナリティーを中心とする自然的資産として知覚されているのに対し，インド人船員の優位性は，船員としての技術やスキル，キャリア構造といった創造された資産として捉えられている。このように，インド人船員は，フィリピン人とは根本的に異なる性質の優位性をもち，それらの優位性は，インドに固有の背景から形成されている。したがって，海運企業は，マンニングのグローバル統合のもと，異なる性質を持つ個々のマンニング・ソースの優位性を世界レベルで組み合わせ，自社の船員ニーズに適合化することで，最適な船員戦略を遂行することが可能となる。

(ⅱ) 環境要因

　上述のような人的資源の利用可能性を高める背景として，フィリピンに固有の環境要因が指摘できる。具体的には，経済発展水準が低く，経済構造が脆弱である点と，船員の社会的地位が高い点である。フィリピン経済の構造は，顕著な国外依存型であるといえる。すなわち，国の経済発展水準が低く，国内産業が脆弱なため，国外で就労する労働者（OFW：Overseas Filipino Workers）が多い。具体的には，船員のほか看護師や運転手，港湾労働者，ハウスキーパーなどがその主要な職種であり，主にアジアおよび中東諸国を中心に就労している[49]。そして，それらの労働者が国外で獲得した所得の一定割合を国内に送金することが義務付けられており[50]，それらの本国送金がフィリピンのGDPの約8.9％を占めている[51]。とりわけ，外航船員によるフィリピンへの送金規模は，国外で就労するOFW全体の約22.6％を占めており[52]，フィリピン経済の成長に対して重要な役割を果たしている。このため，POEAをはじめとする労働政策機関は，国外での就労を促進する目的で，フィリピン国民に有利な移民政策を行うと同時に，手続の簡素化を図るなどの政策をとっている。とりわけ船員は，国際協定によって最低賃金が定められ，国外で就労する労働

者のなかで最も高待遇な職種のひとつであるとされるため[53]，国内において船員の社会的地位が高く，フィリピンの船員市場は顕著な買い手市場となっている。注目すべきは，経済発展水準の低さや国内産業の脆弱性という，本来ならば制約要因として捉えられる要素が，結果的にマンニング・ソースとしての立地優位性を形成している点と，政府の政策によって国外での就労機会が促進され，船員の利用可能性が高められている点である。

　他方，インドにおいては，船員の能力や利用可能性を高める環境要因のひとつとして，経済的要因が挙げられる。経済発展水準が低いことが，高所得職業に就業するモチベーションを高め，そのために必要な人的資源の能力が必然的に形成されることは先に述べた。他方，このことは，船員市場の規模と水準にも重要な影響を及ぼしている。インドにおいて高所得職業のひとつである船員は，就業を希望する者が多く，その船員市場は極端な買い手市場となっている。インドの船員市場（職員）は，世界第2位の規模であるが，さらに重要なのは，その能力水準の高さである。上述のように，厳しい選別を経た人的資源が市場に多く存在するため，経済発展水準の低さが，海運企業から見て結果的に船員の利用可能性を高めることにつながっている。このことは，一般的な立地制約要因が，特定の要素に関しては逆に立地優位性として機能することを示している。インド人船員の能力は，様々な要因によって形成されるが，最終的には専門的な教育機関において専門教育を受けることで，個人に体化される。インド人が船員としての高い資質をもつと知覚されることは，専門教育の水準が高い点に起因すると考えられる。インド政府は，伝統的に教育政策を重視し，専門教育機関の整備に重点を置いてきた。近年においては，船員教育機関である商船大学を拡充するなどの政策を展開している。政府がこのような教育制度を整備することによって，船員の技術・能力が高度化され，結果として重要な立地優位性要素が形成されている。

　このように，船員の能力と利用可能性が高度化される環境要因として，国の経済発展水準が低いことに起因して高所得の職業に対する就労インセンティブが高く，厳しい競争を経て獲得する船員の社会的地位が高い点においては，フィリピンもインドも同様である。他方，政府による労働政策によって国外での就労を促進するフィリピンと，教育政策の充実によって船員としての専門的

な技術や能力を高度化するインドとは，船員の能力や利用可能性において，結果的に異なる優位性要素が形成されている。したがって，海運企業は，世界レベルで統合化された船員戦略において，両国のマンニング・ソースとしての優位性の差異を，自社の船員ニーズに適合化させることで，最適な人的資源の活用が可能となる。

第6節　小　　結

　本章の目的は，マンニング・ソースの立地優位性に焦点を当て，世界の外航海運企業にとって主要なマンニング・ソースであるフィリピンの立地優位性について，インドとの対比を含めて検討することであった。マンニングは，船員戦略のグローバル統合において，最初の段階として位置づけられる船員の採用であり，世界レベルで制度的に統合化されたプロセスと基準に基づく「配置」と「調整」として捉えられる。そして，海運企業によるマンニング・ソースの決定は，多国籍企業理論において論じられる人的資源管理の「立地選択」であり，その決定要因となるのが，マンニング・ソースとしての立地優位性である。船員市場は世界中の国に存在するにもかかわらず，海運企業が選択するマンニング・ソースは，特定の数ヶ国に限定される。このことは，それぞれの国に固有のマンニング・ソースとしての立地優位性が存在することを示唆している。マンニング・ソースの立地優位性に関して，本章で明らかになったのは，以下の4点である。

　第1に，マンニング・ソースとしての立地優位性要素は，人的資源である船員の能力および利用可能性に集約される。この点において，Dunningが示すサービス産業の特性を反映してはいるものの，同一の海運企業でも，付加価値活動レベルで立地優位性要素は異なっている。さらに，船員の能力において，「自然的資産」としての要素も重要な役割を果たすことが明らかになった。第2に，船員の能力および利用可能性をさらにブレークダウンすると，国によって異なる要因が優位性を形成していることが判明した。このことは，マンニング・ソースの立地優位性が，相対的概念によって形成される点を示唆してい

る。したがって，海運企業は，マンニングのグローバル統合のもと，マンニング・ソースがもつ具体的な優位性要素を世界レベルで効率的に組み合わせ，自社の船員ニーズに適合させる必要がある。第3に，マンニング・ソースとしての立地優位性が形成される背景として，経済発展水準が低く，高所得を獲得しうる職業への就業インセンティブが一般的に高いため，厳しい競争を経て獲得する船員の社会的地位が高いことが，フィリピンとインドの共通点であった。このことから，本来ならば制約要因となるはずの低い経済発展水準が，個々の人的資源のモチベーションを高め，就業競争を経て結果的に立地優位性を高度化していると言える。他方，船員の能力を高度化する背景には，マンニング・ソースに固有の要因も存在する。たとえば，船員のコミュニケーション能力が形成される背景は，国外への出稼ぎの必要性によって生じたフィリピンと，民族や宗教に関する国内の多様性に起因するインドとで異なっており，このことは，各マンニング・ソースに固有の背景が存在することを示唆している。第4に，フィリピンにおける船員の能力として，「自然的資産」としての側面が強調されていた。このことは，フィリピンにおいてマンニングを行う海運企業が，自社の船員戦略との相互作用を通じて，船員のもつ能力を高度化し，「創造された資産」に転換する必要があることを示唆している。すなわち，自然的資産としての船員の能力は，船員業務に従事する上で不可欠な資質であるが，自社の船員ニーズに適合させるためには，トレーニングをはじめとする船員戦略を通じて能力水準を高度化する必要がある。その結果，Narulaの示す所有特殊的優位と立地特殊的優位の相互作用を経て，マンニング・ソースとしての立地優位性がいっそう増大すると考えられる。

第4章
マンニング・ソースにおける
クラスターの構造と機能

第1節　はじめに

　本章では，マンニング・ソースに形成される船員のクラスターに焦点を当て，その構造，クラスターを構成するプレーヤーが果たす役割，クラスター全体の機能について検討する。

　前章で論じたように，外航海運企業による船員戦略のグローバル統合において，マンニング・ソースの決定は，人的資源の雇用に関する立地選択に相当し，その決定要因となるのが，個々のマンニング・ソースに形成される立地優位性である。マンニング・ソースの立地優位性は，そこで獲得しうる船員のスキルや能力，海運企業にとっての利用可能性に著しく左右される。個々のマンニング・ソースに形成される船員の能力や利用可能性は，それらが形成される背景や企業の知覚によって異なるが，海運企業においては，制度的に統合化された船員戦略のもと，個々のマンニング・ソースに形成される優位性の差異を自社の船員ニーズに適合させ，世界レベルで効率的なマンニングを行うことが必要となる。

　さらに，マンニング・ソースに形成される立地優位性の高度化プロセスには，海運企業のみならず，船舶管理企業や船員教育機関，海事行政機関などの様々な企業や機関がコミットする場合が多い。すなわち，それぞれの企業や機関が意図するかどうかにかかわらず，特定のマンニング・ソースにおいて，船員の雇用や教育に関する様々なプレーヤーが相互に異なる役割を果たし，船員の能力水準を高度化したり，海運企業にとっての利用可能性を高めることで，マンニング・ソースとしての立地優位性が増大する。このことは，マンニン

グ・ソースの立地優位性を形成するひとつの要因として，ある種のクラスターが機能していることを示唆している。

一般的に，海運業の発展を促進する要因として，「海事クラスター」が挙げられるが，注目すべきは，海事クラスターが形成されている国が，必ずしもマンニング・ソースとしての立地優位性を有しているとは限らず，反対に各国の海運企業が重要なマンニング・ソースとして位置づけている国に，海事クラスターが形成されているとも限らない点である。このことは，「海事クラスター」とは異なる「マンニング・クラスター」の概念を，新たに検討する必要があることを示唆している。

本章では，このような問題意識のもとに，マンニング・ソースの立地優位性に関する概念をさらに掘り下げて検討する。すなわち，マンニング・ソースに形成される「マンニング・クラスター」に焦点を当て，その概念を理論的に説明すると同時に，その構造とそれぞれのプレーヤーが果たす役割および機能は何かを検討する。さらに，マンニング・ソースの中でも，世界の海運企業にとって重要な国のうち，明確に船員のクラスターが形成されているクロアチアを対象に，上述の理論的検討を踏まえた上で，クラスターの構造と，立地優位性の高度化においてそれぞれのプレーヤーが果たす役割，クラスター全体の機能について議論する。

第2節　研究方法

本章の目的は，マンニング・ソースに形成されるマンニング・クラスターの構造，立地優位性を増大させる上で各プレーヤーが果たす役割，クラスター全体の機能について検討することである。この目的を達成するため，第1に，クラスターに関連する国際ビジネスの諸理論を検討し，それらのインプリケーションに基づいて，マンニング・クラスターの概念的フレームワークを提示する。第2に，マンニング・クラスターが明確に形成されているクロアチアを事例として取り上げ，同国におけるマンニング・クラスターの構造，各プレーヤーの役割，クラスター全体の機能について検討する。第3に，先に示したマ

ンニング・クラスターの概念的フレームワークとクロアチアの事例から，マンニング・クラスターの構造と機能についての仮説を帰納的に導出する。

　クラスターの理論に関しては，Porterのダイヤモンド理論を中心に，Dunning, Rugman, Birkinshawらの先行研究をサーベイし，それらに示される概念を用いて，マンニング・クラスターの構造，役割，機能を説明する。また，クロアチアのケース・スタディに関しては，現地のマンニング・クラスターを形成するプレーヤー，すなわち，海運企業や船員教育機関，海事行政機関等に対するインタビュー調査を実施し，主に質的データを収集した。

　具体的には，2006年8月8日および9日，同国の代表的な船舶管理会社Sprit Shipmanagement社（スプリット），AZALEA MARITIME社（ザダール），マンニング企業NYK SHIPMANAGEMENT社 Sprit Office（スプリット）において，それぞれの代表者および船舶管理担当者を対象に集団面接方式のインタビュー調査を行い，主にクロアチアがもつマンニング・ソースとしての立地優位性，マンニングを含む船舶管理業の役割と優位性について質問を行った。また，2007年3月6日から9日，海事行政機関Ministry of The Sea, Tourism, Transport and Development（ザグレブ），主要船員教育機関であるリエカ大学海事学部（リエカ），スプリット大学海事学部（スプリット），ドブログニク大学海事学部（ドブログニク），クロアチアの代表的な海運企業TANKERSKA PLOVIDBA社（ザダール），ATRANTSKA PLOVIDBA社（ドブログニク），海員組合Seafarers' Union of Croatia（スプリット）に対してインタビュー調査を実施し，それぞれの活動，クロアチアがもつマンニング・ソースとしての優位性，同国におけるマンニング・クラスターの構造，それぞれのプレーヤーの役割について質問を行い，回答を得ると同時に関連資料の提供を受けた。

第3節　海事クラスターとマンニング・クラスター

　一般的に，海運業の発展を促進する要因として，「海事クラスター」の存在が挙げられるが，本章では，マンニング・ソースに形成され，船員のイノベー

ションを促進する「マンニング・クラスター」の概念を提示する。海事クラスターとは，海運企業を中心に，船舶管理，造船，機械，港湾サービス，倉庫，金融，保険，行政機関など，海運業に直接的ないし間接的にコミットする企業や行政機関などが集積することによって，海運業全体の発展が促進されるという広範な概念である[54]。イギリスやオランダなどの欧州諸国においては，このような海事クラスターが形成され，海運業の発展を効率的に促進している。また，日本においても，海事クラスターの重要性が指摘され，政府による海運政策の方向性として提示されている[55]。

しかし，注目すべきは，海事クラスターが形成されている国が，必ずしもマンニング・ソースとしての立地優位性を有しているとは限らず，反対に各国の海運企業が重要なマンニング・ソースとして位置づけている国に，海事クラスターが形成されているとも限らない点である。たとえば，オランダのように，効率的な海事クラスターが形成されているにもかかわらず，船員市場の規模が極めて限定的であり，マンニング・ソースとしての優位性が乏しいケースがある一方，フィリピンのように，船舶管理企業やマンニング企業，船員教育機関が集中し，マンニング・ソースとしての立地優位性が構築されているにもかかわらず，自国の海運業全体としての発展が認められないケースも存在する。このことは，「海事クラスター」と「マンニング・クラスター」の概念は異なるものであり，それぞれを明確に峻別する必要があることを示唆している。

しかしながら，海事クラスターとマンニング・クラスターが全く無関係に形成されるわけではない。そこで，海事クラスターの枠組を踏まえた上で，本章の分析対象であるマンニング・クラスターの概念を提示し，海事産業ないしは海事クラスター全体における位置づけを明確にする必要がある。海事クラスターの構成要素となるプレーヤーは，海運業や造船業を中心として，船舶管理，港湾サービス，金融，保険などの広範な業種の企業や機関である。これに対しマンニング・クラスターは，船員の能力開発にコミットするプレーヤーで構成される限定的な枠組である。具体的には，船員戦略を遂行する船舶管理企業，船員の獲得を行うマンニング企業，海事系大学などの教育機関，船員の雇用を確保・促進する海員組合，船員の教育やイミグレーションに関する諸政策を遂行する行政機関などが，そのプレーヤーとして挙げられる。これらのプ

レーヤーが特定の国もしくは地域に集積し，それらの活動が相互に船員のイノベーションを促進することによって，マンニング・クラスターが効率的に機能し，マンニング・ソースとしての立地優位性が形成されることになる。

そこで，このマンニング・クラスターは，海事クラスターとの関係においてどのように位置づけられるのであろうか。海事クラスターの構造は先に述べたが，そのなかで船員のマンニングやトレーニングといった船員戦略に直接コミットするのは，海運企業と船舶管理企業である。船員戦略は，主に海運企業によって企画・立案され，船舶管理企業を通じて行われる。大手海運企業の場合，船舶管理機能を分社化し，子会社として所有するケースも多い。船舶管理企業は，マンニング企業を通じて船員を獲得し，それらの船員の配乗管理を行う。船舶管理企業がマンニング機能をもつ場合や，マンニング企業を子会社として所有している場合もある。さらに，船舶管理企業がトレーニング施設を保有し，船員教育機能を兼ねるケースもある。これらのマンニング企業に船員を供給するのが海事系大学などの教育機関であり，船員教育機関や船員に関する諸政策を遂行するプレーヤーとして行政機関が存在する。また，船員の雇用が円滑に確保されるよう促進するのが海員組合である。

このように，マンニング・クラスターは，海事クラスターの構成要素である海運企業と船舶管理企業のサブ組織として，船員という生産要素を海事クラスターに供給する役割を果たしている。重要なのは，海事クラスターとマンニング・クラスターとが異なる国に形成され，国境を越えてこれらのクラスターが機能するケースが多い点である。そして，海運企業が存在する国に海事クラスターが形成されているかどうかにかかわらず，マンニング・クラスターは独立してマンニング・ソースの立地優位性要素となることが可能なのである。

第4節　マンニング・クラスターの概念的フレームワーク

本節では，国際ビジネスの諸理論を用いてマンニング・クラスターの概念を説明する。クラスターの概念を示した代表的な研究として，Porterの著名な理論的フレームワークが挙げられる。そこで，Porterをはじめとするクラス

ター論者の理論的フレームワークやインプリケーションに基づいて，マンニング・クラスターの概念を説明する。

(1) 多国籍企業活動におけるクラスター

　Porter によれば，多国籍企業活動の本質は，価値連鎖における諸活動を様々な国に配置し，それをグローバル・レベルで調整することであり，この2つを効率的に行うことによって，競争優位を獲得するとされている（Porter, 1990, 邦訳, pp.81-82）。そして，多国籍企業による活動拠点の立地選択に対して，影響を及ぼす決定要因が，特定の国がもつ「国の競争優位」であり，具体的には，要素条件，需要条件，関連・支援産業，企業の戦略・構造・ライバル間競争の4つの要因によって形成される。Porter はこれらの国の競争優位を構築する要素の関係を「ダイヤモンド」と呼んでいる（Porter, 1990, 邦訳, pp.106-107）。Porter は，「クラスター」を国の競争優位のダイヤモンドを構成する「関連・支援産業」の集積であると位置づけ，ダイヤモンドの4つの構成要素が効率的に展開され，企業の生産性が向上すると同時に，イノベーションを促進する場として捉えている（Porter, 1990, 邦訳, p.86）。そして，マンニング・ソースの競争優位を形成する「ダイヤモンド」を効率的に構築し，海運企業の生産性が向上すると同時に，生産要素である船員のイノベーションが促進される場として，「マンニング・クラスター」が位置づけられる。

　そこで，海運企業のような多国籍企業が，外国に形成されるクラスターに参入するメリットは何であろうか。Birkinshaw は，多国籍企業がクラスターに参入する決定要因として，最先端のアイディアや，専門的知識，技術をもつ人的資源へのアクセスを挙げ，クラスターの優位性は，クラスター内における諸活動の規模と，活動間のリンケージの質に左右されるとしている（Birkinshaw, 2000, p.98）[56]。さらに，クラスターに多国籍企業が参入していること自体が，クラスターの優位性が高いことを示唆しているため，企業にある種の群集心理が作用し，企業のクラスターへの参入を促進するとした上で，クラスターの専門性と特殊性を強化することによって，クラスターの優位性を高度化することが可能であるとされている（Birkinshaw, 2000, p.117）。

　また Dunning は，多国籍企業がクラスターに参画する要因として，空間特

殊的取引コスト（spatially specific transaction cost）が大きいほど集積の利益が増大し，クラスターに参画しようとするインセンティブが増大するとしている。その上で，空間特殊的取引コストは，主に以下の要因によって増大するとされている。すなわち，第1にクラスターで取引される知識の複雑性が高く，その明文化が困難であること。第2に，プレーヤー間での情報の非対称性が大きいこと。第3に，クラスター内のプレーヤーが機会主義的な行動パターンをとりやすいこと。第4に，行動結果に関する不確実性が高いことである。そして，企業が「暗黙知」の交換や共有を行うために物理的な近接性を必要とする場合に，クラスターの形成が最も促進されるだろうと論じている（Dunning, 2000b, p.16）。

　Birkinshaw が示すとおり，海運企業がクラスターに参入するインセンティブは，まさに重要な生産要素である船員や，それに体化された専門的知識や技術へのアクセスを目的として生じる。マンニングの本質は，グローバル・レベルでマンニング・ソースを選択し，全社レベルでそれを調整することであるから，マンニングの規模が大きい多国籍海運企業による参入インセンティブが増大するのは必然的なことである。また，Dunning が示した空間特殊的取引コストの観点からは，海運企業のクラスターへの参入要因を以下のように説明することが可能であろう。すなわち，クラスターで取引される船員の知識は非常に複雑な性質を持ち，船員業務には暗黙知的な要素を含む作業が多い。そして，海運企業間，海運企業と船員間をはじめとするプレーヤー間には，船員に関する情報の非対称性が存在する。また，クラスター内の市場に存在する船員や企業は機会主義的行動パターンをとる傾向が極めて強い。さらに，船員は一定期間の契約ベースで雇用されるため，海運企業にとって，マンニングには常に不確実性が存在する。このような性質を持つ船員市場で，海運企業はまさに船員の知識や船員に関する情報といった「暗黙知」の交換や共有を行う上で，船員市場との物理的近接性が必要とされるのである。

(2) マンニング・ソースの「ダイヤモンド」とマンニング・クラスター

　Porter は，「クラスター」を以下のように定義している。すなわちクラスターとは，「ある特定の分野に属し，相互に関連した，企業と機関から成る地

理的に近接した集団」である。これらの企業と機関は，共通性と補完性によって結ばれている（Porter, 1998, 邦訳, p.70）。また，Porter が示した「ダイヤモンド」の構成要素において，とりわけマンニング・クラスターの優位性を最も大きく左右するのが「要素条件」である。要素条件とは，特定の産業部門で競争するのに必要な熟練労働力やインフラストラクチャーなどの生産要素における国の競争ポジションと定義され，具体的には人的資源，物的資源，資本資源，インフラストラクチャーに分類される（Porter, 1990, 邦訳, pp.111-112）。さらに Rugman らは，優位性の大きいクラスターを「戦略的クラスター」と呼び，特定の地域に形成される企業とサポーティング活動のネットワークと定義した（Rugman and D'Cruz, 1993, p.35）。それによれば，戦略的クラスターが形成される条件は，クラスターにおいて中心的な役割を果たす大企業が，世界レベルで競争優位を獲得できるよう，サポーティング活動が成果を挙げられることであるとされている（Rugman and D'Cruz, 1993, p.35）[57]。

　上述の議論を踏まえ，マンニング・ソースの競争優位を形成するダイヤモンドの構造を図式化すると，図表 4-1 に示す通りである。マンニング・ソースの競争優位を決定する最も重要な条件は，「要素条件」として能力水準と利用可能性の高い船員が存在することである。その船員を教育し，能力水準の高度化を担うのが，船員教育機関や船員教育機能を有する船舶管理企業ないしマンニング企業である。また，海運企業での船員業務を通じても，船員の能力開発が促進される。これらのプレーヤーは，生産要素のイノベーションを促進し，要素条件の創造・高度化を行うとの観点から，ダイヤモンドにおける「関連・支援産業」として位置づけられる。そして，要素条件の創造・高度化のプロセスを促進するのが，行政機関や海員組合の役割である。また，世界レベルで船員需要が増大するのに伴って，船員市場に参入し，マンニングを行う企業が増加するため，船員を獲得しようとするマンニング企業間での競争が促進される。これに伴って海運企業によるマンニングはいっそう戦略的に行われるようになり，海運企業間での差別化競争も激化する。ダイヤモンドにおける「需要条件」と「企業戦略・競争」はこのように説明でき，この競争プロセスにおいて，船員のイノベーションがさらに促進されると考えられる。

　Porter が示すクラスターの概念にしたがって説明するならば，マンニング・

【図表 4-1】マンニング・ソースの競争優位と「ダイヤモンド」

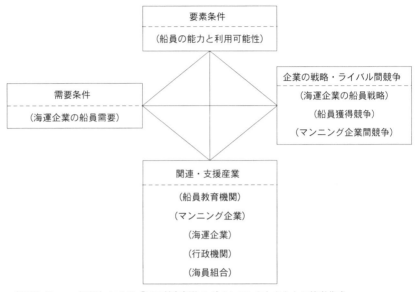

(出所) Porter (1998) による「国の競争優位のダイヤモンド」をもとに筆者作成。

　クラスターは，マンニング・ソースの競争優位を構築するダイヤモンドの構成要素のうち「関連・支援産業」の集積である。すなわち，船員教育機関を中心に，船舶管理企業，マンニング企業，海運企業，行政機関，海員組合のように，船員の能力開発にコミットし，そのイノベーションを促進する役割を果たすプレーヤーによって形成される立地的集合が，マンニング・クラスターである。これらのプレーヤーは，船員のイノベーションという共通性のもとに活動し，それぞれが相互に補完性のある役割をもつ。そして，Rugmanらの示すように，世界の大規模な海運企業が参画し，それらの活動を通じて船員の能力水準が高度化すれば，このような立地的集合が「戦略的クラスター」として機能することになる。その結果，「戦略的クラスター」は海運企業による世界レベルでの船員戦略にベネフィットをもたらし，マンニング・ソースがもつ立地優位性として知覚される。

(3) マンニング・クラスターにおけるネットワーク

　Porter は，クラスターのプレーヤー間には社会的な関係が生じ，それによって価値創造プロセスが促進されるとしている。クラスターによる競争優位の多くは，情報の自由な流れ，付加価値をもたらす取引の発見，組織間の協力意思，改善に関する強いモチベーションなどに大きく左右されるため，クラスターの社会構造は重要な意味を持つ。また，クラスターでは，企業や各種機関が近接していることで，ある種の共通性が確保され，互いの交流頻度や影響力が増大する（Porter, 1998, 邦訳, pp.105-107）。また，Holbrook らは，イノベーションの複雑性が増大するのに伴って，知識の専門性と企業間の相互依存関係がいっそう重要性を増しており，クラスターを通じて，サプライチェーンの川上および川下に位置づけられる企業間での協調がいっそう重要であるとしている（Holbrook and Wolf, 2002, p.4）。さらに，Malmberg らは，クラスターが形成されると，クラスター内の企業間ないし政府機関等の間で人的資源の移動が活発になり，そのプロセスにおいて，知識の創造ないし拡散が起こり，結果的にクラスター内でのイノベーションが促進されるとしている（Malmberg and Power, 2005, p.425）。

　Holbrook らのインプリケーションを援用すれば，マンニング・クラスターにおいては，船員に必要とされる専門的知識や技術が高度化するのに伴って，その能力開発にコミットするプレーヤー間での相互依存関係の重要性が増大することになる。また，クラスターの諸理論では，プレーヤー間での相互依存関係や，ネットワーク構築の重要性が論じられているが，個別の産業部門によるクラスターを分析対象とする場合，どのようなプレーヤーの間で，どのような関係性が存在するかについて，さらに具体的に説明する必要がある。すなわち，プレーヤー間におけるネットワークの構造だけでなく，その構造のもとでの具体的な機能を明確にする必要があると言える。そこで本章では，クラスターにおけるネットワークを「プレーヤー間における経営資源の移動によって知識の創造と移転が促進される関係」と定義する。この観点から，マンニング・クラスターにおけるネットワークの構築プロセスと機能は，次のように説明できよう。

　マンニング・クラスターにおいて，各プレーヤー間でのネットワークを構築

する重要な媒介となるのは，要素条件である船員ないし船員経験者である。Malmbergらが示したように，クラスター内での相互依存プロセスにおいて，プレーヤー間での人的資源の移動を通じて，船員のイノベーションが促進されると言える。通常，マンニング・ソースとなる国には，船員退職後，船舶管理企業やマンニング企業，船員教育機関，海事行政機関，水先案内業，港湾サービス業，造船業などの海運関連産業に従事するキャリア構造が存在する。このキャリア構造の性質と範囲は，国によって異なっているが，Porterが示すように，マンニング・クラスターおいても，このような社会構造が重要な意味をもつと考えられる。このキャリア構造を通じて，船員経験者が異なるプレーヤー間を移動すると，クラスター内において，船員に体化された知識の移転ないし拡散が起こる。すなわち，マンニング・クラスターでは，船員経験者を媒介として，ほぼすべてのプレーヤー間でネットワークが構築され，クラスター内で船員に体化された技術や知識，情報のフローが促進される。それぞれのプレーヤーが，このネットワークによって移転された知識を活用することによって，クラスター全体のイノベーションを促進することが可能となるのである。たとえば，船舶管理業務やマンニング業務において，船員経験に基づく現場の知識をフィードバックすることによって，より効率的な業務遂行が可能となる。また，船員教育機関における教育プログラムの策定や，専門的知識や技術の移転が成功裏に行われる。さらに，行政機関では，適切な海運政策ないし船員政策が策定・遂行されるものと期待できる。そして，これらのネットワークが効率的に機能することによって，結果的にクラスター自体の優位性が増大するのである。

　また，人的資源だけでなく，資本や情報といった経営資源の移動という観点から，海運企業と船員教育機関とのネットワークも，クラスターにおいて重要な役割を果たしている。クラスターを形成するプレーヤーのなかで，要素条件である船員の能力開発に重要な役割を果たすのが，海事系大学を中心とする教育機関である。海運企業もしくは船舶管理企業にとって船員教育機関は，マンニングにおける潜在的船員市場として位置づけられる。とりわけ船員不足の状況下では，海運企業のマンニングにおいて潜在的船員市場の重要性がいっそう増大し，海運企業は船員教育機関とのネットワークを強化している。具体的に

は，船員教育機関の学生を対象に，卒業後自社への入社を条件に就学支援を行うと同時に，海技士免許取得の要件である乗船研修の機会を供与する形をとるのが一般的である。それと同時に，両者間で船員市場に関する情報交換が行われ，プレーヤー間の関係が強化される。

第5節　クロアチアにおけるマンニング・クラスターの構造と機能

前節で提示したマンニング・クラスターの概念的フレームワークを踏まえ，クロアチアにおけるマンニング・クラスターの構造と機能を検討する。筆者が，マンニング・クラスターの研究対象としてクロアチアを取り上げた理由は，以下の3点である。第1に，クロアチアには，世界レベルで事業展開する大規模な海運企業や，港湾，造船などの産業部門が発展しているとは言えず，「海事クラスター」が存在するとは考えにくいこと[58]。第2に，それにもかかわらず，日本企業をはじめ国外の海運企業が，クロアチア人船員がもつ優位性に注目し，重要なマンニング・ソースとして位置づけていること。第3に，船員市場の規模が小さいにもかかわらず[59]，船員の能力水準は高く評価されており，とりわけ付加価値の高いハイリスク船における利用可能性が高いとされていることである。クロアチアにおいて，マンニング・ソースとしての立地優位性を高度化するクラスターが存在するならば，そのプレーヤーがどのような企業ないし機関であり，それぞれのプレーヤーがいかなる役割のもとに相互依存関係を構築しているかを検討する必要がある。クロアチアでは，マンニング・クラスターのプレーヤーが，アドリア海沿岸部を中心に全国レベルで分散しているため，本章ではクロアチア全土をマンニング・クラスターの範囲として捉える。

(1)　クロアチア人船員の優位性[60]

マンニング・ソースの立地選択に影響を及ぼす立地優位性は，主に「船員の利用可能性」に集約される。重要なのは，船員の能力や利用可能性という優位

性要素が，どのような要因によって形成されるかを検討することである。

そこで，クロアチア人船員の能力や利用可能性が，どのような要因によって形成されているかを，現地船舶管理企業，海運企業，教育機関，行政機関等に対するインタビュー調査の回答をもとに整理すると，以下の3点である。すなわち第1に，専門的スキルや技術の水準が高く，責任感の強い船員が多く存在するため，ハイリスク船への配乗が可能であることが挙げられる。その背景には，政府による船員教育政策の水準が高く，教育機関に対する財政投資を積極的に行うと同時に，ライセンス制度を整備し，ライセンス所持者に対する信頼度を高めている点が指摘できる。第2に，英語によるコミュニケーション能力と，異文化的要素に対する適応能力に優れ，一般的な船員業務だけでなく，外国の海運企業における業務が円滑に行えることが挙げられる。このことは，1990年代のユーゴスラビア紛争を経て，国内の海運業が衰退し，船員が外国企業に就業することを余儀なくされたという歴史的な背景に起因すると考えられる。第3に，船員経験者が退職後もそのスキルや能力を活用できる産業部門が豊富に存在するキャリア構造が指摘できる。これによって，船員経験者が船舶管理企業やマンニング企業，教育機関，行政機関等のプレーヤーに分散し，クラスター内の様々な構成要素に専門的知識の拡散とフィードバックが可能となり，クラスター全体の競争力が増大する結果となるのである。

とりわけこのことは，クロアチアがもつマンニング・ソースとしての立地優位性を構築するプロセスにおいて，マンニングに関連する様々な企業や機関が集積し，それぞれのプレーヤー間における相互依存関係のもとに，能力水準の高度化を促進するクラスターの存在を示唆している。

(2) マンニング・クラスターの構造とプレーヤーの役割

クロアチアには，船員の能力や利用可能性を高度化するクラスターのプレーヤーとして，船舶管理企業を中心に，マンニング企業，教育機関，現地海運企業，行政機関，海員組合が存在する。マンニングは，船舶を運航する海運企業の船員戦略に基づいて行われ，その船員戦略を遂行するプレーヤーが船舶管理企業である。したがって，クラスターの中心に位置づけられるのが船舶管理企業であると言える。船舶管理企業は，マンニング機能を兼ねている場合や，船

舶管理企業の子会社としてマンニング企業が設置されるケースもある。クロアチアには船舶管理企業6社とマンニング企業25社が存在する[61]。船舶管理企業のなかには，自社内にトレーニング機能をもつ企業もあり，その場合，企業に固有の知識の創造と移転という役割を担うことになる。船舶管理企業の役割は，外国企業の船員戦略をクラスター内に移転・遂行することであり，マンニング企業は，船員という生産要素を船員戦略に適合させ，海運企業に供給する役割をもつ。したがって，船舶管理企業やマンニング企業が海運企業に供給する船員の利用可能性が，マンニング・クラスターの優位性を決定すると言える。クロアチアの船舶管理企業のうち，トレーニング機能をもつ主要なプレーヤーは，Iva Shipping社（スプリット），Split Shipmanagement社（スプリット），Azalea Maritime社（ザダール）の3社である。次に，教育機関として，国立商船大学3校（Maritime University：リエカ，スプリット，ドブログニク），国立商船高校（Maritime High School：ザダール，リエカ，スプリット，ドブログニクなど）6校が存在する。これらの教育機関は，専門的知識の創造と移転を行う役割を果たし，潜在的船員市場を形成する。3校の商船大学は，それぞれ異なる優位性をもっている。たとえば，リエカ大学が航海系船員の教育に優位性をもっているのに対し，スプリット大学は機関系船員を多く輩出しており，ドブログニク大学は，とりわけ欧州を中心に需要の大きい客船に乗務する船員の育成に対する評価が高い。このように，船員教育機関のなかでも，それぞれのプレーヤーが効率的に機能分担を行っている点が，クラスター全体の優位性を増大させる結果をもたらすと考えられる。また，比較的小規模ではあるが，現地海運企業もまた，自社船舶での船員業務を通じて能力開発を促進する役割を果たしている。クロアチアには，14社の海運企業が存在するが，このうち大手外航海運企業は，19隻のタンカーを運航するTankerska社（ザダール）と，バルカー中心に21隻を運航するAtlantska社（ドブログニク）の2社である。載貨重量ベースで，クロアチアの海運企業全体の約73％がこの2社で占められている[62]。また，行政機関は，マンニング・クラスターが成功裏に形成され，機能するよう促進する役割をもつが，クロアチアでマンニング・クラスターに参画する行政機関として，海事・観光・運輸・開発省（Ministry of the Sea, Tourism, Transport and Development）がある。同省の

役割は，主に海運政策の策定・遂行，海運業の安全・環境問題への行政的対応，船員教育政策の策定・遂行ならびに教育機関の監督，船員ライセンス制度の整備，商船大学生の就学支援である。とりわけ教育機関の整備に関しては，積極的な財政支出を行い，教育機関における設備投資を促進して，船員教育の水準を高度化している。また，年間約60名の商船大学生に対する奨学金制度を実施し，潜在的船員市場の活性化を促進している。さらに，クロアチアの船員制度は，機関出力に関係なく3000トン以上の船舶の船長になるライセンス取得条件が他のヨーロッパ諸国よりも厳しいため，船員の能力に対する信頼度が高いという特徴がある。そして，クロアチア船籍の船舶に乗務するクロアチア人船員の雇用を促進すると同時に，適切な海運政策が行われるよう行政機関を監督し，労働条件を確保する役割を果たすのが海員組合である。さらに海員組合は，海技者の集積の場として，後述するクラスター内のネットワーク機能を促進する上で，重要な役割を担っている。

(3) クラスターにおけるネットワーク機能

概念的フレームワークが示すように，クラスター内のネットワークが，経営資源の移動による知識の創造と移転が起こる関係であるとすれば，クロアチアにおけるマンニング・クラスター内のネットワークは，次のようなプレーヤー間で構築され，それぞれが異なる機能を果たしていると説明できる。

第1に，船員経験者が，退職後に船舶管理者や船員教育機関の教員，行政機関の政策策定者として，その経験によって獲得した知識をクラスターに拡散，フィードバックしている。さらに，海運業以外の産業部門に再就職する際にも船員経験者は優遇される傾向があり，海運企業にとどまらず，広範な産業部門にマンニング・クラスターの優位性が拡散すると考えられる。上述の商船大学に勤務する技術系分野の教員は，全員が船員経験者であり，船舶管理企業の経営者や，行政機関の政策担当者も同様である。他産業部門においても，船員経験者が産業界の中核をなすキーパーソンとして位置づけられており，たとえば，ドブログニクの企業経営者の約80％は船員経験者であるとされている[63]。

第2に，現地海運企業ないしマンニング企業と教育機関とのネットワークが挙げられる。現地海運企業にとって，とりわけ本社所在地の教育機関は，重要

な潜在的船員市場であり、円滑なマンニングを行う上で、ネットワークによる人的資源の獲得は不可欠である。たとえばドブログニクに本社のある Atlantska 社は、ドブログニク大学と密接なネットワークを構築しており、定期的に情報交換を行うほか、CADET[64] の乗船研修の場を提供したり、寄付金を支給するなどのベネフィットを大学側に提供している。これによって、大学の教育水準が向上し、船員のイノベーションが促進される。Atlantska 社に勤務する 660 名の船員のうち約 85％がドブログニク出身者であることが、両者のネットワークの緊密性を示唆していると言える。さらに、マンニング企業と教育機関とのネットワークも存在する。たとえば Iva Shipping 社は、スプリット大学と提携し、海事学部の航海課程と機関課程の学生のうち年間各 10 名を CADET として採用している。そして、船員の供給先である日本の海運企業が就学支援を行うと同時に、乗船研修の機会を提供している。同大学海事学部を卒業する学生数が年間約 50 名であることを鑑みると、Iva Shipping 社とスプリット大学とのネットワークは極めて密接であると言える。このように、人的資源の移動による知識の移転が、教育機関と現地海運企業ないしマンニング企業との間で双方向に発生する。さらにクロアチアの場合、地域ごとに形成される地縁的ネットワークが非常に強いと言える。

　第 3 に、人的資源の集積の場として海員組合が存在し、船員ないし船員経験者の間での情報フローが発生する。海員組合は、現役の船員のみならず、上述のキャリア構造のもとに海運業の様々な業種に分散した人的資源が集積し、情報交換の場としても機能している。クロアチア船籍の船舶が減少の一途をたどるのに伴って、海員組合の役割は、雇用の促進という本来の役割よりもむしろ、クラスター内のネットワークを、情報フローの面から促進するという重要なものになりつつあると言える。

　第 4 に、行政機関と教育機関とのネットワークが挙げられる。大学と行政機関の間では、資本、情報、人的資源の移動が行われている。クロアチアでは、商船大学の設備投資はほぼすべてが国の財政支出でまかなわれており、教育機関の優位性が維持・促進されている。また、双方のプレーヤー間で人的資源の移動が行われることによって、政策策定プロセスに教育現場の課題が考慮され、より適切な教育政策が展開される可能性が増大する。

このように，クラスター内のプレーヤー間を，クロアチアに固有のキャリア構造のもとで，船員業務を経験した海技者が移動することにより，知識や情報，資本の創造，移転，フィードバックが効率的に展開されることこそが，クロアチアのマンニング・クラスターがもつ最大の特徴であり，マンニング・ソースとしての立地優位性を形成する重要な要因であると考えられる。また，クロアチアは船員市場の規模が比較的小さく，クラスター内に存在する海技者も少ないため，クラスター内のネットワーク形成が，より容易に行われると考えられる。

第6節　小　　結

　本章の目的は，前章で論じたマンニング・ソースの優位性に関する概念をさらに掘り下げ，マンニング・ソースに形成されるクラスターに焦点を当て，国際ビジネスの諸理論を用いて，一般的な「海事クラスター」とは異なる「マンニング・クラスター」の概念を提示すると同時に，その構造，役割，機能について，クロアチアの事例を取り上げ，より具体的に検討することであった。

　その結果，以下のような仮説を示すことができよう。第1に「マンニング・クラスター」の構造と役割に関して，「マンニング・クラスター」は，マンニング・ソースの優位性を決定するダイヤモンドの構成要素である「関連支援産業」の集積として位置づけられる。そして，船員の能力開発にコミットする様々なプレーヤー，すなわち船舶管理企業を中心に，マンニング企業，教育機関，現地海運企業，行政機関，海員組合などによって構成され，それぞれのプレーヤーが異なる役割をもつ。そして，マンニング・クラスターを形成する個々のプレーヤーが，効果的な取り組みを行うことができれば，船員能力および利用可能性を高度化させることが可能となる。第2に，「マンニング・クラスター」の機能に関して，クラスターのプレーヤー間には，主に船員経験者を中心とする人的資源を媒介として社会的ネットワークが形成される。そして，船員に体化された技術や知識，情報のフローがネットワークを通じて発生すると，各プレーヤーが移転された知識を活用することを可能ならしめ，それぞれ

のプレーヤーにおいてイノベーションを促進する。その結果として，マンニング・クラスター全体の優位性が高まるのである。

　このような「マンニング・クラスター」を通じて高度化された船員の能力および利用可能性が，前章で論じたマンニング・ソースの有力な立地優位性を形成する。その結果，海運企業による船員戦略のグローバル統合において，マンニング・ソースの選択に著しい影響を及ぼすことになる。海運企業は，全社レベルで制度的に統合化されたプロセスと選択基準にしたがって，マンニング・ソースの選択を行う。マンニングの本質は，決定要因となるマンニング・ソースの立地優位性と，自社の船員ニーズを全社レベルで適合化することであるが，個々のマンニング・ソースに形成されるクラスターの構造や機能，それぞれのプレーヤーの性質と，自社の船員ニーズとを精緻に評価し，両者を最適に結びつけることによって，世界レベルでの効率的な船員の活用が可能となるのである。

第 5 章
船員戦略における教育・訓練と知識移転

第 1 節　はじめに

　本章では，外航海運企業が世界レベルで展開する船員の教育・訓練に焦点を当て，船員を対象とする企業内教育・訓練の成功要件について，主に知識移転の観点から検討する。

　外航海運業に従事する船員は，世界中の様々なマンニング・ソースから雇用されるため，国籍やバックグラウンド，能力水準や適性などの点において多様性が高い。このような条件下で，船員の能力水準を高度化し，質の高い海運サービスを提供するためには，海運企業が，様々なマンニング・ソースから獲得し，職務経験や能力水準に差異のある個々の船員に対して企業に固有の教育・訓練を施すことによって，個々の船員がもつ能力を自社の船員戦略に適合させる必要がある。すなわち，海運企業は，船員の能力を自社の船員戦略におけるニーズを満たす水準に維持もしくは高度化するだけでなく，自社のもつ船舶オペレーションに関する知識を，様々な国籍，経験，能力をもつ個々の船員に的確に移転し，全社レベルで知識の標準化を図る必要があると言える。

　しかしながら，外航海運業における国境を越えた知識移転には，当該産業部門に固有の阻害要因も存在する。すなわち，外航海運企業の船員は短期間の契約ベースで雇用されるため，知識の受領者としての吸収能力やモチベーションには相当な差異がある。他方，海運企業の船員戦略における知識移転活動の水準も，自社における船員戦略の位置づけや，知識の供給者である個々の船員によって著しく異なっている点が指摘できる。このため，海運企業にとっては，それらの制約要因をいかに克服し，成功裏に知識移転を行うかが焦眉の課題となっている。

そこで，海運企業がこれらの制約要因を克服し，世界レベルで船員の能力水準を高度化および標準化する有力な手段として，船員戦略のグローバル統合が挙げられる。すなわち，外航海運企業は，トレーニング機能を世界レベルで統合化することによって，多様な船員の国籍やバックグラウンドにかかわらず，船員業務に関する企業に固有の技術やスキルを効果的に移転することが可能となる。統合化された船員戦略においては，全社レベルで制度的に統一化されたトレーニング・プログラムが策定され，統一化されたトレーニング手法を用いることによって，規範的統合を含め，世界レベルで船員の能力水準の高度化および標準化が図られる。

このような問題意識に基づき，本章では，海運企業の船員戦略における船員の教育・訓練を，国境を越えた知識移転として捉え，それを成功裏に行うための要件を仮説として提起する。本章では第1に，船員戦略における「知識」および「知識移転」の具体的な概念について，知識移転に関する先行研究に基づいて明確化する。第2に，日本の大手海運企業による知識の創造および移転の事例を取り上げ，知識創造および移転の方法と課題を検討する。第3に，上述の事例と，知識移転に関する概念的フレームワークに基づき，成功裏に知識移転を行うための要件について，帰納的に仮説を提起する。

第2節　研究方法

上述の目的を達成するために，本章では，知識移転に関する先行研究を援用し，外航海運企業の船員戦略における知識移転の概念を明確にした上で，日本の大手海運企業である日本郵船を対象に，同社の船員戦略における知識移転活動を代表事例として取り上げる。本章では，同社および同社子会社に対するインタビュー調査と，同社運航船のオペレーション現場における参与観察によって得られた質的データをもとに，海運企業における知識移転活動のプロセスを明確にした上で，海運企業が知識移転を成功裏に行うための課題を抽出し，それらを解決する要件を帰納的に考察する。

インタビュー調査に関しては，2008年7月16日，日本郵船東京本社におい

て，船員戦略担当責任者に対して，同社における全社的な船員戦略についての質問を行い，回答を得た。また，2008年8月22日，同社の中心的な船員戦略拠点であるシンガポールの船舶管理子会社 NYK SHIPMANAGEMENT 社（以下 NYKSM 社），同25日，同社がフィリピンに設立した商船大学 NYK－TDG MARITIME ACADEMY，さらに同26日，フィリピンのマンニングおよびトレーニング子会社 NYK-FIL SHIPMANAGEMENT 社（以下 NYK-FIL 社）において，それぞれのトレーニング部門責任者に対して，同社の知識移転の方法および課題に関する質問を行い，回答を得た。

　さらに筆者は，2008年9月14日から，同社運航のコンテナ船 NYK DAEDALUS 号（パナマ船籍・5万5534総トン・4822TEU）に乗船し，蛇口（中国）－香港間における2日間のオペレーションにおいて，デッキ（甲板）部門の知識移転活動を参与観察すると同時に，蛇口港停泊中の同船内において，知識移転にコミットする船員（Captain, Chief Officer, Second Officer, Third Officer, CADET[65]）に対する個別面接方式のインタビュー調査を行い，オペレーション現場における知識移転の方法と課題についての質的データを収集した。参与観察の調査対象に関しては，同社運航船の中から，知識移転活動が活発に生起する CADET のトレーニングが行われると同時に，デリケートな操船が行われる航路を航行する船舶を選択の上，同社に協力を依頼した。

第3節　船員戦略における「知識」と「知識移転」の概念

⑴　船員戦略における「知識」

　船員戦略における「知識」とは，船舶のオペレーションに従事する船員が，それぞれの職務を遂行する上で必要とされる専門的な技術やスキルである。船員の知識は，さらに形式知的要素と暗黙知的要素とに区分できる。形式知とは，形式的・論理的言語によって伝達できる知識であり，暗黙知とは，特定状況に関する個人的な知識である（野中・竹内 1996, p.88）。また，知識は「情報」と「ノウハウ」に区分することも可能である。すなわち「情報」は，一度文書化されたら完全に無駄なく移転される知識であり，「ノウハウ」は，人々

が物事を円滑かつ効率よく行えるようにするための蓄積された実践的スキルや専門知識と定義され，情報が「何をすべきか」，ノウハウは「どのようにすべきか」である（Kogut and Zander, 1992, p.386）。すなわち，「情報」を形式知，「ノウハウ」を暗黙知と換言することができよう。

この定義に従って船員戦略における「知識」を区分すれば，以下のように説明できる。船員戦略における形式知的要素とは，海運企業ないし船舶管理企業が定める安全管理マニュアルをはじめ，文書化およびプログラム化された知識である。具体的には，ISM コード[66]をもとに各船舶管理企業が定める安全管理（SMS）マニュアルだけでなく，船舶ごとに業務遂行の手順を示した業務手順書，船員の能力要件を明記した確認ツール，さらに個々の船員が海運企業のもつ知識を習得するための学習ツールなどがこれに当たる。これに対し，暗黙知的要素とは，各種マニュアルに示された職務を遂行するプロセスや，マニュアルではカバーできない不測事態への対応能力などを指し，具体的に以下のようなスキルや能力が挙げられる。たとえば，船舶の操船に関しては，低気圧に対する進路の取り方やうねりの受け方，変針後の航路取り，着桟時の微妙な操船方法，行き会い船との交差方法，効率的なレーダーの使用方法，海図の交換スキルなどである。荷役に関しては，積荷スペースの確保，効率的な貨物の搭載および荷揚方法，ラッシングの張り方，航海中の揺れによる貨物への影響を判断する能力などが指摘できる。さらに，海上における船員組織のマネジメント能力そのものも，暗黙知的要素であると言える[67]。

形式知的要素は企業に固有の性質をもつのに対し，暗黙知的要素は個々の船員に体化されたパーソナルな知識である。両者は，相互に補完的な役割を果たし，いずれの知識が欠如しても，船員の能力として成立しない。また，船員がもつ知識の本質は，「無」から「有」を創造することよりもむしろ，業務を平常に維持し，オペレーション上の様々なリスクを排除する手法に焦点が当てられる。海運企業が質の高い海上輸送サービスを提供するためには，船舶のオペレーションに従事するすべての船員が，全社レベルで形式知的要素と暗黙知的要素を共有し，自社の運航するすべての船舶において，知識の標準化を図ることが不可欠である。外航船員は通常，海運企業の国籍に関わらず，多岐にわたる国籍で構成されているため，全社レベルで知識の標準化を実現するには，海

運企業が蓄積した知識を，国境を越えて個々の船員に効率的に移転することが不可欠であると言える。このように，船員の能力水準を高度化すると同時に，世界レベルで標準化する有力な手段として，教育・訓練におけるグローバル統合が位置づけられる。

(2) 船員戦略における知識の「創造」と「移転」

野中・竹内（1996）は，暗黙知と形式知の相互作用を「知識変換」と呼び，そのプロセスとして以下のフレームワークを提示した。それによれば，知識変換のプロセスは，「共同化」「表出化」「連結化」「内面化」の4つの段階から構成される。すなわち「共同化」とは，個人の経験を共有し，暗黙知を創造するプロセスであり，「観察」「模倣」「練習」に重点が置かれる。このプロセスで創造された暗黙知を明確なコンセプトにする「表出化」を経て，異なった知識を組み合わせ，新たな形式知を創造する「連結化」が行われ，行動による学習を通じて，形式知を暗黙知に体化させる「内面化」プロセスに至るとされている（野中・竹内, 1996, p.105）。

そのプロセスにおいて知識変換が行われるが，日本人船員のみが配乗されていたかつての日本の海運企業では，オペレーション現場における職務経験を共有し，まさに船員間の観察，模倣，練習によって，暗黙知的要素の「共同化」が進展した。やがて，外国人船員の増加に伴って暗黙知の形式知化が不可欠となり，マニュアルの整備が進められたが，この過程で個々の船員に暗黙知をリストアップさせる行為が「表出化」，それを全社レベルのマニュアルに取り纏める作業が「連結化」に相当する。そして，オペレーション現場における業務やトレーニングを通じて，個々の船員がマニュアルを遂行することによって，自己のもつ形式知をアウトプットすると同時に，その上で必要なノウハウを暗黙知として自己に体化させることが「内面化」である。さらに，監査などの機会を経て，形式知としてのマニュアルが見直される「連結化」が行われ，それらを海運企業に「内面化」するプロセスが繰り返される。このように，海運企業における知識の創造・移転の本質は，海運企業が持つ知識を個々の船員に移転すると同時に，船員に体化された個人知を海運企業の組織知に変換するプロセスであり，それが成功裏に行われるかどうかは，企業に固有の船員戦略に著

しく左右される。

このプロセスを経て行われる知識移転の手段について，Haas and Hansen（2007）は，形式知と暗黙知の性質を踏まえ，組織における知識の共有に関するインプリケーションを導出した。それによれば，形式知が文書化されたドキュメントによって移転されるのに対し，暗黙知の移転は，個人間での直接的なコンタクトによって行われ，1人が他の人物に特定の機能をどのように実行するかをアドバイスすることによって達成されるとした。また，このような個人間での知識共有に関する顕著な特徴は，知識を伝承するために，知識の供給者と受領者の間で直接的なコンタクトが必要なことであり，このような知識共有によって，暗黙知やコード化されない知識の移転が可能となると論じられている。さらに，これら2つの知識共有のタイプは，相互に両立し得ないものではなく，知識を獲得しようとする個人によって，同時に行われることもあるとされている（Haas and Hansen, 2007, pp.1135-1136）。

船員の知識移転は，船舶管理企業によるフォーマルなトレーニング・プログラムによって，文書化されたテキストや手順書をもとに行われる形式知的要素と，オペレーション現場での乗船研修や実際の船員業務において，船員間での直接的なコンタクトによって移転される暗黙知的要素とに区分できる。とりわけ暗黙知的要素の移転において，上位者である船員から部下の船員に対するアドバイスが重要な役割を果たす。また，Haas and Hansen が示すとおり，オペレーション現場においては，CADET としての乗船研修や，船員としての諸業務を通じて，船員が形式知として習得したマニュアルのアウトプットと，それを遂行する上で必要な暗黙知としてのノウハウのインプットが同時に行われる。

(3) 船員戦略における知識移転のユニットとフロー

前項に示した船員戦略の枠組において，船員の知識移転を行うユニットとして，海事系大学をはじめとする船員教育機関，海運企業（他社），海運企業（自社），船舶管理企業，船員（上位者），船員（下位者）が挙げられる。船員戦略における知識は，海運企業と船舶管理企業が過去の実績や経験に基づいて形式知化し，詳細なマニュアルとして構築する。船舶管理企業は，このマニュ

アルを船舶オペレーションの現場で実行させ，その結果個々の船員に形式知の移転が行われる。とりわけ大手海運企業は，自社のもつ船員教育施設において，自社の運航船に乗務する船員に対して，企業に固有のトレーニングを行う。これによって，自社運航船の船員業務に関する企業に固有の知識を，海運企業が直接船員に移転する。さらに船員は，本船での船員業務を通じて知識を吸収する。ここでは主に，暗黙知的要素を中心に上位者の船員から下位者の船員に知識が移転される。暗黙知的要素は情報粘着性が強く，移転が困難であると同時に他社に模倣されにくい特徴をもつ。この点は，船員のスキルに関しても同様であり，海運企業が提供するサービスの差別化を図り，自社の優位性を構築する重要な要素となりうる。

また，船員の知識は，海運企業ないし船舶管理企業の内部だけでなく，外部からも移転される。海運企業は，各マンニング・ソースの海事系大学と提携し，卒業後自社運航船に一定期間以上乗務することを前提に，学生に対する就学支援を行うことが多い。すなわちこの場合，海運企業が社会的ネットワークを用いて，企業外部から基礎的な専門的知識の移転を行っていると言える。さらに，雇用する船員が過去に勤務した海運企業の知識を，トレーニングや船員

【図表5-1】船員戦略における知識移転のユニットとフローの概念

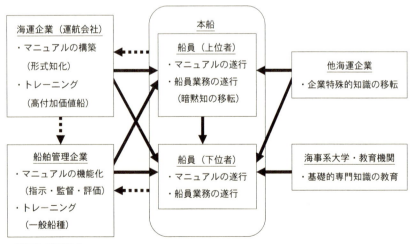

（出所）筆者作成。

業務において移転するケースもある。そして，これらの知識移転の結果得られる経験ないし成果は，海運企業ないし船舶管理企業にフィードバックされ，新たな知識の形式知化に活用される。

外航海運業における知識移転のユニットとして特徴的な点は，知識の供給者および受領者としての個々の船員の役割が非常に大きい点である。そして，一般的な知識移転のフレームワークに見られる親会社と子会社との間での知識フローよりもむしろ，船舶管理会社から個々の船員，もしくは上位の船員から下位の船員への知識フローに焦点が当てられる。

(4) 船員戦略における知識移転と吸収能力

知識移転の成果を決定する重要な要因として，船員の吸収能力が挙げられる。Cohen and Levinthal は，企業が新しい外部の知識の価値を認識した上で，それらの知識を吸収し，ビジネスの目的に適用する能力を「吸収能力」と呼び，吸収能力が企業のイノベーション能力にとって重要であることを論じた (Cohen and Levinthal, 1990)。それによれば，組織の吸収能力は，その組織に属する個人の吸収能力によって決定され，組織の吸収能力の開発は，個人の吸収能力に対する投資の上に構築される。そして，個人の吸収能力と同様に，組織の吸収能力も累積的に発展するとされている (Cohen and Levinthal, 1990, p.131)[68]。

Cohen and Levinthal の定義を援用すれば，船員の吸収能力とは，海運企業からフォーマルなトレーニングやオペレーション現場での業務経験を通じて移転される新たな知識の価値を認識し，それらを効率的に習得して，船舶を安全かつ効率的に航行させる能力である。海運企業が持つ知識は，個々の船員に体化され，それぞれのオペレーション現場において，船員が成功裏に活用することによって組織知に転換される。この組織知の水準こそが，船員戦略の成果を決定し，海運企業の優位性を左右する。Cohen and Levinthal が示すとおり，外航海運業においても，船員個人の吸収能力がなければ，質の高い船舶オペレーションは実現しない。他方，海運企業が船員の教育・訓練のためのトレーニング施設に大規模な投資を行うことによって，吸収能力の高い船員を育成することが可能となる。吸収能力の高い船員は，その後の業務遂行や高度なト

レーニングを通じて，成功裏に知識移転を行うことが可能であるだけでなく，後に同社の教育・訓練担当者として形式知の創造や移転にコミットすることによって，海運企業の吸収能力も高度化する。

(5) 船員戦略における知識の粘着性

体系的なトレーニング・プログラムの整備によって，船員知識の形式知化が進展すると，知識の粘着性が低下し，世界レベルでの形式知的要素の移転が円滑に行われるようになる。Zander and Kogut (1995) は，知識の性質を①「コード化可能性」②「教育可能性」③「複雑性」④「システム依存性」⑤「製品観察可能性」の5つに分類し，これらの水準によって，知識の粘着性が決定されるとした (Zander and Kogut 1995)。また，Von Hippel (1994) は，知識の粘着性を「特定の情報ユニットを特定の場所に，情報を必要とする者が利用可能な形で移転するための追加的なコスト」と定義した (Von Hippel 1994, p.430)。知識の粘着性が低ければ，企業内での移転が容易に行われる一方で，他社に模倣される可能性も高くなるというジレンマが存在する。

Zander and Kogut の示す知識の性質のうち，船員戦略における形式知の性質として注目すべき点は，「コード化可能性」「教育可能性」「システム依存性」の3点である。各種のマニュアルに規定される形式知的要素は，まさにコード化された知識そのものであり，移転が容易に行われると同時に，模倣される可能性も高いと言える。また形式知的要素は，海運企業もしくは船舶管理企業によるフォーマルなトレーニング・プログラムによって移転されるため，教育可能性とシステム依存性が高い。したがって，形式知的要素の粘着性は低く，移転する容易性と模倣される可能性は高いと言える。そこで海運企業は，知識のコード化によって粘着性を低下させ，移転を容易にすると同時に，模倣されにくい知識体系を構築するというトレード・オフの課題を同時に解決する必要があると言える。

(6) 船員戦略における知識移転とコミュニケーション

国籍やバックグラウンドの異なる供給者から受領者への知識移転は，両者間のコミュニケーションが活発に行われなければ生起しない。また，供給者も受

領者も外国人である場合，マニュアルにない暗黙知的要素を移転させるモチベーションが一般的に低いだけでなく，相当な個人差が存在する。この条件を所与のものとすれば，重要なのは，暗黙知の移転が活発化するコミュニケーション環境を形成することである。

　知識移転を成功裏に行うための要件として，個人間のコミュニケーションを指摘する研究は多い。たとえばLindsay, et alは，個人が知識の創造と移転における主たるプレーヤーであり，個人のモチベーションと吸収能力は，個人間の関係が強力で効率的であれば増大することを明らかにした（Lindsay, et al., 2003）[69]。Hansen（2002）は，構築された直接的な関係が，コード化されない知識の移転に関する問題を解決するとしている（Hansen, 2002）[70]。Tsai（2002）は，多国籍企業内部における知識の共有には，調整メカニズムとして，フォーマルな階層構造と，インフォーマルなヨコの関係が必要であるとした上で，インフォーマルかつ個人的な関係が，業務以外のレクリエーション活動等で形成され，それによって相互の行動に影響を及ぼすとしている（Tsai, 2002）。Szulanski（1996）は，知識の受領者と供給者との関連性の観点から，特に移転される知識が暗黙知の要素を含んでいる場合，知識の移転には，個人レベルでの莫大な知識の交換が必要とされるとし，知識の交換が成功するかどうかは，コミュニケーションの容易さと，知識の受領者と供給者との間に構築される関係の密度に左右されると論じている（Szulanski, 1996）[71]。

　Minbaeva, et al.（2003）は，多国籍企業における知識移転の水準と人的資源管理慣行の関係について検討し，以下の仮説を検証した。すなわち第1に，従業員の能力とモチベーションの相互作用は，子会社に対する知識移転の水準を高度化させる。また，知識移転の促進には，能力とモチベーションの双方が必要である。第2に，能力や成果に対する評価とトレーニングは，従業員の能力と正比例する。第3に，成果ベースの給与，メリットベースの昇進，社内のコミュニケーションは，従業員のモチベーションと正比例する（Minbaeva, et al., 2003, p.591）[72]。

　これらのインプリケーションは，いずれも個人間の緊密な関係から生じるコミュニケーションによって，暗黙知の移転が促進されるとするものであり，外航海運業においても同様に当てはまる。すなわち，オペレーション現場におけ

る知識の移転は,業務に従事する個々の船員間で行われるが,フォーマルな船員組織の階層構造による調整が重要な役割を果たす一方で,船員間のインフォーマルな関係が,業務における船員間のコミュニケーションを生起させ,暗黙知的要素の移転を促進する。また,船員は物理的に制約された特殊な職場環境において職務に従事するため,船内生活を通じて個人間のネットワークが形成されやすい。さらに,厳しい労働環境である船内では,適宜レクリエーション活動が行われ,それによっても船員間のインフォーマルな関係は構築される。構築された船員間のインフォーマルな関係が,コード化されない暗黙知的要素の移転にはまさに不可欠である。そこで,上述の現象を促進するコミュニケーション環境を形成するためには,いかなる要件が必要であるか検討する必要がある。

(7) 船員戦略における知識移転の阻害要因

Szulanski (1996) は,知識移転の本質について,企業内部における慣行の複製であると定義した。ここでいう慣行とは,企業による知識の慣例的な利用のことであり,個人のスキルや集団の社会的取り決めに体化されている暗黙の要素を含むことが多いとされる (Szulanski, 1996, p.28)。その上で Szulanski は,企業内での知識移転に対する阻害要因について,企業内での知識移転の主要な障壁が,知識関連要因であることを明らかにした (Szulanski, 1996, p.27)。

Szulanski は,知識移転の阻害要因を,知識の供給者,知識の受領者,供給者と受領者の関係性の3つの観点から,以下のように論じている。

知識の供給者の観点からは,因果関係の曖昧さ,有用性の立証,モチベーションの欠如が指摘されている。すなわち第1に,新しい条件の下で,能力の複製が成功するか失敗するかが明らかでない場合,知識移転の円滑な遂行が阻害される。第2に,過去に有用な知識移転の経験がなければ,知識の強度が信頼されず,知識の移転が困難になる。第3に,知識の供給者は,自分が所有する知識の所有権や特権的地位,優越性を失うことを恐れ,決定的な知識の共有に対するモチベーションが低下する可能性がある (Szulanski, 1996, pp.30-31)。

知識の受領者の観点からは,モチベーションの欠如,吸収能力の欠如,維持能力の欠如の3点が挙げられている。すなわち,知識の受領者は,外部から知

識を受け入れるのを嫌い，知識移転の実行・利用の段階で，足の引っ張り合いや消極的な態度が見られる場合がある。また，知識の受領者は，吸収能力の欠如によって，外部から獲得した知識を十分活用できないかもしれない。さらに，知識移転が効率的に行われたと言えるのは，移転された知識が維持されたときだけであるが，受領者が新たな知識の利用を制度化する能力が欠如していれば，受領した知識を統合する上で，知識の効率的に利用することが困難となる（Szulanski, 1996, p.31）。

さらに，知識の受領者と供給者との関係性の観点から，特に移転される知識が暗黙知の要素を含んでいる場合，知識の移転には，個人レベルでの莫大な知識の交換が必要とされるとされ，このような知識の交換が成功するかどうかは，コミュニケーションの容易さと，知識の受領者と供給者との間に構築される関係の密度に左右されると論じられている（Szulanski, 1996, p.32）。

そこで，Szulanskiの示す知識移転の阻害要因を，船員戦略に適用すれば，以下のように説明できる。

船員戦略において，知識の供給者はトレーニングを行う海運企業ないし船舶管理企業と，オペレーション現場でノウハウを指導する上位者の船員である。この立場から見た阻害要因は，第1に，因果関係の曖昧さと有用性の観点から，海運企業ないし船舶管理企業は，船員戦略の成果を定量的に評価するのが困難であり，トレーニングに対する投資の効果が明確でないことが挙げられる。第2に，モチベーションの観点からは，知識の受領者である船員は，短期間の契約ベースで雇用されるため，継続的に自社と契約するとは限らず，知識移転の価値が，企業によっても上位者の船員によっても高く評価されない点が指摘できる。また，上位者の船員の立場からは，自ら移転した知識を下位の船員が吸収することによって，自己の雇用機会が喪失するとの懸念が生じる可能性も考えられる。

また，知識の受領者である下位の船員の立場からは，第1に，モチベーションの観点から，新たに契約した船舶管理企業が定める様々な企業特殊的手法を習得することに対する煩雑さが指摘できる。第2に，吸収能力の観点からは，船舶管理企業が行うトレーニング・プログラムの前提条件として，受領者である船員がもつべき基礎知識や，オペレーション現場におけるコミュニケーショ

ン能力の欠如が挙げられる。第3に，船員知識の維持能力とは，吸収した知識を業務において的確かつ継続的にアウトプットする能力であるが，この能力が欠如すれば，業務遂行能力だけでなく，将来の供給者としての能力が欠如することになる。

　さらに，知識の受領者と供給者との関係性の観点から，とりわけ暗黙知的要素の移転において，船員間のコミュニケーションが重要な役割を果たし，主に両者間のインフォーマルな関係を基礎として生起するコミュニケーションが活発に行われるかどうかが，知識移転の成果を左右すると言える。換言すれば，両者間におけるとりわけインフォーマルなコミュニケーションが行われなければ，円滑な知識移転が阻害されることになる。

　知識の受領者である下位の船員が，短期間に限定された契約ベースで乗務することによって，知識の供給者である海運企業は，知識移転の因果関係と有用性の曖昧さとの観点から，知識移転の成果を定量的に評価することが困難となる。このことが，知識移転に対する供給者側のモチベーションを低下させる。すなわち，知識の受領者である船員は，継続的に同一の企業と契約するとは限らないため，知識移転活動の価値が，企業によっても上位者の船員によっても高く評価されない。また，知識の受領者である下位の船員の立場からは，新たに契約した海運企業が定める様々な企業特殊的手法を習得することに対する煩雑さから，知識移転に対するモチベーションが低下することが懸念される。そして，知識の受領者としてもつべき基礎知識や，オペレーション現場におけるコミュニケーション能力に差異があれば，船員の吸収能力が低下し，全社レベルでの知識の標準化が困難となる。さらに，個々の船員が契約ごとに他社に移動することによって，自社の知識が漏洩する。したがって，海運企業にとっては，知識移転プロセスにおいて，これらの阻害要因を回避する要件が不可欠となる。

第4節　外航海運企業における知識移転の事例
　　　―日本郵船のケース―

(1) 日本郵船における教育・訓練の概要

　日本郵船は，2016年3月現在，フィリピン，インド，クロアチア，ルーマニア，ロシア，ウクライナ，中国，インドネシア，ベトナムなど13ヶ国のマンニング・ソースから，約3840名の船員（職員）を契約ベースで雇用し，自社運航船に配乗している。同社の船員（職員）のうち約92％が外国人で占められており，このことは，国境を越えた船員知識の効率的な移転が不可欠であることを示唆している。また，同社はこれらのマンニング・ソースにおいて，現地の海事系大学計12校と提携し，卒業後同社運航船に乗務することを前提に，学生の就学支援や，海技士免許取得の要件である乗船研修の場を提供している。この制度によって船舶に乗船する訓練生を，一般的にCADETと呼ぶ。世界的な船員不足の状況下では，世界の船員市場には，職員として最初に乗務する3等航海士（機関士）がほとんど存在しないため，安定的にオペレーションを行うためには，海運企業が自社で船員を獲得し，CADETレベルから育成することが不可欠となっている。

　CADET制度を経て同社に採用された外国人船員のキャリアパスは，採用後10年間で船長・機関長レベルに昇格することを目標とし，3等航海士（機関士）および2等航海士（機関士）を3年ずつ経験した後，1等航海士（機関士）として4年間乗船し，船長および機関長に昇格するキャリアプランを基準とする。このほか，他社での乗船経験を経て採用される船員についても，採用時点からこのキャリアパスが基準とされる。このキャリアパスにおいて，後述するフォーマルなトレーニング・プログラムと，海上での船員業務を通じた知識移転が行われる。

　日本郵船は，新規に船員をマンニングする中心的な手段として，提携する海外の海事系大学から採用するCADET制度を体系化している。各大学在学中に乗船研修を行うCADETは，まず訓練設備付船舶において3ヶ月間の乗船

研修を受ける。日本郵船では，2008年から通常の船舶に訓練設備を併設した大型船を導入しており，2014年8月現在，LNG船1隻，大型タンカー（VLCC）1隻，コンテナ船3隻の計5隻が就航している。ここでは，通常の業務に従事する船員に加え，CADETのトレーニングに専従する船員1名と，厨房スタッフ1名が乗務する。この体制のもとで，デッキ部門もしくはエンジン部門のCADET20名ずつが同時に乗船し，安全管理の基礎を中心に同社の知識を習得する。その後，同社運航船に4名から6名ずつ分散し，前航で習得した知識を主に3等航海士ないし3等機関士の業務に応用するためのトレーニングを9ヶ月間行う。船員の出身国によって，海技士免許を取得するための要件が異なるが，同社のトレーニング・プログラムは，すべての国の基準を満たす内容となっている。このプロセスにおいて，習得した形式知のアウトプットと，暗黙知のインプットが行われる。

また，同社は2007年，フィリピン・マニラ市郊外に，同社船員の育成を目的とする商船大学NYK-TDG MARITIME ACADEMYを開校した[73]。同校は，フィリピンの高等教育庁（CHED）の所管する正式な大学として認可され，筆記や面接，体力テストなど6段階に及ぶ試験を経て選抜した180名の学生を毎年受け入れている。同校の学生は，CADETとして同社運航船での乗船研修を経て，卒業後同社の船員として雇用することを前提とし，国際条約であるSTCW95に定められた船員教育基準に加え，数学など基礎学力の養成や，日本郵船社員としての帰属意識を醸成するためのカリキュラムを実施している。すなわち，制度的に統合化された同社の教育・訓練において，規範的統合が図られていると言える。

(2) 形式知的要素の明確化

日本郵船では，形式知的要素として，自社の船員がもつべき知識をマニュアルとして明文化すると同時に，それらの知識を個々の船員が習得するための学習ツールを開発した。これに対し，形式知的要素としてマニュアルに示される機能を遂行するプロセスが，暗黙知的要素に該当する。

前述のように，船員の知識とは，船舶を安全にオペレーションするために必要な諸要件である。形式知的要素として，日本郵船の船舶管理子会社NYKSM

社が，国際条約によって海運企業に義務付けられている安全管理基準ISMコードに基づいて，自社独自の安全管理マニュアルであるSMSマニュアルを策定・運用している。SMSマニュアルの内容は，Administration, Operation, Maintenance, Emergency Response, Checklistsに分類され，同社の船舶オペレーションにおける業務手順が規定されている。SMSマニュアルは，外航船員としてもつべき一般的な知識であると言えるが，これに企業に固有の要件を加えた概念として，「Competency Requirement」が構築された。日本郵船では，マンニング・ソースの多様化に伴って，全社レベルでの知識の標準化が焦眉の課題となっている。そこで，国籍に関わらず，同社運航船に乗務するすべての船員がもつべき知識の要件を「Competency Requirement」として取り纏めた。そして，Competency Requirementをさらに具体的な業務レベルにブレークダウンし，個々の船員がCompetency Requirementに示された知識を的確に習得しているか，また船員業務においてそれらを適切に利用できるかを確認する基準として「DADAS」(Dos And Don't's At Sea Program)を策定した。DADASは，乗船する船種および職位ごとに，該当する船員がもつべき具体的な知識を規定したものであり，デッキ部門470項目，エンジン部門485項目から構成されている。暗黙知の形式知化に際しては，同社に指名された乗船経験の長い船長と機関長によって，DADAS構築のための作業が行われた。まず，半年間で各船種の船舶に乗船し，船員に対するインタビューによって，船員に体化された暗黙知的要素を文書化し，それを全社レベルで利用可能な水準に絞り込んだ。そして，DADASの草案を策定し，さらに半年間再度船上でのインタビューを繰り返すことによって修正作業を行い，最終的なマニュアルが作成された。さらに同社は，個々の船員がDADASに規定される知識を習得するコンピューターツールとして，STARS (Shipboard Training and Assessment Records System)を開発した。STARSは，乗務前および乗務中に独習できる企業に固有のソフトウエアであり，すべての船種に共通のコンテンツとして2種類，これとは別に乗務する船種ごとに6種類のコンテンツが用意されている。すべての船員はこのSTARSを貸与され，その知識を習得するだけでなく，ソフトに含まれる確認用の試験問題に適宜解答し，満点を取得するまで繰り返すことが義務付けられている。個々の船員による機能の遂行

状況や確認問題の得点は，Head Office Module として NYKSM 本社がリアルタイムで監督し，パフォーマンスの低い船員に対しては，乗船中の本船を通じて警告するシステムとなっている。このように同社は，形式知的要素として自社の船員がもつべき知識を明確化すると同時に，個々の船員がこれらを効率的に習得するためのシステムを構築した。

　同社が上述のような形式知の整備を行った背景には，船員の多国籍化が挙げられる。主に 1980 年代から，外航海運企業では，船員コスト削減の目的で外国人船員を積極的に雇用する傾向が見られ，外国人船員に対する適切な知識移転が必要となった。とりわけ，下級船員である部員の職務は暗黙知的要素が大部分を占め，外国人に対する効率的な知識移転を行うためには，部員がもつ暗黙知的要素を明文化し，形式知化することが不可欠となった。また，日本人のみが乗務していた当時は，部員から若手職員への知識移転が円滑に行われていたが，部員が外国人に代替されるのに伴って，若手職員としてもつべき知識も形式知化する必要性が生じた。さらに，外国人船員が職員として配乗されるようになると，職員の知識を成功裏に移転するために，職員としての知識の明文化とトレーニング・プログラムの体系化がいっそう重要となったのである。さらに 2000 年代初頭以降，マンニング・ソースの多様化に伴って，マンニング拠点によって異なる内容ないし手法のトレーニングが行われるようになった点からも，世界レベルで自社のトレーニング・プログラムを統一化する必要性が生じたと言える。

(3)　形式知的要素の移転とフィードバック

　形式知的要素の移転は，海運企業によるフォーマルなトレーニング・プログラムによって行われる。日本郵船は，これまでマンニング・ソースによって異なっていたトレーニング・プログラムを，「NYK MARITIME COLLEGE」として全社レベルで体系化した。このトレーニング・プログラムのコンセプトは，船員の国籍に関わらず，原則的にマンニング・ソースの現地人インストラクターによって，統一されたカリキュラムに基づき，同一のテキストを用いて，同一の手法によって行われる船員のトレーニングである。すなわち，この時点から同社の知識移転のグローバル統合が行われたと言える。

第4節　外航海運企業における知識移転の事例―日本郵船のケース―

統一化されたカリキュラムは「NMC Training Courses」として具体化され，合計70の訓練項目で構成されている。同社の船員は，このうち船種や部門，職位に応じて必要とされる項目のトレーニングを受ける。これら70項目のトレーニングは，シンガポールとマニラの同社トレーニング拠点を中心に，各国のマンニング・オフィスに併設されたトレーニング施設で分担の上，実施されている。操船シミュレーターなどの高度な設備が必要とされるトレーニングは，シンガポールとマニラのトレーニング・センターで集中的に行われ，その他のトレーニングを各国のマンニング・オフィスで行うことによって，全社レベルでのトレーニングの効率化が図られている。同社のトレーニング・プログラムは，世界最高水準の認証機関であるノルウェー船級協会（DNV）から，最高評価であるCLASS Aの認証を受けている。

　また，日本郵船は2006年，船舶管理子会社NYKSM社のあるシンガポールに大規模なトレーニング・センターを開設した。同センターでは，タンカーの荷役シミュレーターなど高度な設備と技術を要する訓練項目のトレーニングを中心に，NMC Training Courses 70項目のうち60項目のトレーニングを集中的に実施しており，本国以外のトレーニング拠点として中心的な役割を果たしている。同社トレーニング・センターにおけるインストラクターは，同社における乗船経験が豊富でかつ評価の高いインド人船員を中心に，インド人の船舶管理者が適性を判断した上で選別し，船舶管理者と日本人トレーニング・センター長が面談の上，決定される。インストラクターとしての勤務が内定した船員は，前述のMNC Training Courseに含まれるすべての項目の訓練を受講した上で，トレーニーに対して試験的にすべての項目に関するトレーニングを担当し，上司の承認を経て正式にインストラクターとして勤務することになっている。

　またフィリピンは，同社船員戦略にとって最も大規模なマンニング・ソースであり，シンガポールに次ぐ海外の重要なトレーニング拠点として位置づけられている。フィリピンにおけるマンニングおよびトレーニングを行う日本郵船の子会社NYK-FIL社は，NMC Training Courseの全70項目のうち，操船シミュレーターなど38項目を行う設備をもち，日本郵船の船員（職員）のうち，最大割合を占めるフィリピン人船員のトレーニングについて，一部を除きほぼ

すべてを実施している。またフィリピンでは，日本郵船のトレーニング拠点で唯一部員用のトレーニング・プログラム NMC-R を実施している。同プログラムには，MNC Training Course として同社の教育体系が確立される以前から，NYK-FIL 社が独自に策定・実施していた内容が多く含まれている。NYK-FIL 社では，トレーニングを担当するインストラクターの候補者は，NYK-FIL 社と契約する船員のなかから，評価の高い者に同社が打診し，模擬講義と面接を経てインストラクターとしての勤務が内定する。選抜に当たっては，業務に対する評価だけでなく，乗船経験や語学力，指導者としての適性が考慮される。内定後は，行政機関が実施する講習を受講し，NYK-FIL 社におけるブリーフィングとゲストレクチャラーとしての講義実習，またそれに対するトレーニー評価を受け，基準以上の能力が認められれば正式にインストラクターとなる。

また，NYK-FIL 社では，海事系高校や大学を卒業しながら乗船訓練の経験がなく，海技士免許の申請資格を取得できない者を対象に，OJT 制度を設けている。この制度は，筆記試験と面接によって選抜された者が，当初の3ヶ月間座学と NYK-FIL 社の一般業務を経験し，その後2ヶ月間で技術的なトレーニングを受ける。その後，正規の部員として日本郵船の運航船に乗務し，評価に応じて職員への昇格も認められるものである。

さらに，船員の知識移転が成功裏に行われているかを監督するシステムとして，船舶管理企業や荷主による監査（Audit）が挙げられる。NYKSM 社では，船舶ごとに通常年1回の監査を行い，安全管理マニュアルがオペレーション現場で徹底しているかを監督している。同社では，社内の Auditor 6名が通常の監査を行うほか，社外の Flying Auditor 2名が同社管理船を不定期に監査し，問題点を指摘した上，その場でトレーニングを行っている。さらに，石油やガスを輸送する船舶に関しては，荷主企業が独自の安全管理マニュアルをもち，船舶管理企業とは別に独自の監査を行っている。これらの監査において，指摘される問題点は「Non Conformity」（不適合）として処理され，改善を指示される。同社の場合，1隻あたり1回の監査で7項目から30項目の不適合が指摘されているが，不適合が指摘された場合，その原因をフィードバックすることによって，問題の所在が明らかになる。不適合の原因は，船員の能力水準に

ある場合もあるが，マニュアルに示された手順に問題があることも考えられる。このように，問題の所在を明らかにすることによって，新たなトレーニング・ニーズが発見される。したがって監査は，新たな知識創造の機能を備えていると言える。

(4) オペレーション現場における暗黙知的要素の移転

筆者は，2008年9月，日本郵船の協力を得て，同社運航のコンテナ船NYK DAEDALUS号（パナマ船籍・5万5534総トン・4822TEU）に乗船し，蛇口（中国）－香港間の船上における知識移転活動を2日間にわたり参与観察した。同船は，北米－中国・台湾間航路に配船され，調査時点で日本人船長2名，1等航海士1名のほか，ウクライナ人職員7名，フィリピン人部員14名，ロシア人CADET（デッキ部門）2名が乗務していた。そこで筆者は，主にブリッジにおけるデッキ部門の業務を対象に，知識の供給者であるウクライナ人2等航海士および3等航海士と，知識の受領者であるロシア人CADETとの間で，いかなる知識移転のための行動が生起するかに焦点を当て観察した。同船では，日本人1等航海士が中心となって船上でのトレーニングプランを策定し，ウクライナ人2等航海士と3等航海士を中心として，ロシア人CADETに対するトレーニングを実行する。それによれば，航海中はCADET1名ずつをそれぞれ2等航海士と3等航海士のポジションに，荷役中は2名とも3等航海士と同一のポジションに配置し，それぞれの船員業務について，「明示」「実行」「確認」のプロセスを繰り返すことによって知識の移転が実行される[74]。

それぞれのバックグラウンドは，以下のとおりである。日本人1等航海士は，入社11年目でVLCC4隻，自動車船3隻，在来貨物船3隻，コンテナ船1隻の乗船経験をもつほか，これまでにロシア人，中国人，フィリピン人のCADETを指導した経験がある。これに対して，ウクライナ人2等航海士は，8年間欧州船社でコンテナ船，バルカー，タンカーの乗船経験をもち，3等航海士は5年間欧州船社と日本船社でコンテナ船の乗船経験をもつ。ともに日本郵船運航船での乗務は初めてで，4ヶ月間の契約期間を終え，下船する直前であった。ロシア人CADETは，2名とも大学2年に在学中で，2隻で実施される乗船研修のうち，最初に乗船する船舶で2ヶ月が経過した時点である。

筆者の調査において観察された知識移転活動は，荷役中の監督作業，出港前のエンジンや舵の動作確認，出港時の操船手順の確認，海図の入れ替え作業，着桟時の操船手順確認，その他航海中の諸業務を対象に，知識の供給者であるウクライナ人船員と，受領者であるロシア人CADETとの間のコミュニケーションによって行われた。筆者の観察中，両者はブリッジに常備されているSMSマニュアルをはじめ，形式知的要素に接触することがなかったが，このことは，オペレーション現場である船上でのトレーニングが，暗黙知的要素の移転，すなわち形式知に示される職務をどのように実行するかのノウハウを移転することに，より重点が置かれていることを示唆している。

この観察において認められた知識移転行動のうち，注目すべき点は以下の4点である。第1に，知識移転に関するコミュニケーションは，ほとんどの場合知識の供給者であるウクライナ人船員から生起したこと。第2に，知識の受領者であるロシア人CADETに，知識移転のための自発的な行動が生起する度合は，個人によって著しく異なること。第3に，船員業務としてオフィシャルなコミュニケーションはマニュアルどおり英語で行われるものの，知識移転活動の大半を占める暗黙知的要素のコミュニケーションは，両者がより理解しやすいロシア語で行われたこと。第4に，知識の供給者であるウクライナ人船員は，いずれも日本郵船の運航船に初めて乗務したにもかかわらず，受領者であるロシア人CADETと緊密なコミュニケーションをとり，知識移転活動を積極的に行ったことである。

このような知識移転行動が，すべてのオペレーション現場において同様に生起するわけではなく，観察された行動パターンを一般化するのは困難である。しかし，実質的に終身雇用の日本人シニア・オフィサー，契約雇用の外国人ジュニア・オフィサー，それに外国人CADETという組み合わせで配乗された船舶において，日本企業として日本郵船がもつ知識を，外国人船員に移転する活動として，典型的な行動が生起したものと考えられる。

そして，この観察結果から，とりわけ暗黙知的要素の知識移転に関するいくつかのインプリケーションが得られる。すなわち，第1に，知識移転が成功裏に行われるかどうかは，知識の供給者および受領者双方のモチベーションによって著しく左右され，その成果には著しい個人差が生じること。第2に，日

本人シニア・オフィサーを中心に,会社に帰属意識をもつ供給者が知識移転を促進する役割を果たすこと。第3に,知識移転行動を生起せしめるコミュニケーションは,供給者と受領者がインフォーマルに共有する言語などのバックグラウンドによって左右されることである。

第5節　効果的な知識移転の要件

　外航海運業の船員戦略においては,全社レベルで船員能力の標準化を図り,高度で均質な輸送サービスを世界レベルで提供することこそが,グローバル統合の目的である。そこで,この目的を達成する効率的な知識移転が行われるためには,いかなる要件が必要であるかを検討する。本節では,上述の事例と知識移転に関する先行研究によって示されたインプリケーションを援用し,知識移転が成功裏に行われるための仮説を,形式知的要素の移転および暗黙知的要素の移転の観点から帰納的に考察する。

(1)　形式知的要素の移転

　形式知的要素とは,海運企業がもつコード化された知識であり,主に安全管理マニュアルによって規定され,フォーマルなトレーニング・プログラムや学習ツールによって移転される。また,企業に固有のトレーニング・プログラムや学習ツールそのものが,海運企業に固有の形式知的要素であると言える。

　形式知的要素の移転に関する課題として,前述の事例および調査から,以下の3点が指摘できる。すなわち第1に,船員が契約ベースで雇用されるため,知識の供給者である海運企業や,知識の供給者としての役割を果たすべき船員の知識移転に対するモチベーションが,一般的に低い場合が多いこと。第2に,様々なバックグラウンドをもつ船員が雇用されるため,知識の受領者となる船員の吸収能力や,モチベーションには相当な個人差があること。第3に,知識のインプットないしアウトプットが行われる現場は,物理的に世界レベルで分散しているため,全社レベルで知識の標準化が困難なことである。これらは,いずれも外航海運企業の船員戦略に固有の課題であると言えるが,これら

の課題を解決し，形式知的要素の移転を成功裏に行うための要件として，以下の3点を提起する。

(ⅰ) 体系的トレーニング・プログラムに対する投資と整備

海運企業が，独自のトレーニング・プログラムを策定し，自社内にトレーニング設備を所有するだけでなく，世界レベルで自社のインストラクターを育成し，トレーニング・プログラムを効率的に遂行すれば，船員の吸収能力が増大する。しかしそのためには，莫大な経済的ないし人的コストが発生する。知識の受領者である船員は，契約ベースで雇用されるため，自社に対する長期的なコミットメントが保証されない。このことが，知識の供給者である海運企業の投資インセンティブをいっそう低下させている。したがって，一般的には船員のトレーニングに対する積極的な投資を行う海運企業は希少であるため，逆に海運企業がトレーニング・プログラムに積極的に投資し，体系化することによって，知識の粘着性と模倣可能性を同時に低下させることが可能になると考えられる。

そこで，形式知的要素の移転が成功裏に行われる第1の要件として，海運企業が知識移転の手段として体系的なトレーニング・プログラムを構築し，トレーニングに対する物的および人的投資を積極的に行うことが挙げられる。これによって，海運企業は以下の3つのベネフィットが獲得できると考えられる。第1に，船員個人ないし海運企業の吸収能力が増大する。第2に，この点が船員のマンニングにおける差別化要因となり，能力水準の高い船員を獲得できる。第3に，移転する知識の粘着性を低下させると同時に，それらの模倣を困難にする。

(ⅱ) 船員の継続的雇用

海運企業が，契約ベースの船員を継続的に雇用することによって，移転された知識が自社内に留保されるだけでなく，その継続的な活用によってトレーニングに対する投資のベネフィットが獲得できる。また，船員を継続的に雇用することによって，契約ベースで雇用する外国人船員が，知識の共有や移転に対するモチベーションを高め，時間の経過とともに，知識の受領者から供給者へ

転換される。知識の供給者となった船員は，海運企業がもつ船員知識を効率的に活用できるだけでなく，各国の船員に企業に固有の知識移転を行う重要なチャネルとなる。その結果，全社レベルでの知識の標準化が達成され，海運企業は世界レベルで高度かつ均質な輸送サービスを提供することが可能となる。

そこで，形式知的要素を成功裏に移転する第2の要件として，契約ベースで乗務する船員を継続的に雇用することが挙げられる。これによって海運企業は，以下の3点のベネフィットを獲得できると考えられる。すなわち第1に，知識の受領者から供給者への転換が促進され，その結果，個々の船員の維持能力が向上すると同時に，知識の全社的標準化がいっそう容易に達成できる。第2に，知識の粘着性が低い形式知的要素の外部への漏洩を抑制できる。第3に，知識の供給者としてのモチベーションがいっそう増大する。この点については，暗黙知的要素の移転にも該当する要件である。

(iii) 監査制度によるフィードバック

野中・竹内（1996）の示す「知識変換」のプロセスにしたがって，監査の役割を以下のように説明することが可能である。すなわち，海運企業の知識創造は，個々の船員がもつ個人知を，海運企業の組織知に変換することであり，ここで創造された組織知が，輸送サービスの水準を左右し，海運企業の優位性を決定する。個々の船員が個人レベルでもつ知識が，オペレーション現場での体験共有や観察によって高度化し，本船レベルでの知識の総和を増幅させる。そして，個々の船舶において知識の増幅が達成されれば，知識の標準化を経て，海運企業全体の知識水準が高度化される。このプロセスにおいて監査は，問題の所在を明らかにすることによって，新たな知識ないし知識移転ニーズの発見を促進する機能を備えていると言える。

そこで，形式知的要素を成功裏に移転する第3の要件として，適切な監査制度による知識移転成果のフィードバックが挙げられる。監査による知識移転成果のフィードバックは，知識変換プロセスの「連結化」に相当する。しかしながら，全社レベルで船員知識を標準化するためには，形式知的要素を統合化するだけでは不十分である。外航海運業の特性として，末端のサービスを提供する船舶が，物理的に世界レベルで拡散している点が挙げられるが，それぞれの

船舶において全社的に統合化された形式知が適切に機能してはじめて，全社レベルでの船員能力の標準化が達成される。

(2) 暗黙知的要素の移転

暗黙知的要素の移転は，オペレーション現場での業務経験を通じて移転され，船員間でのコミュニケーションの性質と頻度によって，その成果が左右される。

暗黙知的要素の移転に関する課題として，前述の参与観察から，以下の3点が指摘できる。すなわち第1に，船員が契約ベースで雇用されるため，知識の供給者としても，受領者としてもモチベーションが一般的に低く，また個人差が存在する。また，船員の基礎知識や吸収能力の水準は，船員の出身国や所属する海事系大学などの教育機関，過去の乗船経験によって著しく異なっている。したがって，知識の供給者および受領者双方の船員がもつ基礎知識，吸収能力，モチベーションの個人差をいかに克服するかが，暗黙知的要素の移転において重要な課題となる。第2に，教育手法に関する海運企業としてのバックアップの欠如が指摘される。知識の供給者である現場の船員は，何を指導すべきかを理解できても，どのように指導するかについて，統一化された形式知は存在しないのが現状であるため，オペレーション現場でのトレーニングの手法に著しい個人差が生じる可能性がある。第3に，知識移転の効率と成果は，知識の受領者である船員のモチベーションと吸収能力，バックグラウンドとしてもつ基礎知識によって著しく左右されるが，モチベーションや吸収能力は著しい個人差があり，また基礎知識の水準は，船員の出身国や所属する教育機関によって大きく異なっている。したがって，これら3点の課題は，いずれも知識の供給者と受領者個人の能力やバックグラウンドによって，知識移転の成果が著しく異なる可能性を示唆している。そこで，これらの課題を解決し，知識移転が成功裏に行われるためには，いかなる要件が必要であろうか。本項では，暗黙知的要素の移転が成功裏に行われるための要件として，以下の2点を提起する。

(i) マンニングとクルーイングによるコミュニケーション環境の形成

第1に，オペレーション現場において，船員間のコミュニケーションを促進する風土が形成されることが不可欠である。そのために，船舶管理企業がマンニングを行う上で，船員がこの目的を達成しうるかどうかの基準を含め，適切に選別を行う必要がある。第2に，知識の供給者と知識の受領者となる船員は，両者とも同じ言語や文化的バックグラウンドをもつ船員同士となるよう配乗することが望ましいと言える。暗黙知的要素は，マニュアルに定められていないスキルであり，それらはインフォーマルなコミュニケーションによって移転される可能性が高い。前述の参与観察からも明らかなように，インフォーマルなコミュニケーションがより活発に生起するのは，知識の供給者と受領者が，同一の言語やバックグラウンドを持つ船員同士である場合が多い。このように，トレーニングにおける効果的な暗黙知の移転に関しては，マンニングにおいて，自社の組織風土に対する適応可能性を基準に船員を採用することと，クルーイングにおいて，知識の供給者と受領者の文化的バックグラウンドを統一することによって，インフォーマルなコミュニケーションを活発に生起させる必要があると言える。

(ii) トレーニング手法の形式知化と評価制度の整備

船員戦略における知識移転の水準は，個々の船員の能力とモチベーションの相互作用によって決定され，いずれの要因が欠如しても，知識移転は成功裏に行われない。船員の能力は，海運企業ないし船舶管理企業によるトレーニングと，契約期間満了時（下船時）に行われる船員の能力評価の適切性によって左右される。そこで，知識の供給者となるべき船員には，知識移転に関する義務を雇用契約に明示し，その責任に対する報酬を付与することによって，適切な知識移転が促進されると考えられる。

さらに，オペレーション現場でのトレーニング手法を形式知化することによって，自己の業務を遂行しながらトレーニングを行う船員が，効率的に知識移転が行うことが可能となる。また，個々の船員に体化された暗黙知的要素の範囲と水準には個人的な差異が存在するため，知識の受領者である船員に移転される知識の範囲と水準にも，供給者によって差異が生じる。この不利益を回

避するために，知識の供給者が高い頻度で入れ替わることによって，個人差による受領知識の範囲と水準の差異を縮小することが可能となる。具体的には，配乗のサイクルを短縮化したり，本船に乗務する船員のうち，トレーニングを担当する船員が一定期間ごとに交代する制度を設けるなどの手段が考えられる。また，オペレーション現場の知識の供給者である船員は，自己に割り当てられた職務を遂行すると同時に知識移転活動を行っており，このことも知識移転の水準に個人差を生ぜしめる要因となっている。したがって，知識移転手法の形式知化と，教育義務および評価の制度化によって，知識の供給者のモチベーションと教育能力を高め，その結果すべての船舶において知識移転活動の標準化を図ることが可能になると考えられる。

第6節　小　　結

　本章の目的は，外航海運企業の船員戦略における教育・訓練が成功裏に行われるための要件を，知識移転の観点から仮説として提起することであった。本章では，先行研究に示された知識移転の一般的な概念とインプリケーションを援用し，船員戦略における知識移転の概念を明確にした上で，日本の大手海運企業の事例をもとに，知識移転が成功裏に行われる要件を検討した。

　その結果，船員戦略における知識を形式知的要素と暗黙知的要素とに区分し，それぞれの観点から，効率的な知識移転が行われるための仮説を提起した。

　形式知的要素の移転に関しては，以下の3点が挙げられる。すなわち第1に，海運企業の積極的な投資によって，全社レベルでのトレーニング・プログラムを整備する。すなわち，船員の教育・訓練に対する制度的なグローバル統合を図る。これによって，知識の粘着性が低下し，世界レベルでの知識移転を円滑化するだけでなく，コストの制約によって他社に模倣される可能性も低下する。それと同時に，能力水準の高い船員を獲得することが可能となり，船員個人と海運企業の吸収能力が増大する。第2に，契約ベースの船員を継続的に雇用する。これによって，特定の海運企業が企業に固有の知識を占有すること

が可能となるだけでなく，全社的な知識の標準化が促進される。すなわち，船員の継続的雇用によって，船員知識が全社レベルで共有され，規範的統合が達成される。第3に，適切な監査制度を構築・実施する。これによって，全社レベルでの知識の標準化が達成されると同時に，新たな知識ニーズが発見され，それが知識創造・移転プロセスにフィードバックされる。すなわち，世界レベルで制度的に統合化された監査によって，船員の規範的統合がより確実に達成されるだけでなく，グローバル統合に関する課題を発見し，制度的統合の修正を図るなどの戦略的対応をとることが可能となる。

　他方，暗黙知的要素の移転に関しては，以下の2点を提起した。すなわち第1に，マンニングにおいて，オペレーション現場での活発なコミュニケーションを生起せしめる船員を獲得し，クルーイングにおいて，オペレーション現場における知識の供給者と受領者となる船員が，同一もしくは類似の言語や文化的バックグラウンドをもつ者となるよう配置する。これらの要件を満たすことによって，インフォーマルなコミュニケーションが活発に生起し，暗黙知的要素の移転が積極的に行われる。すなわち，規範的統合を効果的に促進する要件として，知識の供給者および受領者間のコミュニケーション環境を，戦略的に形成することが挙げられる。第2に，オペレーション現場でのトレーニング手法を形式知化すると同時に，知識の供給者となる船員の責任と報酬を明確に規定し，知識の供給者が知識移転活動にコミットするサイクルを短縮化するなどの人的資源管理慣行を導入する。これによって，個人的な差異による受領者の不利益を回避し，全社レベルで知識の高度化と標準化が可能となる。すなわち，知識の供給者としての役割を制度的に統合化することによって，規範的統合の達成をより確実なものにすることが可能となる。

第6章
船員戦略におけるダイバーシティ・マネジメント

第1節 はじめに

　本章では，海運企業が雇用する船員の多様性に注目し，ダイバーシティ・マネジメントの観点から，海運企業が船員戦略におけるグローバル統合を成功裏に進展させる要件について検討する。

　船員戦略におけるグローバル統合の重要な目的のひとつは，外航海運企業が世界の多様なマンニング・ソースから船員を安定的に雇用し，自社の船員ニーズに適合させることである。そのために，海運企業は，世界レベルで統合化された制度のもとに，マンニングとクルーイングを行っている。さらに，先進的な海運企業は，全社レベルで統一化されたトレーニング・プログラムを設け，国籍やバックグラウンドに関わらず，マンニングした船員を自社の船員ニーズに適合させるための取り組みを実施している。しかしながら，海運企業が雇用する船員は，様々な国籍やバックグラウンドで構成されているため，グローバル統合が成功裏に進展するためには，船員のもつ多様性，すなわちダイバーシティに対して適切なマネジメントを行うことが不可欠となる。そこで，ダイバーシティの大きい船員組織の職務環境を前提として，海運企業が海上輸送サービスの品質を高度化ないし維持するためには，いかなる制度的統合のもとに規範的統合を達成するかを検討する必要があると言える。

　外航海運企業のなかでも，とりわけ船員のダイバーシティが顕著な部門が客船事業である。大手外航海運企業が運航する客船には，1隻あたり数百名の船員[75]が乗務するが，これらの船員の国籍は，日本をはじめ欧州，アジア各国を中心に十数ヶ国以上にのぼる。サービス産業の一般的な特性として，アウトプットの品質を決定し，企業が競争優位を獲得する上で最も重要な要因が，

サービスを提供する人的資源に体化されたスキルやノウハウである点が挙げられる。したがって，海運企業にとっては，これらの多様な国籍やバックグラウンドをもつ船員のマネジメントをいかに効果的に遂行し，サービス品質を高度化ないし維持できるかが最重要課題となる。

そこで本章では，外航海運業の特性を踏まえた上で，客船事業の船員戦略を対象に，ダイバーシティ・マネジメントを成功裏に展開する要件について検討する。

本章では第1に，サービス・マネジメントに関する先行研究に示された理論的フレームワークを用いて，客船事業におけるサービスの概念と，ダイバーシティ・マネジメントの重要性について検討する。第2に，ダイバーシティ・マネジメントの先行研究から，客船事業の船員戦略におけるダイバーシティ・マネジメントの課題を明確にする。第3に，日本の海運企業による客船事業の代表的な成功事例として，郵船クルーズ（飛鳥Ⅱ）およびCrystal Cruise社（Crystal Symphony/Crystal Serenity）を取り上げ，両者の全社的な船員戦略を検討する[76]。第4に，郵船クルーズ「飛鳥Ⅱ」のケース・スタディによって，客船の現場におけるダーバーシティ・マネジメントを検討する。そして最後に，上述の理論的フレームワークとケース・スタディから，船員戦略におけるダイバーシティ・マネジメントの成功要件とは何かを帰納的に考察する。

第2節　研究方法

本章では，日本企業の代表的な成功事例である日本郵船グループ（郵船クルーズ，Crystal Cruise社）の客船事業を対象とするケース・スタディと，サービス・マネジメントおよびダイバーシティ・マネジメントの先行研究に示される理論的フレームワークを用いて，客船事業の船員戦略を成功裏に遂行するための要件とは何かを帰納的に導出する。

ケース・スタディに関しては，日本郵船客船事業グループ，同社客船事業子会社郵船クルーズおよび同社運航船「飛鳥Ⅱ」，日本郵船最大のクルーズ船員トレーニング拠点であるNYK-FIL SHIPMANAGEMENT社（フィリピン）

の協力を得て，インタビュー調査を行った。具体的には，2009年4月22日，日本郵船および郵船クルーズの戦略策定担当者2名に対して，同社客船事業の内容，客船事業における船員戦略の内容，特異性，課題および対応策に関する集団面接を行い，回答を得た。また，同年7月30日から8月1日にかけて，同社運航船「飛鳥Ⅱ」に乗船し，同船に乗務するサービス部門の責任者（Hotel Manager）および各Division Headクラスの船員計10名に対してそれぞれ個別面接を行い，各部門の業務特性，各部門におけるダイバーシティの優位性および課題，OJTの手法，ダイバーシティ・マネジメントとしての対応策に関する質問に対して回答を得ると同時に，一部業務に関する予備的な参与観察を行った。さらに同年8月4日，NYK-FIL SHIPMANAGEMENT社（フィリピン）において，トレーニング部門の責任者，客船部門のマンニングおよびトレーニング担当者計3名に対して集団面接を行い，客船船員に関するマンニングの状況，客船船員を対象とするトレーニングの内容および手法，船員戦略の課題および差別化要因に関する質問に対して回答を得た。

　ケース・スタディの対象に客船事業を取り上げる理由として，以下の2点が挙げられる。すなわち第1に，客船の船員組織が，構成するメンバーの国籍やバックグラウンドとの点において最も多様性が高いという，船種に固有の特性である。第2に，メンバーの多様性が高い組織においても，常に標準化された高水準のサービスを提供しなければならないという，他の船種と共通した課題が存在する点が挙げられる。

　本章では，これらのインタビュー調査によって得られた質的データと，先行研究によって示された理論的フレームワークを用いて，客船事業における船員戦略を成功裏に遂行するためのダイバーシティ・マネジメントに必要とされる要件は何かを導出する。

第3節 客船事業におけるサービスの特性とダイバーシティ・マネジメントの重要性

(1) 客船における「サービス」の概念

　サービスとは，通常，顧客とサービス企業の従業員もしくは物的経営資源や商品，システムとの間で行われる，一連の多少なりとも無形の活動で構成されるプロセスであり，顧客の問題に対する解決策として提供される（Grönroos, 2007, p.52）。

　Sasser, et al. は，サービスの概念について，物的資産である「有形」(Tangible) サービスと，人的サービスなどの「無形」(Intangible) サービスとに区分した上で，サービス産業の本質が，業種によって程度が異なるものの，有形サービスと無形サービスの組み合わせによって構成されることを示した。さらに，無形サービスは，物質的なベネフィットを提供する「明示的」(Explicit) サービスと，心理的ベネフィットを提供する「暗黙的」(Implicit) サービスとに区別されるとした（Sasser, et al., 1978, pp.14-20）。また，サービスに固有の特性として，Kotler は，①無形性，②変動性，③不可分性，④消滅性を指摘した（Kotler, 2003, 邦訳 pp26-30）。

　また，Normann は，顧客に対して提供される一連のサービスを「サービス・パッケージ」と呼び，中心的な役割を果たす「コア・サービス」(Core Service) と，それに付随するサービスである「周辺的サービス」(Peripheral Service) とに区分し，Sasser, et al の示した概念に新たな次元を加えた（Normann, 2002, p.80）。この点に関して，近藤は，コア・サービスの充足が顧客にとって当然と捉えられることから，周辺的サービスの重要性を指摘した（近藤，2007, p.39）。さらに，コア・サービスが定常業務であるのに対し，周辺サービスは状況適応的なコンティンジェント・サービスが必要とされ，サービスのアウトプットにおいて，コンティンジェント・サービスの重要性が大きいとしている（近藤，2007, p.41）。

　これらの概念的フレームワークに基づいて，客船におけるサービスの本質を

以下のように説明することが可能である。客船事業のサービスは，船舶および船内設備という有形サービスと，船舶の各部門において，船員によって提供される無形サービスとの組み合わせで構成される。有形サービスとは，キャビンやレストラン，娯楽施設などのユティリティそのものによって顧客満足を提供するものであり，無形サービスは，レストランやバー，エンターテイメントなどのユティリティにおける人的コミュニケーションによって顧客満足を提供するサービスである。さらに無形サービスは，レストラン業務や販売業務などの物質的なベネフィットを提供する明示的サービスと，エンターテイメント業務や医療業務などの心理的ベネフィットを提供する暗黙的サービスとに区分できる。さらに，Normannの示す概念を援用すれば，客船のサービスを，「コア・サービス」と「周辺的サービス」とで構成される「サービス・パッケージ」として捉えることが可能である。コア・サービスとは，顧客に対して特定地点間の海上輸送サービスや，寄港地における旅行サービスを提供することを指し，周辺的サービスには，船舶の航海中もしくは寄港中に船内で提供されるアコモデーション，ダイニング，バー，エンターテイメント，美容，ショップ，カジノ，医療などのサービスが含まれる。客船事業におけるサービスの本質は，船舶を単なる輸送手段として捉えるのではなく，船内での生活全般において，顧客に非日常性を提供することにある。

　客船事業におけるサービスの性質は，Kotlerが示した上述の4点をすべて含んでいる。また，Gibsonは，客船におけるサービスの特徴として，特に①不均質性，②非弾力性，③補完性の3点を指摘した（Gibson, 2006）。筆者は，これらの点に加え，客船に固有の特性として，「多様性」「長期性」「閉鎖性」の3点を指摘する。多様性とは，1隻の船舶において，サービス活動に従事する船員の国籍が，通常数十ヶ国にのぼり，船員組織に高度なダイバーシティが存在することである。長期性とは，特定の船舶において，顧客は長期間にわたり，同一の企業に雇用された船員によって，継続的にサービスの提供を受けることである。閉鎖性とは，顧客が長期間にわたり，主に船舶という極めて物理的に限定された場において，サービスの提供を受けることを言う。客船におけるサービスは，顧客にクルーズ体験を提供する様々なサービスをパッケージとして組み合わせたものであり，それらがサービス品質を維持・向上させる上

で，相互に補完的な役割を果たしている。それと同時に，客船に固有のサービス特性から，周辺的サービスとして位置づけられる無形サービスの重要性が，極めて大きいと言える。

(2) 客船事業における「サービス・マネジメント」の概念

海運企業が客船におけるサービスを成功裏に提供し，顧客満足をもたらすためには，いかなるマネジメントが必要だろうか。

Grönroos は，サービス・マネジメントの概念を，以下の5つの観点から定義した（Grönroos, 2007, p.223）。すなわち第1に，組織が提供するものを消費もしくは利用することによって，顧客にもたらされる価値を理解し，いかなるサービス，もしくは情報や有形の物的資産と組み合わせたサービスを提供すれば，この価値が増大するかを認知すること。第2に，どのように品質全体が顧客との関係において価値を高めると知覚されるか，また品質が時間の経過とともにどのように変化するかを理解すること。第3に，どのように組織（従業員，技術，物的資産，システム，顧客）が知覚品質を生産・提供できるか，また顧客による価値創造を促進できるかを理解すること。第4に，意図された知覚品質や価値を達成するために，組織をどのようにマネジメントすべきかを理解すること。第5に，知覚品質や価値を達成し，関係する集団（組織や顧客など）の目標を達成するために，組織を機能させることである。このように，Grönroos の示す概念では，サービスを提供する組織のマネジメントに焦点が当てられている。客船事業においては，客船というサービス主体の組織が，多様な国籍やバックグラウンドをもつ船員によって構成されている。したがって，サービス主体の組織を成功裏に機能させる上で，組織成員である船員のダイバーシティをいかにマネジメントするかが重要な課題であると言える。

また，サービス・マネジメントの構造について，Normann は，文化・哲学を中心に，市場セグメント，サービス・コンセプト，デリバリー・システム，イメージの5つの要素で構成される包括的なアプローチを提起した（Normann, 2002）。Normann は，これら5つの構成要素が相互作用をもつ関係であることを示し，とりわけデリバリー・システムの重要性を強調した。デリバリー・システムは，サービス・コンセプトを提供するための具体的なサー

ビスを創造するシステムであり，さらに人材，顧客，技術的・物理的サポートの3つの下位要素から構成され，サービス企業のユニークで革新的なアイディアが最も見られる領域であるとしている（Normann, 2002, p.59）[77]。また，サービス商品の品質を高める上で，適切なイメージを創造することによって，有効なコミュニケーションを生起させる。サービスに関連するイメージは，サービスの特性，組織，組織風土や文化，組織成員，市場セグメントなどから決定される（近藤，2007, p.118）。すなわち，サービス品質を決定するイメージが，サービスを提供する組織のマネジメントによって決定されると換言できる。客船事業の船員戦略においては，制度的統合に相当するデリバリー・システムを構築するだけでなく，ダイバーシティの存在する組織が良好な組織風土を形成し，そのもとで，優れたサービス・デリバリーを円滑に遂行するために，規範的統合に向けた戦略的な取り組みが必要であると言える。

(3) サービス・デリバリーの水準と従業員の重要性

サービス・マネジメントを成功裏に遂行し，高水準のサービス・デリバリーを達成する上で，顧客とのサービス・エンカウンターでサービス活動に従事する従業員がもつ重要性は極めて大きい。Normann は，サービス企業によるマネジメントの概念として，「好循環」と「悪循環」の2つのモデルを提起した。すなわち Normann は，サービス企業の活動を，企業レベルの Macro Circle，従業員レベルの Internal Service Circle，現場レベルの Micro Circle の3つの循環に区分し，企業レベルで適切なサービス・マネジメントシステムを構築・遂行することによって，従業員レベルの能力とモチベーションが向上し，現場でのサービス・デリバリーが成功裏に行われるようになる結果として，顧客満足を獲得することが可能になると論じている。そして，このポジティブな現象が，各レベルで循環することによって，組織全体のマネジメントが成功裏に遂行されるとしている（Normann, 2002, p.73）[78]。

Normann のサービス循環モデルは，サービス・デリバリーの水準を高める上で，組織のマネジメントの重要性を示したものである。Normann の示すサービスの循環モデルを援用して，客船事業におけるサービスの循環を説明すれば，企業レベルでは，適切なサービス・マネジメントシステム，すなわち船

員戦略を構築することによって，市場内での競争ポジションが上昇し，経済的成果を獲得することが可能となる。このことが，従業員レベルでモチベーションを高め，「良いサービス」の基準が個々の船員に体化されると同時に，部門間での相互作用を生ぜしめる。能力水準の高い船員は，現場レベルにおいてサービス・デリバリーの水準を高め，顧客との相互作用によって，顧客満足を達成する。したがって，船員戦略の構築と船員のモチベーションの向上，サービス・デリバリーの高度化が「好循環」として形成されれば，海運企業が競争優位を獲得できると言える。

　これまでに述べたように，客船の船員に固有の特性として，「多様性」「長期性」「閉鎖性」が指摘できる。船員は数ヶ月に及ぶ長期間，海上の船舶という閉鎖的な空間において継続的に業務を行う。このため，船員の海上生活全般における満足度が，サービス・デリバリーの水準に大きな影響を及ぼすと考えられる。また船員は，それぞれの雇用契約に基づいて数ヶ月単位で交代する。このため，船員組織を構成するメンバーが常に入れ替わり，船舶全体としてのサービス・デリバリー水準は一定ではない。したがって，海運企業は，いかなる船員が配乗されても，常にNormannの示す「好循環」を維持しなければならず，そのために統合化されたサービス・マネジメントシステムを的確に構築する必要がある。その上で，従業員満足および従業員のロイヤルティが重要な役割を果たすと言える。そして，海運企業が船員を雇用，育成し，高水準のサービス・デリバリーを行う上で不可避なのが，船員のダイバーシティをどのようにマネジメントし，規範的統合を達成するかという課題である。

(4) サービス・エンカウンターとサービス品質

　サービス・エンカウンターとは，サービスの供給者と受領者が対峙し，サービス活動が行われる場を言う。Normannは，その場面を「真実の瞬間」(The Moment of Truth) と呼び，大部分のサービスは，顧客とサービス企業との間の直接的なコンタクトという形で行われる社会的行為の結果であるとした (Normann, 2002, pp.20-21)。サービス・エンカウンターにおける顧客の知覚が，顧客満足や品質評価，顧客の長期にわたるロイヤルティ確保にとって非常に重要であり，サービス・エンカウンターの構成が決定的な役割を果たす。そ

れと同時に，技術・設備との結合や，従業員の人材開発をいかに図るかが重要である（近藤，1996, p.118）。

客船のサービス・エンカウンターは，各部門において顧客と船員が直接的ないし間接的にコミュニケーションをとり，サービス活動が行われる場所である。客船においては，レストランやエンターテイメントのように，船員と顧客が直接コミュニケーションを行う場だけでなく，ギャレーやハウスキーピングのように，直接顧客とのコミュニケーションがなくとも，サービス・デリバリーの一部を担い，サービス品質に影響を及ぼす場もサービス・エンカウンターに含まれると解釈すべきであろう。

サービス・エンカウンターで提供されるサービスの品質について，近藤は，サービス品質が，顧客が実際に得たサービス実績と，提供されるサービスに対する事前期待との差異であるとした上で，知覚されるサービス品質を向上させるためには，サービス企業が顧客の期待を的確に理解することが重要であることを示した（近藤，2007, pp.60-61）。またNormannによれば，サービス品質は① サービス自体の品質，② プロセスの品質，③ 生産・デリバリーの品質，④ 組織全体に浸透する一般的な「哲学」としての品質の4つの次元で論じられる（Normann, 2002, p.197）[79]。

これらの点から，客船のサービス・エンカウンターにおいて最も重要なのは，顧客に直接知覚されるサービス自体の品質であり，顧客の事前期待を超える水準のサービスを提供する必要があると言える。そのために，生産・デリバリーの品質，すなわち，適切なサービス・プロセスとデリバリー・システムを構築する必要があり，それを達成するために適切な組織風土の醸成が不可欠であると言える。そして，良好な組織風土を醸成する重要な要件として，船員組織に存在するダイバーシティを適切にマネジメントし，規範的統合を達成することが挙げられる。

(5) コンピテンシーとエンパワーメント

サービス品質を向上させる上で，サービスを提供する従業員の役割が極めて重要である。従業員の能力水準は，上述のサービス品質すべてに著しい影響を及ぼす。そこで，サービス品質を向上させ，サービス企業が競争優位を獲得す

第3節　客船事業におけるサービスの特性とダイバーシティ・マネジメントの重要性　　*135*

るためには，いかなる取り組みが必要であろうか。

　Looy, et al. は，サービス企業の人的資源管理において，① 従業員のコンピテンシーの継続的開発[80]，② 従業員との協調関係，③ 従業員へのエンパワーメントの3点が重要な要素であるとした（Looy, et al., 2003 邦訳, p.275）。さらに，Looy, et al. は，企業が目標を達成するために必要な組織を構築し，従業員の職務と役割を明確にした上で，それぞれの職務と役割を成功裏に遂行するために必要とされるコンピテンシーの構成要素とレベルを明確にすることが重要であるとした（Looy, et al., 2003）。そのコンピテンシー・プロファイルに基づいて，組織の目標を達成しうる従業員の採用および能力開発を的確に行うことが可能となる。コンピテンシーは，さらに個人の行動レパートリー，技術的能力，個人特性の3つの要素に区分され，提供するサービスの性質によって，それぞれの要素の重要性が異なる（Looy, et al., 2003）[81]。本章で対象とする客船におけるサービスは，人材重視のサービスに該当するため，相対的に技術的能力と個人特性の重要性が大きいと考えられる。

　Looy, et al. の示した概念は，客船における船員戦略を説明する上で有用である。すなわち，海運企業は，職種や職位が多岐にわたる船員業務ごとに，必要とされるコンピテンシーの構成要素と要求水準を明確にした上で，要求水準を満たす船員をマンニングし，コンピテンシー・プロファイルに適合する船舶，職種，職位に配乗することが重要となる。Looy, et al. が示すとおり，客船の船員戦略におけるコンピテンシーとして，各部門の専門的な船員業務の技術的能力だけでなく，船員業務の特異性に適合しうる個人特性，すなわち外国人船員や顧客とのコミュニケーション能力，業務に関する柔軟性，海上勤務に固有のストレス耐性などが重要な要素として挙げられる。海運企業は，マンニングした船員に関して，各船舶において必要とされるサービス・デリバリー水準を達成できるよう，海上でのOJTもしくは陸上でのトレーニングを通じて能力開発を行うことが不可欠である。

　またLooy, et al. は，サービスの同時性という特性を踏まえ，サービス・エンカウンターで提供されるサービスの品質を高めるためには，サービス組織におけるエンパワーメントが重要であることを強調した（Looy, et al., 2003 邦訳, p.338）[82]。すなわち，サービス・エンカウンターでは，サービスの供給者は，

常に変化する状況に適応することが必要であり，現場での顧客のニーズに対して常に迅速に対応することが不可欠である。そのためには，すべてのサービスの供給者に対して，日常業務に関する権限を委譲し，サービス・エンカウンターにおける適切なサービスの提供を促進することが不可欠である。Looy, et al. は，エンパワーメントが適切な効果を生ぜしめる要件として，個人レベルで，意義，コンピテンシー，自己決定能力，戦略的自主性，影響力の5つの要素が備わっていることとした（Looy, et al., 2003 邦訳, pp.340-341）。また，組織レベルでは，従業員との情報共有，従業員のコンピテンシーの開発，適切な報奨制度が不可欠であるとしている（Looy, et al., 2003 邦訳, pp.348-351）。

　客船のサービス・エンカウンターにおいても，常に変化する顧客のリクエストに対して，個々の船員が的確に対応することが不可欠であるため，個々の船員の判断力と対応能力が重要な役割を果たす。そして，個々の船員が的確なサービス・デリバリーを行うためには，現場レベルへの効果的なエンパワーメントを行うことが必要である。Looy, et al. のインプリケーションを援用すれば，船員組織におけるエンパワーメントが効果的に機能し，顧客に対して的確なサービスが行われる要件として，以下の3点が挙げられる。すなわち第1に，すべての船員間で船舶全体の業務情報を共有すること。第2に，陸上および海上での船員のトレーニングを適切に行い，船舶に固有のコンピテンシーを開発すること。第3に，業務水準に応じた船員の報奨制度および評価制度を設け，適切に機能させることである。したがって，客船事業の船員戦略においては，高度なダイバーシティが存在する条件下にあっても，これらの課題を達成するためのマネジメントが不可欠となる。換言すれば，個々の船員に対するエンパワーメントによって効果的にサービス品質を高度化ないし維持するためには，現場である船舶レベルで，上記3点の課題に関する制度的統合がなされる必要があると言える。

第4節　客船事業におけるダイバーシティ・マネジメント

　前節で述べたような客船事業の特性に鑑みれば，海運企業が客船事業におけ

るサービス品質を高度化ないし維持するためには，船員を対象とするダイバーシティ・マネジメントが不可欠である。本節では，ダイバーシティ・マネジメントの先行研究を踏まえ，客船事業の船員戦略におけるダイバーシティ・マネジメントの概念と課題を明らかにする。

(1) 客船事業におけるダイバーシティ・マネジメントの本質

ダイバーシティとは，文化的アイデンティティを形成する人種，民族，性別，社会階級，宗教，国籍といった人口学的変数の多様性であり（Ely and Thomas, 2001, p.230），多様な人材を組織に組み込み，組織のパフォーマンスを向上させる目的のもとに，パワーバランスを変え，戦略的に組織変革を行うことがダイバーシティ・マネジメントである（谷口，2005, p.266）。ダイバーシティ・マネジメントによって組織のパフォーマンスを向上させ，競争優位を獲得するプロセスには，ダイバーシティを変化させることによってパフォーマンスが変化するものと，ダイバーシティによって高水準のパフォーマンスを獲得できるよう組織的介入を行うものとがあり，このプロセスにはメンバー，リーダー，組織の3つの行為者が参画する（谷口，2005, p.51）。

客船事業の船員戦略におけるダイバーシティ・マネジメントの本質は，多様な国籍やバックグラウンドで構成される船員を，サービス・エンカウンターである船舶の組織に組み込み，組織のパフォーマンス，すなわちサービス品質の高度化ないし維持による顧客満足を目的として，組織の競争優位を獲得するための長期的なプロセスである。このプロセスには，現場でサービスを提供する一般の船員と，各部門においてリーダーとしての役割を果たす責任者，それらの責任者を統括する統括責任者，そして船員戦略を策定・遂行する海運企業の3つのレベルの行為者が参画する。

ダイバーシティの概念と変数は，論者によって様々である。たとえばHarrison, et al. は，ダイバーシティの要素を，年齢，性別，人種などの人口統計学的な表面レベルのダイバーシティ（surface-level diversity）と，人間性や価値観などの深層レベルのダイバーシティ（deep-level diversity）に区分した（Harrison et al., 2002, p.1029）[83]。本章においては，船員戦略の性質から，対象とするダイバーシティの変数を，表面レベルのダイバーシティである国籍

とそれに付随するバックグラウンドに限定する。

(2) ダイバーシティへのアプローチ

Ely and Thomas は，職場にダイバーシティが存在する3社のケース・スタディによって，ダイバーシティに対する企業の対応を，多様化の合理性，アイデンティティの価値，ダイバーシティと業務との関連性などの観点から，ダイバーシティ・マネジメントの視点を，統合－学習（integration-and-learning），アクセス－正当性（access and legitimacy），差別－公平（discrimination-and-fairness）の3つに区分した上で，業務グループの機能を強化するダイバーシティの要件を導出した（Ely and Thomas, 2001）。

差別－公平パラダイムは，社会を構成するすべてのメンバーに対して，合法的かつ公平な取り扱いを保障する意味での道義上強制的な対応として，従業員のダイバーシティを確保するとの視点である（Ely and Thomas, 2001, p.245）。アクセス－正当性パラダイムは，企業にとっての市場や顧客が文化的にダイバーシティをもつとの認識に基づいている。すなわち，市場や顧客に正当にアクセスする手段として，自社の労働力がもつダイバーシティを適合させる必要性があるとする視点である（Ely and Thomas, 2001, p.243）。

これに対し，統合－学習パラダイムでは，多様な文化的アイデンティティから構成されるメンバーが，潜在的に価値のある経営資源として位置づけられ，業務の遂行において，主要な機能を再検討し，市場，製品，戦略をより精緻化する上で有用となる。また，ダイバーシティがコア業務と業務プロセスを強化し，ダイバーシティをもつ経営資源は，学習・変化・再生のために活用される。そして，それらの経営資源は，文化的差異をコア業務や業務プロセスに適切に統合化する。また，文化的ダイバーシティが業務に直接組み込まれる（Ely and Thomas, 2001）。

客船事業の船員戦略は，Ely and Thomas（2001）の示す統合－学習パラダイムの視点から説明することが可能である。この概念に従えば，客船事業におけるダイバーシティ・マネジメントの性質は，コアとなる業務と業務プロセスを明確にし，ダイバーシティを活用してそれらを強化する統合－学習の視点に立つものである。すなわち，サービスの供給者である船員を価値ある経営資源

と位置づけ，現場でのパフォーマンスを向上させるための業務プロセスにおいて，ダイバーシティをいかに活用し，競争優位に結びつけるかに焦点が当てられる。海運企業が競争優位を獲得するためには，船員を船舶において提供されるすべてのサービスの学習，変化，再生のために活用し，文化的差異をサービス・デリバリーやサービス・プロセスに適切に統合化することが不可欠である。

(3) ダイバーシティのインパクト

組織成員にダイバーシティが存在することで，どのようなインパクトがもたらされるだろうか。先行研究では，組織内部のダイバーシティがもたらすポジティブなインパクトとネガティブなインパクトの双方の視点が明らかになっている。

たとえば，Milliken and Martinsは，ダイバーシティの概念を提示した上で，組織内に存在するダイバーシティが，長期的ないし短期的スパンでどのようなインパクトを及ぼすかを示した。それによれば，ダイバーシティによる短期的なインパクトは，感情的インパクト，集団的インパクト，シンボル的インパクト，コミュニケーション上のインパクトの4つに区分される。具体的なインパクトとして，個人の満足度，グループへのコミットメント，役割の曖昧さや役割をめぐるコンフリクト，業務上の摩擦，社会的統合化，イノベーションやアイディアの量と質，グループ内およびグループ外部とのコミュニケーションなどが挙げられる。そして，これらの短期的なインパクトが蓄積し，結果的に個人の行動パターンやグループの成果，組織全体における成果といった長期的なインパクトを生ぜしめる（Milliken and Martins, 1996）。

ダイバーシティ・マネジメントによるポジティブなインパクトが論じられる一方，それによるネガティブなインパクトも指摘されている。たとえば谷口は，ダイバーシティに起因する制約要因として，① 社会的統合化の阻害，② コミュニケーションの齟齬，③ コンフリクトの発生の3点を指摘している。さらに，コンフリクトには，根本的な価値観や文化，態度などに関するアフェクティブ・コンフリクトと，業務上の問題に関する機能コンフリクトとがあり，機能コンフリクトは，それを的確にマネジメントすることによって，プラ

スのインパクトを獲得することが可能であるとしている（谷口, 2005, p.60）。

客船サービスの特徴として，同じ船員と顧客とが，サービスの現場に長期間継続的にコミットする点が挙げられる。たとえば，後述の郵船クルーズ「飛鳥Ⅱ」の場合，航海によって異なるが，単一の航海で最長100日以上もの期間，同一の顧客に対して継続的にサービスを提供する。船舶という極めて閉鎖的な空間において，顧客と船員とのコミットメントの度合が高いため，同時に様々な問題が生じる可能性がある。このような場合でも，船員組織が環境変化に柔軟に対応し，組織内で問題を解決する能力が不可欠である。

このような特異な環境の下で，船員組織にダイバーシティが存在することによるインパクトは，Milliken and Martins が示したように，船員組織における短期的インパクトが，結果的に船舶のサービス品質に影響を及ぼし，さらに長期的な海運企業の競争優位を決定する。Milliken and Martins が短期的インパクトとして提示した要素を客船サービスに適用すれば，船員個人の業務や職場に対する満足度，船員個人のグループへのコミットメント，船員の社会的統合化，船員組織内部にける船員間のコミュニケーション，船員業務の円滑化，サービス・プロセス，サービス・デリバリーに関するイノベーションやアイディアの質および量が指摘できる。

これらのインパクトは，ネガティブなインパクトと，ポジティブなインパクトに区分できる。谷口が示した制約要因を加味して説明すれば，客船事業において，ダイバーシティに起因するネガティブなインパクトは，以下のように説明できる。すなわち第1に，船員間もしくは船員と顧客との関係において，コミュニケーションに齟齬が生じる。これによって，業務上の摩擦が生じ，結果として直接的なサービス・デリバリーの品質が低下する。第2に，船員間でのコンフリクトの発生によって，海上生活全般に悪影響を及ぼす。これによって，船員の職場に対する満足度が低下し，船員個人のグループへのコミットメントが希薄になる結果，船員業務の円滑化や社会的統合化が阻害されることにつながる。第3に，海上での適切なトレーニングの遂行が阻害されることによって，船員の能力開発水準が低下することである。いずれも，長期的にサービス・エンカウンターで提供されるサービス品質を低下させる要因となる。他方，ダイバーシティに起因するポジティブなインパクトとして，第1に，サー

ビス・プロセスやサービス・デリバリーに関する多様なアイディアが創造されると同時に，的確な問題解決が図られる。第2に，ダイバーシティが存在すること自体が，サービス・エンカウンターにおける良好なイメージを形成することが考えられる。したがって，客船の船員戦略におけるダイバーシティ・マネジメントの課題は，上述のネガティブなインパクトを排除すると同時に，ポジティブなインパクトを最大限に促進するための組織的介入であると言える。

(4) ダイバーシティと競争優位

　Cox and Blake は，組織に競争優位をもたらすダイバーシティの要因として，① コスト，② 経営資源の獲得，③ マーケティング能力，④ 創造性，⑤ 問題解決能力，⑥ 組織の柔軟性を指摘した（Cox and Blake, 1991, p.45）。
　このうち，客船事業において重要となる要因は，① 人的資源の獲得，② コスト効率，③ 組織の柔軟性に集約される。すなわち，客船の特性として，1つの船員組織に多様な職種が存在し，それぞれ異なるサービスを提供する点が挙げられるため，職種ないし職位によって異なる能力や適性が必要とされる。したがって，それぞれのサービスの性質を踏まえ，能力水準のニーズに適合する人的資源を獲得することが不可欠であり，その結果，船員のダイバーシティ・マネジメントが重要な要因となる。言うまでもなく，直接的なサービスのアウトプットは，サービス・エンカウンターの人的資源によって行われ，個々の人的資源のスキルや能力が競争優位を形成する上で重要な役割を果たす。この意味で，人的資源の獲得が，客船事業にとって最も重要な課題であると言える。また，客船の場合，1隻の船舶に数百名の船員が乗務するため，船員費のマネジメントが重要な要素となる。客船の格式を示すカテゴリーは，一般的にLuxury, Premium, Casual の3等級に区分されるが，高いカテゴリーほど船員1人当たりの旅客数（Passenger/Crew Ratio）は低くなる。本章の対象は，いずれも Luxury に属する客船であるが，高いカテゴリーほど船員費が上昇すると同時に，高水準のサービスを必要とされるため，このバランスを最適化するコスト効率の達成が重要な課題となる。
　さらに，Cox and Blake は，ダイバーシティを競争優位に結びつける促進要因として，① 人的資源管理システム，② 女性の昇進，③ 多様な人種・民族・

国籍の従業員の雇用,④ 教育プログラム,⑤ 文化的差異,⑥ ダイバーシティに関する思考,⑦ 組織文化を挙げている (Cox and Blake, 1991, p.46)。すなわち,女性やマイノリティにとっての労働環境を改善し,多様なバックグラウンドをもつ従業員を継続的に活用する企業は,そうでない企業に比べてコスト優位を獲得することが可能となるほか,ダイバーシティを伴う人的資源を積極的に雇用することによって,企業の評価が向上し,能力水準の高い人的資源を獲得する機会が増大する (Cox and Blake, 1991, pp.46-48)。また,市場の多様化に対応するため,従業員のダイバーシティを増大させることによって,個々の市場における企業と社会との関係が良好になるだけでなく,顧客の購買行動にポジティブな影響を及ぼす (Cox and Blake, 1991, p.49)。そして,従業員が固定観念にとらわれず,多様な視点から発想することによって,創造性が高まる。さらに,豊富なメンバーの経験に基づく意思決定によって,様々な課題に対して的確な問題解決が行われる可能性が高まる。また,ダイバーシティを成功裏にマネジメントし,このような優位性を獲得するためには,組織のメンバーに対して,相互の文化的差異を理解するためのトレーニングが必要とされる (Cox and Blake, 1991, p.50)。

　Cox and Blake が提示したダイバーシティ・マネジメントによる競争優位の要因のうち,客船事業の船員戦略において重要な点は,以下のとおりである。すなわち第 1 に,海運企業が客船事業において成功裏にダイバーシティ・マネジメントを遂行する要件として,適切な船員戦略,すなわちマンニング,トレーニング,クルーイングが不可欠である。これによって,海運企業はマンニングやトレーニングのコストを含む船員コストを効率的に削減し,コスト優位を獲得することが可能である。第 2 に,多様な船員市場から幅広い船員をマンニングすることによって,それぞれの船員市場における海運企業の評価が向上し,能力水準の高い船員を継続的に獲得する機会が増大する。第 3 に,ダイバーシティをもつメンバーが,現場でのサービス・デリバリーおよびサービス・プロセスにおいて創造性に富む発想を生起させることによって,サービス品質を向上させることが可能となるだけでなく,問題解決が的確に行われるようになる。第 4 に,船員戦略におけるダイバーシティ・マネジメントを成功裏に遂行するためには,海運企業および現場の船員組織において,船員の業務ス

キルだけでなく，異文化理解や船員間でのコミュニケーションに関するトレーニングが不可欠である。次節では，海運企業が客船事業におけるこれらの課題を解決し，サービス品質の高度化ないし維持を達成するために，具体的にどのような取り組みを制度的統合として行っているか，またその結果として，いかなる規範的統合が達成されるかについて，成功事例としてのケース・スタディに基づいて検討する。

第5節　日本郵船グループにおける客船事業[84]
—郵船クルーズ・Crystal Cruise—

(1) 客船事業の概要

　日本郵船は，1988年にアメリカ（ロサンゼルス）に子会社Crystal Cruise社を設立し，「Crystal Symphony」および「Crystal Serenity」の2隻によって，世界最大の市場であるアメリカで客船事業を開始した[85]。他方，日本市場向けの客船事業として，同社は1989年に子会社クリスタルクルーズジャパン（現：郵船クルーズ）を設立した。郵船クルーズでは現在，2006年に就航した「飛鳥Ⅱ」によるサービスを展開している。

　Crystal Cruise社は，World Cruise[86]をはじめ，欧州・中東・中南米方面を中心としたクルーズ事業を展開している。顧客の約90％がアメリカ人で，大部分が65歳以上の高齢者層である。他方，郵船クルーズは，世界一周グランドクルーズ[87]をはじめ，アジアグランドクルーズなどの海外クルーズおよび最短1泊2日の国内クルーズを実施している。顧客の約99％が日本人であり，短期間の国内クルーズを除いて，大部分が65歳以上の高齢者層である。サービスに対する顧客の満足度を評価する指標として，リピート率が挙げられるが，Crystal Cruise社では約60％，郵船クルーズでは，世界一周のWorld Cruiseで約70％が同船の乗船経験をもつリピート顧客である。さらに，Berlitz社発行の世界で最も権威があるとされるクルーズ格付誌において，上述の3隻はいずれも最高級カテゴリーであるLuxuryに区分され，Crystal Cruise社の2隻は最高ランクの「5つ星」，飛鳥Ⅱは国内最高ランクの「4つ

星+」の評価を受けている[88]。このことは、これら2社の船員戦略が客船事業における成功事例として捉えられることを示唆している。

(2) 客船事業における船員戦略（マンニング）

日本郵船における客船の船舶管理は、Crystal Cruise 社および郵船クルーズがそれぞれ自社内に船舶管理部門をもち、別個に管理を行っている。船舶管理における客船の特性として、船用品の調達や船舶設備のメンテナンスを、航海と同時に行う必要性が高い点が挙げられる。このため、副船長と機関長に船舶管理に関する権限を委譲し、陸上よりも海上に船舶管理機能の中心を置いている。このことは、船舶管理のひとつの機能である船員戦略についても、客船に固有の手法が採られることを示唆している。

各船舶には、それぞれ数百名の船員が乗務しているが、注目すべき点は、その国籍の多様性である。1隻の船舶につき、Crystal Cruise 社では29国籍、郵船クルーズでは19国籍の船員が同時に乗務している[89]。図表6-1は、郵船クルーズの飛鳥Ⅱにおける主要職種と、それらに配乗される船員の国籍例を示したものである。同船の船員組織は、船長以下GOLD4からOSまでの11等級に141の職種が配置されているが、このうち半数にあたる70のポジションに

【図表6-1】客船「飛鳥Ⅱ」の主要職種と配乗船員国籍例

職種（職位）	国籍	職種（職位）	国籍
Captain	日本	Waiter	フィリピン
Deck/Engine Crew (Officer)	日本	Deck/Engine Crew (Rating)	フィリピン
Chief Purser	日本	Bartender	クロアチア・ハンガリーなど
Bell Boy	フィリピン	Bar Waiter	南アフリカ・セルビアなど
Doctor/Nurse	日本	Executive Chief	日本
Cruise Director	アメリカ	Chief Patissier	ベルギー
Production Dancer	米・英・豪など	Baker	フィリピン
House Keeping Manager	スロベニア	Cook	フィリピン
Restaurant Manager	日本	Laundry Man	インドネシア・中国

（注）船員の内訳は2009年4月調査時点での配乗例で、航海ごとに多少変動する。
（出所）郵船クルーズ資料をもとに筆者作成。

外国人が配乗されている[90]。このことは、客船事業における効果的なサービスのアウトプットにおいて、船員のダイバーシティ・マネジメントが不可欠であることを示唆している。

　Crystal Cruise 社が設立された当時、同社は上述の格付誌による5つ星評価を獲得している他企業から、各部門の責任者を獲得し、同時にその部下に当たる船員をマンニングした。それ以降、これらの船員の出身母体である専門教育機関を中心にマンニングが行われてきたが、現在では、船員費の高騰などの要因によって、配乗される船員の国籍は多岐にわたっている。また、一部の職種に関しては、船長と直接契約を結んで乗務する船員もいる。たとえば、写真店スタッフや理髪店スタッフ、ランドリースタッフなどがこれに当たる。

(3) 客船事業における船員戦略（クルーイング）

　日本郵船は1989年、客船事業に特化したマンニング子会社ICMA（International Cruise Management Agency AS、以下ICMA社）をノルウェー（オスロ）に設置し、日本郵船のクルーズ子会社2社が運航する客船に配乗する船員のマンニングとクルーイングを行っている。ICMA社は、主にオーストリアやスイスのホテル学校および調理師学校を中心に提携を結び、提携先の教育機関を通じて各部門の船員を雇用する。そしてICMA社は、雇用した船員をそれぞれの船舶に振り分けて配乗する。ICMA社は、Crystal Symphony、Crystal Serenity、飛鳥Ⅱへのフィリピン人以外の船員の配乗を行うが[91]、配乗する船舶は、船員ごとに固定する傾向が強いとされている。

　また同社は、Crystal Symphony、Crystal Serenityの一般部員クラス、「飛鳥Ⅱ」のSILVER 1以下[92]のクラスのポジションにおいて中心的な役割を果たすフィリピン人船員に関して、マニラに設置されている日本郵船のマンニング子会社NYK-FIL SHIPMANAGEMENT社（以下、NYK-FIL社）を通じて雇用している。同社では、自社グループ客船に乗船経験をもつ船員の再雇用を促進する目的で、Maintenance Programを実施している。具体的には、主要職種・職位の船員を対象に、再契約ごとに1000ドルのReturn Bonusを支給するほか、飛鳥Ⅱに乗務する船員を対象に、日本語能力手当をレベル別に支給する。さらに、契約終了時に今後の配乗計画を提示し、船員の雇用不安を除去

すると同時に，自社との再契約を促進している。このほか，船員の家族を対象とする福利厚生制度を導入し，船員本人のみならず家族全体にベネフィットを提供することによって，就業先企業としての優位性を高めている。その結果，同社では約90％という高水準の再契約率を維持している[93]。

これに対し，ICMA社の役割は，マンニングおよびクルーイングのみで，NYK-FIL社とは異なり，トレーニング機能は備えていない。したがって，客船事業における船員戦略の本質は，能力水準の高い船員を供給する専門教育機関と提携することで，異なる専門教育機関がもつ優位性を自社に内部化し，部門ごとに異なる優位性を現場レベルで統合化することであると言える。たとえば，Crystal Cruise社の配乗例を見ると，ホテル（フロント）部門の責任者にはオーストリア人，ウエイター部門の責任者にはイタリア人，バー・ラウンジ部門の責任者にはスウェーデン人が配乗されており，このことは，それぞれのマンニング元がもつ異なる優位性を，現場の業務レベルで効率的に配分していることを示唆している。

ICMA社によって配乗された船員は，国籍によって3ヶ月から8ヶ月の期間で同社と雇用契約を結び，下船時に同社の評価基準である「Performance Appraisal」に定められた項目について能力評価を受ける。具体的な評価項目は，業務知識，業務レベル，生産性，独立して業務を行う能力，チームワーク，正確性，コミュニケーション・スキル，身だしなみ・清潔性，船舶固有の業務能力，安全管理マニュアルの遵守，責任感の11項目から構成され，海上における管理責任者がそれぞれの項目について5段階評価を行った上で，再契約の可否を判断する。下船時の評価が低水準の者は，その後の契約は行われない。また，船員の再契約率は，船員市場の状況によって変動する。客船の中心的な市場はアメリカ市場であるため，アメリカ市場をめぐる諸要因の変動が，船員市場に直接的な影響を及ぼすと言える。船員は，賃金や労働環境（船舶の新旧）などに敏感に反応する。2008年までは，アメリカの好景気に伴って多くの新造船が建造され，船員市場も逼迫した。その結果，船員費が高騰すると同時に，ICMA社の再契約率が75％程度に低下したとされる[94]。

(4) 客船事業における船員戦略（トレーニング）

　客船船員に特化したマンニング子会社 ICMA 社は，トレーニング機能をもたないため，船員のマンニング元がもつ優位性を，現場レベルで統合化することが重要であるが，最大の割合を占めるフィリピン人船員に関しては，マンニング元となる NYK-FIL 社が一括して企業に固有のトレーニングを行っている。客船に日本郵船グループ 2 社の客船に配乗される船員のうち，最大の割合を占めるのがフィリピン人であり，運航部門だけでなく，ホテル部門のほぼ全ての部門に配乗されている。

　2008 年現在，NYK-FIL 社は 1231 名の船員を雇用しており，ICMA 社を通じて同社グループ運航の客船を中心に配乗している。同社は，自社での乗船経験者に加えて，観光専門学校，ホテル学校，レストラン学校等の専門学校出身者を中心に客船船員の新規採用者を募集し，面接，筆記，適性，身体検査によって，年齢，学歴，身長，体力，人間性を主な基準として選考を行う。同社は，本船と同様のキャビンやギャレー，レストラン，バーの訓練設備をもち，Galley, Housekeeping, Food and Beverage 等の部門ごとに，各部門における専門的スキルの習得を目的として，それぞれ 3 日から 11 日間のトレーニングを実施している。このほか，安全管理マニュアルや Hospitality といった客船船員としての船員業務全般に関するトレーニングをはじめ，Multi-Cultural Relationship, Maritime Leadership, Team Building といった船員のマネジメントや船員間のコミュニケーションに関するトレーニングも含まれる。さらに，飛鳥 II に乗務する船員には，顧客特性を踏まえ，同船に固有の知識を習得する「Asuka Way」のモジュールが実施される。これらのトレーニングは，同社で客船の乗船経験をもつフィリピン人トレーナー 4 名が，72 項目に及ぶホテル部門のトレーニング・マニュアルにしたがって実施している。

　また同社の客船部門トレーニング責任者は，年 1 回の割合で本船に乗船し，各 Division Head とのミーティングや，個々の船員に対するインタビューを行う。これによって，業務だけでなく海上生活全般における問題点を確認し，その結果を日本郵船本社と ICMA 社にフィードバックし，必要に応じて対応策をとる。

第6節　客船事業におけるダイバーシティ・マネジメント[95]
—郵船クルーズ「飛鳥Ⅱ」のケース—

　本節では，日本郵船グループのうち，郵船クルーズ運航の客船「飛鳥Ⅱ」を対象とするケース・スタディによって，船員戦略におけるダイバーシティの優位性と課題，ダイバーシティへの対応を検討する。日本船籍の大型外航客船は，チャーター専門の船舶を含め4隻であるが[96]，飛鳥Ⅱは旅客定員ベースで最大規模の客船であることから，同船は日本企業の運航する客船の代表事例であると同時に，同船が国内の客船として最高水準の評価を受けていることから，成功事例として捉えることができる。

(1) 客船における船員組織とダイバーシティ

　郵船クルーズ飛鳥Ⅱには，常時18－19国籍から構成される460－470名の船員が乗務しており，部門ごとにそれぞれの業務を遂行している。客船の船員組織は，最高責任者である船長を頂点として，運航部門とホテル部門とに区分されるが，ここでは船員のダイバーシティが顕著なホテル部門を対象に，業務の内容とダイバーシティの状況を概観する。

　ホテル部門は，サービス全体の責任者であるHotel Managerを頂点として，Purser, Entertainment, Tour, Shop, Housekeeping, Restaurant, Beverage, Galleyの各部門によって構成されており，Hotel Managerには，同社で23年の乗船経験を有するスロベニア人が配乗されている。

　Purser部門は，フロント業務や経理業務を中心に担当しており，ダイバーシティ・マネジメントにおいて重要な役割を果たすCrew Officeが設置されている。Crew Officeは，船員の人事・総務に関する業務全般を担当する。具体的には，船員人事の事務処理，給与管理，出入国手続といった事務だけでなく，クルー・イベントの企画運営を行うほか，船員生活全般に関する相談窓口となり，個々の船員が直面する業務上の課題だけでなく，船内での生活全般の課題を解決し，コミュニケーションを円滑化する役割を果している。同部門

は，責任者であるCrew Officerをはじめ，日本人2名と同社乗船経験の長いフィリピン人4名で構成される。

　Entertainment部門は，船内で行われるコンサートなど各種エンターテイメントの企画・運営を担当する。同部門では，構成するメンバー全員でミーティングを行い，ガイドラインであるEntertainment Manualに沿って，1日単位で新たな企画を立案する。また同部門は，業務の性質上，クルーのダイバーシティが最も大きい部門であり，責任者であるアメリカ人Cruise Directorをはじめ，カナダ人，オーストラリア人，イギリス人，ルーマニア人，ポーランド人，フィリピン人，日本人で構成されている。

　Tour部門は，各寄港地でのランド・エクスカーションの運営・添乗を担当する。同部門は，陸上部門で手配された各寄港地でのサービスを，現場で実行する位置づけである。同部門は，郵船クルーズの海上社員6-7名が，年間220-240日ずつ交代で乗船する体制をとっている。同部門の船員は全員日本人であるが，ランド・エクスカーションそのものをクルーズ・サービスの一部として捉えるならば，同部門には寄港地の数だけダイバーシティが存在することになる。

　Housekeeping部門は，船内の清掃，飲料・アメニティの補充，クリーニング，修繕，クレーム処理を担当し，さらに担当箇所ごとにキャビン，パブリック・エリア（ユティリティ），クルー・エリアの3部署に区分される。同部門は船内最大規模であり，スロベニア人のHousekeeping Managerを中心に，日本人，ポーランド人，マルタ人，フィリピン人で構成される。

　Restaurant部門は，船内4ヶ所のレストランにおけるサービスを担当し，日本人Restaurant Managerを中心に，日本人とフィリピン人で構成される。また，各レストランにおける調理および食材の準備を行うGalley部門は，日本人Executive Chiefを中心に，副総料理長，各セクション（和食，洋食，ペストリー，クルー）シェフ，コック，パティシエなどで構成され，日本人のほかルーマニア人，ハンガリー人，ドイツ人，ベルギー人，フィリピン人で構成される。さらに，Beverage部門が船内5ヶ所のバーおよびラウンジにおけるサービス全般を担当する。同部門には，Beverage managerを中心に，チーフ・バーテンダー，バーテンダー，バーウエイター/ウエイトレスが配属さ

れ，日本人，エストニア人，スロバキア人，セルビア人，ボスニア人，南アフリカ人などで構成されている。

　これらの各ホテル部門の業務は，船長の直下に位置づけられるスロベニア人 Hotel Manager が統轄しており，各部門の責任者が参加して数日毎に実施される Manager Meeting において，直近数日間の業務スケジュールおよび留意事項の確認，各 Division Head からの業務報告が行わる。具体的には，次航海における乗客の状況，VIP 顧客のハンドリング，イベントの運営，食事の内容，寄港地におけるアテンドや上下船設備の状況などについて，各部門の業務に関する情報をすべての部門が共有し，船舶全体における業務遂行の統制が図られている[97]。各部門では，通常クルーのシフト交代のタイミングで，業務手順や特殊対応に関するミーティングを実施し，各部門における業務情報をクルーメンバー全員が共有することによって，的確なサービスが提供できるよう徹底される。

(2) 客船におけるダイバーシティの優位性

　客船事業において，海運企業が複数国籍の船員をマンニングする主要な目的は，船員コストの削減と，船員市場における供給不足への対応である。結果的に，1隻のクルーズ船に乗務する船員にはダイバーシティが存在するが，これはあくまでもサービス水準の高度化や法的環境への適応を目的とするものではない。さらに，顧客の大部分が日本人であることから，顧客サイドにはダイバーシティがほとんど存在しないため，サービス・デリバリーを顧客特性に合致させ，顧客のニーズを的確に捕捉する目的をもつ戦略でもないと言える。しかしながら，海運企業が競争優位を獲得するためには，サービスの現場に存在するダイバーシティを成功裏にマネジメントし，クルーズ商品としての優位性を増大させることが不可欠である。

　他方，ダイバーシティの存在そのものが，サービス品質の高度化および船員戦略の円滑化にポジティブな効果をもたらす部門も存在する。飛鳥Ⅱ船上におけるインタビュー調査において，ダイバーシティの存在が，顧客へのサービスもしくは船員のマネジメントの観点から優位性をもつと回答したのは，Entertainment, Beverage, Crew office の3部門であった。また，業務上の

課題はあるが，サービス・エンカウンターにおいてはダイバーシティが優位性をもつと回答したのが Restaurant 部門である。Entertainment 部門は，提供するイベントの企画・立案において，ダイバーシティのあるメンバーから，多様な発想が生起することによって，サービス・デリバリーにおける創造性が増大する。Beverage 部門においては，サービス・エンカウンターにおけるダイバーシティの存在そのものが，高水準のイメージを醸成し，顧客に対するサービス品質の高度化をもたらすと言える。Restaurant 部門は，サービス・エンカウンターにおける顧客とのコミュニケーションの点で，ダイバーシティがポジティブな効果を生ぜしめるケースが多い。これらは，いずれもダイバーシティの存在自体がクルーズ商品としての価値を高めると言える。また，Crew office においては，船員間の調整業務を行う上で，ダイバーシティが存在することによって，業務を円滑に遂行することが可能となる。

　しかしながら，上記以外の部門においては，ダイバーシティの存在を制約要因として捉え，ダイバーシティ・マネジメントによってそれらのコストを排除し，優位性に転換する必要があると言える。さらに，ダイバーシティが優位性をもつとされる部門においても，顧客に提供するサービス品質を維持・向上させるためには，現場におけるダイバーシティを適切にマネジすることが不可欠である。

(3) **客船におけるダイバーシティの課題**

　他方，客船の船員組織にダイバーシティが存在することによって，以下のような課題も存在する。

　第1に，顧客サイドにはダイバーシティがほとんどない状態であるのに対し，それらの顧客にサービスを提供する船員サイドにのみダイバーシティが存在する点である。前述のとおり，飛鳥Ⅱの顧客はほぼすべて日本人である。これまでに述べたように，客船の船員組織にダイバーシティが存在するのは，顧客のニーズを的確に捕捉し，それをアウトプットに反映させることが目的ではない。結果的に，サービスの供給者と受領者との間に，ダイバーシティの性質との点でミスマッチが生じることになる。このような条件下で，サービス品質の水準を維持・向上させるためのマネジメントが不可欠となる。

第2に，飛鳥Ⅱの特性として，顧客にダイバーシティは存在しないものの，クルーズごとに著しく異なる顧客ニーズに，同一の船員組織が対応しなければならない点が指摘できる。日本においては，クルーズ市場の規模が小さいため，1隻の船舶によって様々な内容や行程のクルーズが実施されている。飛鳥Ⅱの場合，約100日間に及ぶ世界一周クルーズから，1泊2日のワンナイト・クルーズまで，クルーズのタイプは多岐にわたっている。これに対し，世界最大のクルーズ市場であるアメリカでは，船舶ごとに市場が細分化されるため，各船舶が特定の市場を標的として，それぞれの顧客や目的に適合したクルーズに配船される。このことは，ダイバーシティをもつ船員組織の個々の船員が，クルーズごとに異なるニーズに柔軟に対応しなければならないことを示唆している。したがって，このような条件下でサービスを提供する船員の能力は非常に重要な要素であり，能力水準の高い船員のマンニングおよびトレーニングだけでなく，サービスの現場における船員のマネジメントがきわめて重要な役割を果たすと言える。

第3に，船員組織のダイバーシティに起因する課題として，サービス品質の個人的差異が指摘できる。すなわち，客船の船員戦略におけるダイバーシティ・マネジメントの最大の懸念は，船員のダイバーシティに起因するサービス品質の低下であると言える。サービス品質の低下は，顧客からのクレームとして知覚される。クレームへの対応は，Housekeeping部門が担当するが，同部門に対するインタビュー調査によれば，同船においては航海中1日平均1件から3件程度のクレームが発生するとされている。具体的には，エンジン音や設備の不具合などに関するハード要因と，船員の語学力やサービス・デリバリーに関するソフト要因とに大別される。これらのクレームの窓口となるのがPurser部門のフロントであるため，フロント業務におけるクレーム処理能力も重要な役割を果たすといえる。客船におけるサービス・デリバリーは，船内における顧客の生活全般にわたるため，船内におけるすべてのサービスにおいて，アウトプットの水準を標準化することが不可欠である。船内におけるサービス活動において，部分的にアウトプットの水準に差異が存在すれば，クルーズ商品全体としてのサービス品質が低下することになる。客船においては，船内におけるサービス全体で，アウトプットの標準化が不可欠であり，船員組織

にダイバーシティが存在しても，顧客に提供するアウトプットの水準は，標準化されたものでなければならない。

⑷ 客船におけるダイバーシティへの対応

ダイバーシティに対する対応として，第1にサービス品質の標準化に向けた取り組みが挙げられる。上述のとおり，客船のサービス・マネジメントにおいて，ダイバーシティに起因するサービス品質の差異が重要な問題となる。したがって，船員組織にダイバーシティが存在しても，サービスのアウトプットを標準化することによって，サービス品質を維持・向上されることが不可欠である。

そのために，郵船クルーズでは，飛鳥Ⅱに乗務する船員を固定配乗することによって，個々の船員の乗船経験を長期化させている。これによって船員は，業務を通じて同船に固有のサービス・デリバリーに関する知識を習得し，すべての船員が現場において同様の知識を習得・活用することによって，船員組織にダイバーシティが存在しても，アウトプットの水準をより標準化させることが可能となる。

ダイバーシティに対する第2の取り組みは，海上におけるトレーニングである。船員が船舶に固有の知識を適切に活用し，サービス品質を維持・向上させる上で，海上でのトレーニングは重要な役割を果たす。客船に乗務する船員に対するトレーニングは，陸上でのマンニング企業によるトレーニングと，海上の船舶での業務を通じたOJTとに区分される。同船に乗務する船員は，マンニング企業であるICMA社とそれぞれ数ヶ月間の契約を結んで乗務する。このため，個々の船員は常に入れ替わり，船員組織を構成するメンバーは一定ではない。また，これまでに述べたように，フィリピン人船員を除いて，ICMA社として企業に固有のトレーニングを実施しているわけではない。この条件下で，常にサービス品質の標準化を維持するには，個々の船員のバックグラウンドによって蓄積された知識に加え，現場での業務を通じた知識の習得が不可欠であり，現場におけるトレーニングが重要な役割を果たす。しかしながら，客船は通常毎日運航しているため，本船に顧客がいない状態でトレーニングを実施する時間的および物理的余地がないのが現状である。したがって，現場にお

けるトレーニングは，OJT の形態で業務を実際に体験することによって行われる。

　各部門には，それぞれの業務マニュアルは存在するが，これらの業務マニュアルには基本的な業務手順が示されているに過ぎない。したがって，サービス品質を維持ないし高度化するには，現場におけるマネジメントと，新規乗船者に対するトレーニングが重要な役割を果たす。また，習得した知識を効率的に活用し，現場における業務を円滑に遂行する上で，継続的な雇用が重要な役割を果たすと考えられる。

　飛鳥Ⅱにおける現場でのトレーニングは，部門ごとにそれぞれの業務特性を反映させた形で体系的に実施される。たとえば，Restaurant 部門では，世界一周クルーズ中に1日1時間ずつ，JAL アカデミー社による日本語教育をレベル別に実施している。サービス・エンカウンターにおいては，和食のメニューや食材に関する特殊な語彙を多く使用するため，同部門における日本語教育はとりわけ重要であると言える。また，サービス・スキルに関しては，部門全体を Head Waiter を責任者とする6班に区分し，トレーニーの船員を各班に分散させた上で，Head Waiter のもとで OJT を実施する体制をとっている。飛鳥Ⅱの場合，Head Waiter のほとんどは日本人であるが，同船に乗船経験の長い外国人が配乗される場合もある。また，Galley 部門では，セクションごとにトレーニーを分散させて配置し，セクションシェフのもとで OJT を実施する。たとえばペストリー・セクションでは，欧州人2名とフィリピン人3名のチームを基本とし，各チーム1名ずつをトレーニーとする体制をとっている。Housekeeping 部門では，業務マニュアルのほか，作業内容を DVD 教材としてビジュアル化し，視覚による業務知識の習得を行っている。OJT は，顧客との接点がないクルー・エリアから実施し，等級の低いキャビンから順に担当箇所をローテーションさせることによって段階的にすべての業務に関するスキルを習得させる方法をとっている。

　第3に，船員間のコミュニケーションの円滑化が挙げられる。上述のトレーニングを効率的に行うだけでなく，船員によるサービスの品質を維持・向上させる上で重要な役割を果たすのが，船員間のインフォーマルなコミュニケーションである。飛鳥Ⅱ船上におけるインタビュー調査では，船舶という海上の

物理的に限定された職場，またダイバーシティの存在する船員組織において，長期間勤務することに起因するストレスが，船員業務におけるコミュニケーションの齟齬を引き起こす可能性が指摘された。このことは，サービス・エンカウンターにおける円滑なサービス・デリバリーを阻害する結果につながる可能性が高い点を示唆している。

　そこで，船員の日常業務だけでなく，海上生活全般におけるインフォーマルなコミュニケーションを促進するマネジメントが不可欠であると言える。船員組織全体における船員間のコミュニケーションを調整するのが Crew Office であり，個々の船員が抱える業務上の課題を解決し，クルー・イベントなどの企画・運営によって船員間のコミュニケーションを促進する役割を果たしている。さらに，Crew Office によるフォーマルな業務だけでなく，それぞれの現場における船員間のインフォーマルなコミュニケーションを通じて，サービス業務の円滑化が図られる。したがって，Crew Office だけでなく，各 Division Head を中心とする上位者が，インフォーマルなコミュニケーションを促進する上で，重要な役割を果たすと言える。

第7節　ダイバーシティ・マネジメントの成功要件

　前述の理論的フレームワークおよびケース・スタディから，海運企業が客船事業の船員戦略において，ダイバーシティ・マネジメントを成功裏に遂行するための要件を帰納的に導出する。これまでに述べたとおり，客船事業におけるダイバーシティ・マネジメントの本質は，船舶ごとに形成される船員組織において，船員のダイバーシティに起因するネガティブなインパクトを排除すると同時に，ポジティブなインパクトを最大化することによって，サービス品質の水準を向上させるための組織的介入である。客船事業における組織的介入は，具体的に海運企業が策定・遂行する船員戦略，すなわち船員の採用，育成，配乗という形で行われる。船員戦略におけるダイバーシティ・マネジメントが成功裏に行われることによって，海運企業は，コスト効率，人的資源の獲得，組織の柔軟性などの課題に効率的に対応することが可能となり，結果的にサービ

ス品質の高度化につながる。そこで，船員戦略におけるダイバーシティ・マネジメントが成功裏に行われる要件として，以下の点が挙げられる。

(1) コンピテンシーとダイバーシティの適合化

第1に，船員組織を構成する個々の部門に必要とされるコンピテンシーを明確にした上で，船員がもつダイバーシティをそれぞれの部門に適合化することである。これによって，船員組織全体においてサービス・デリバリーが円滑に遂行され，サービス品質が高度化する。すなわち海運企業は，船員のダイバーシティを前提としたマンニングに関する制度的統合によって，自社の船員ニーズと個々の船員のコンピテンシーを世界レベルで最適に適合化させ，船員業務を効率的に遂行させることが可能となる。

客船における船員組織は，業務ごとの部門に区分されており，それぞれの部門における業務の性質によって，ダイバーシティに起因する優位性と制約要因は異なっている。したがって，サービス・デリバリーにおいてダイバーシティの優位性を活用し，ポジティブなインパクトを導出するべき部門と，ダイバーシティの制約要因を排除し，ネガティブなインパクトを回避するべき部門とがある。たとえば，Beverage部門では，ダイバーシティの存在そのものが，サービス・デリバリーにおいて良好なイメージを醸成し，顧客に対するサービス品質の向上につながる。また，Entertainment部門では，ダイバーシティによって多様な発想が創造され，同部門におけるサービス・プロダクトの水準が向上する。Purser部門では，船員組織内部における調整能力という点で，ダイバーシティを活用することが可能である。他方，Restaurant部門やGalley部門，Housekeeping部門においては，ダイバーシティによってサービス・デリバリーが不均質化し，サービス品質が低下する可能性がある。そこで，海運企業は，船員のダイバーシティを船員組織の部門ごとに割り当てることによって，ダイバーシティに起因するミス・コミュニケーションやノイズの発生を抑制し，ダイバーシティの制約要因を排除すると同時に，ダイバーシティによる優位性を最大化させることが可能であると考えられる。換言すれば，このプロセスが，ダイバーシティの解釈と対応であり，船員がもつバックグラウンドと経験を，船員組織に効率的に組み込む必要がある。

ケース・スタディからもわかるように、客船では、船員の能力開発に関して、船員組織全体としてのトレーニングは行われない。したがって、この要件を満たすためには、海運企業が、各部門に必要とされるコンピテンシーに適合した能力をもち、必要とされるコンピテンシーに適した国籍の船員をマンニングないし配乗することが不可欠である。これによって海運企業は、マンニング・ソースの教育機関や他社の業務経験から得られる優位性を、自社の競争優位に転換することが可能となる。

(2) トレーニングとアウトプットの標準化

第2に、船舶におけるトレーニングによって、アウトプットの標準化を図ることである。すなわち、海運企業が、サービス・プロセスにおけるダイバーシティの制約要因を排除することによって、サービス・デリバリーを均質化し、サービス品質の高度化を達成することが可能になる。海運企業は、トレーニングに関して、船舶の各部門単位で制度的統合を図り、船員の国籍やバックグラウンドに関わらず、サービス・デリバリーに必要な船舶固有の知識を共有するとの規範的統合を達成し、その結果として、サービス品質の高度化ないし標準化が可能になると考えられる。

前述のとおり、客船には数十国籍の船員が数百名単位で同時に乗務する。したがって、企業単位ではなく、事業所単位のダイバーシティが大きいため、客船の船員組織は、きわめて不均質な性質をもっている。そこで、このような船員組織を構成する個々の船員が、数百名の顧客に対して同水準のアウトプットを提供することが課題であり、サービス品質を高度化するためには、アウトプットの標準化が不可欠である。アウトプットの標準化は、各部門における業務を通じたトレーニングによって達成される。客船の船員は、各マンニング・ソースの教育機関で個別にトレーニングを受け、業務経験などのバックグラウンドも、個々の船員によって異なっている。さらに、雇用契約期間は船員によって異なるため、船員組織を構成するメンバーは常に変動する。したがって、個々の船員が船舶に固有の知識を習得すると同時に、船舶全体としてのサービス品質を標準化するためには、海上のサービス・エンカウンターにおける業務を通じたOJTが重要な役割を果たす。海上でのOJTを効果的に行うこ

とによって，ダイバーシティの存在にかかわらず，サービス・デリバリーの標準化が達成されると考えられる。さらに，部門ごとに標準化されたサービス品質を，船舶全体のサービス品質に統合化するための調整機能もまた，重要な役割を果たすと言える。

　客船のサービスに関する知識には，形式知的要素と暗黙知的要素とがある[98]。すなわち前者は，各部門の業務やトレーニングに関するマニュアルであり，後者は，マニュアルに示された業務を遂行するプロセスである。各部門のサービス・デリバリーを文書化することによって，サービス・デリバリーの内容を標準化することは容易である。しかし，マニュアルに示された機能を遂行する上で，船員個人に体化されたパーソナルなスキルや知識が重要な役割を果たすため，それによって，サービス品質の水準が左右される。客船のサービス・エンカウンターにおいて，船員は常に変化する状況に適切に対応することが必要とされるため，暗黙知的要素の重要性が大きく，それらは主に，海上の業務を通じて，経験や視覚という形で習得される。そこで，各部門は，現場でのOJTを体系化し，効果的なトレーニング・システムを構築することが不可欠である。現場のトレーニング・システムが成功裏に機能し，個々の船員がサービス品質の標準化を達成するためのスキルやノウハウを効果的に習得するためには，船員が継続的に特定の船舶に乗務する必要がある。船員は契約ベースで配乗されるため，1回の乗務期間は数ヶ月間であるが，特定の船舶への配乗を繰り返すことによって，船舶に固有の知識が体化され，ダイバーシティが存在する船員組織においても，サービス品質の標準化を促進すると考えられる。

(3) 「好循環」と船員間のコミュニケーション

　第3に，上述のトレーニングを効果的に遂行し，また現場における船員へのエンパワーメントが効率的に機能する要件として，船員レベルの「好循環」が挙げられる。この好循環をもたらす主たる要因として，船員間のコミュニケーションが位置づけられる。船員間のコミュニケーションが活発に生起することによって，従業員レベルで良好な組織風土が形成され，職務に対する満足度とモチベーションが向上する。このことが，現場レベルの成果として，トレーニ

ングやエンパワーメントの効果を促進し，サービス品質が高度化する。さらに，船員の継続的雇用をより確実なものとし，特定の船舶への固定配乗を可能にすることで，船員の国籍やバックグラウンドに関わらず，サービス品質の標準化ないし維持という規範的統合効果が導出されると考えられる。その結果，ダイバーシティの優位性を海運企業の競争優位に転換することが可能となる。この好循環が効果的に機能することで，グローバル統合の成果である船員の安定的な確保と，サービス品質の高度化ないし標準化が達成されると考えられる。

　客船の船員組織にはダイバーシティが存在するため，このような「好循環」をもたらす要件として，適切な人的資源管理システム，すなわち公正な給与・評価制度ないし報奨制度を確立することだけでなく，船員組織のメンバー間にフォーマルおよびインフォーマルなコミュニケーションが活発に生起することが挙げられる。

　フォーマルなコミュニケーションとは，Managers Meeting などによる船員間での業務上の情報共有や，各部門でのミーティングによる部門ごとのサービス・デリバリーに関する調整ないし業務上の問題解決を言う。他方，インフォーマルなコミュニケーションとは，Crew Office が企画・運営するクルー・イベントなどによるプライベートな海上生活でのコミュニケーションをはじめ，海上生活での問題を改善するためのカウンセリングなどである。いずれも，船舶レベルで統合化された制度のもとに生起する。このような制度的統合のもとで，規範的統合の成果を最大化するためには，船員組織に船員間のコミュニケーションを促進するための調整役が必要となる。とりわけ，船員組織のダイバーシティだけでなく，客船の職務環境の特性に鑑みれば，船員間のコミュニケーションが，個々の船員のモチベーションに及ぼす影響は大きく，船員レベルでの好循環が，サービス品質を決定する重要な要因となるはずである。

第8節 小　結

　本章の目的は，客船事業の船員戦略に焦点を当て，そこでのダイバーシティ・マネジメントを成功裏に遂行するための要件について検討することであった。本章では，先行研究に示された理論的フレームワークと，インタビュー調査に基づくケース・スタディから，サービス品質を高度化するためのダイバーシティ・マネジメントの要件を帰納的に導出した。その結果，客船事業における船員戦略を成功裏に展開するためのダイバーシティ・マネジメントに関して，以下の仮説を提起した。

　すなわち第1に，海運企業が，マンニングに関する制度的統合において，船員組織の各部門に必要とされるコンピテンシーと，船員がもつダイバーシティを世界レベルで適合化すること。これによって，船員がもつサービス・デリバリーが円滑に遂行され，サービス品質が高度化する。第2に，海運企業が，船舶の部門ごとに統合化されたトレーニングを遂行し，サービス・デリバリーを標準化すること。これによって，ダイバーシティに起因するサービス・デリバリーの不均質性を克服し，船員の国籍やバックグラウンドに関わらず，サービス品質を高度化させることが可能となる。さらに，クルーイングにおいても，特定の船舶への配乗を継続的に行うことによって，船員のサービス・デリバリーの品質を標準化することが可能となる。第3に，海運企業が，船舶レベルで制度的に統合化された施策を通じて，ダイバーシティのある船員間でのコミュニケーションを促進し，船員の業務を円滑化すると同時に，海上生活全体に対する満足度を向上させること。これによって，現場の船員レベルでサービスの「好循環」が形成され，サービス品質の高度化が促進される。

　船員戦略のグローバル統合が成功裏に進展するためには，船員組織を構成するメンバーの多様性を適切にマネジメントすることが不可欠である。本章では，船員組織におけるメンバーの多様性が最も高い客船事業に焦点を当て，海運企業が船員戦略を成功裏に遂行する要件を，ダイバーシティ・マネジメントの観点から検討した。上述の仮説は，客船事業における船員戦略を対象とした

ものであるが，その他の船種を対象とする船員戦略のグローバル統合について
も，以下のように説明することが可能であろう．

　すなわち，船員戦略におけるダイバーシティ・マネジメントは，船員戦略の
主たる活動であるマンニング，クルーイング，トレーニングのすべてに及ぶも
のであり，海運企業レベルの取り組みと，個々の船舶レベルのそれとに区別で
きる．

　第1に，企業レベルの取り組みとして，自社の船員ニーズにおける船員の
コンピテンシーを明確化し，船員のダイバーシティを適合化できるよう，世界レ
ベルで統合化された制度のもとに，マンニングとクルーイングを行うことであ
る．船員として求められるコンピテンシーは，配乗する船種や職位によって異
なっているが，それぞれのポジションに必要とされるコンピテンシーと，船員
のもつダイバーシティを，マンニングの段階で適切に選別し，クルーイングに
よって適合化する必要がある．これによって，世界レベルで効率的かつ無駄の
ない人的資源の活用が可能となる．

　第2に，企業レベルおよび船舶レベルの取り組みとして，体系的に統一化さ
れたトレーニング・システムによるアウトプットの標準化を図ることである．
これによって，船員のダイバーシティに起因するサービスの不均質性を回避す
ることが可能となる．客船事業に限らず，船員は，国籍やバックグラウンドに
おけるダイバーシティだけでなく，数ヶ月間の契約ベースで雇用され，流動性
が高いとの特性をもっている．このことから，個々の船員レベルでアウトプッ
トの水準に差異が生じ，結果的に船員戦略のグローバル統合を阻害することが
懸念される．そこで，全社レベルで統合化された船舶オペレーション現場での
トレーニング・システムを構築するだけでなく，個々の船舶でそれらを実行
し，船舶のオペレーションにおいて均質なサービス品質を維持することが不可
欠となる．

　第3に，船舶レベルの取り組みとして，船員間のコミュニケーションを促進
するために，組織レベルで統合化されたフォーマルな制度を設けると同時に，
インフォーマルなコミュニケーションを促進する環境を整備することが必要と
なる．船員組織のダイバーシティは，コミュニケーションの阻害要因となりう
るが，フォーマルなコミュニケーションによる情報共有や問題解決は，円滑な

船員業務の遂行を促進するだけでなく，船舶オペレーションの安全性や効率性を向上させる。これに対し，インフォーマルなコミュニケーションは，現場におけるトレーニング効果を高め，アウトプットの品質を高度化するだけでなく，船員の職場満足度を向上させ，結果的に継続的雇用を達成することが期待できる。このようなコミュニケーションに関する要件が満たされれば，全社レベルで船員の規範的統合が達成されると考えられる。

第7章
継続的雇用と船員市場の内部化

第1節　はじめに

　本章では，期間限定的な契約ベースで雇用される船員の継続的雇用に焦点を当て，内部化理論の観点から，外航海運企業が継続的雇用を図るインセンティブおよび重要性，船員市場を内部化する手段について検討する。

　船員戦略のグローバル統合において，船員の継続的雇用は，とりわけ規範的統合を達成する重要な要因として位置づけられる。すなわち，船員が海運企業の組織風土に適応し，企業に固有の技術やスキルを獲得すると同時に，企業の安全管理ポリシーに基づいて的確に船員業務を遂行するためには，数ヶ月間の期間限定的な契約ベースで雇用され，本来ならば流動性の高い船員が，長期継続的に同一企業の管理船に乗船する必要がある。

　しかしながら，主に2000年代初頭以降，世界の船員市場の動向は，船員の継続的雇用を困難にしてきた。すなわち，アジアを中心とする新興工業国の経済発展に伴って，世界の海上物流需要は著しく増大した。これに対応するため，海運企業は新たに多数の船舶を導入した。この過程で，これらの船舶を運航する船員が世界的に不足するという事態が生じ，海運企業による世界レベルでの船員獲得競争が激化した。これまでに述べたように，船員は海上輸送サービスにおいてきわめて重要な役割を果たす人的資源であり，船員が安全かつ効率的に船舶を運航できるかどうかが，海運企業の優位性を著しく左右する。したがって，船員市場の厳しい競争環境において，能力水準の高い船員をいかに獲得するかが，海運企業にとってまさに焦眉の課題となった。世界の船員市場においては，2008年のリーマン・ショックを経て一時的に需要が低迷したが，長期的な視点から見ると，船員不足の傾向は変わっておらず，とりわけ能力水

準の高い職員クラスの船員については，現在もなお海運企業間でマンニングをめぐる競争が展開されている。

このように，世界的な船員不足との中長期的な市場環境において，海運企業は自社の船員ニーズに適合する船員を常に雇用する必要性に迫られている。そして，この課題を克服する有力な手段が，マンニングにおける船員市場の内部化である。すなわち，海運企業が不完全な外国の船員市場を内部化することによって，船員の安定的な確保を可能にするだけでなく，船員の継続的な雇用を通じて，企業に固有のスキルや能力が高度化され，人的資源に体化された知識を占有することによって，自社の優位性を高めることが可能になると考えられる。したがって，海運企業の船員戦略における制度的統合が効果的に機能し，規範的統合を達成するためには，船員市場の内部化が不可欠であると言える。

そこで本章では，このような問題意識に鑑み，マンニングにおける船員の継続的雇用を船員市場の内部化として捉え，海運企業が船員市場を内部化するインセンティブと重要性，内部化の手段について検討する。

第2節　研究方法

本章では，海運企業における船員の継続的雇用に焦点を当て，内部化理論の観点から，以下の4点について検討する。第1に，船員市場の内部化が必要とされる背景について検討する。第2に，海運企業が船員市場を内部化するインセンティブと重要性について，内部化理論の概念を用いて説明する。第3に，海運企業による船員市場の内部化が，具体的にどのような手段で行われているかを，大手海運企業のケース・スタディから明らかにする。

本章では，上述の3点について，市場の内部化に焦点を当てた諸理論のサーベイと，大手海運企業日本郵船のケース・スタディに基づいて検討する。ケース・スタディに関しては，日本郵船の協力を得て，同社船員戦略部門と，各国に配置しているマンニング拠点に対してインタビュー調査を実施し，質的データを収集した。同社を研究対象とする理由として，自社で商船大学を運営するなど，船員市場の内部化に向けた先進的な取り組みを行っている点と，船員の

再契約率の高さが挙げられる。すなわち同社は，船員市場の内部化を戦略的に行い，成功裏に船員の継続的雇用を達成していると言える。

インタビュー調査に関しては，2006年3月9日，日本郵船本社船員戦略部門，同14日，シンガポールの同社船舶管理子会社 NYK SHIPMANAGEMENT 社（以下，NYKSM 社），同16日，インドのマンニング拠点である NYKSM 社ムンバイ・オフィス，同年8月8日，クロアチアのマンニング拠点である NYKSM 社スプリット・オフィス，同24日，フィリピンのマンニングおよびトレーニング拠点である NYK-FIL SHIPMANAGEMENT 社（以下，NYK-FIL 社），同年6月7日，日本郵船の主要トレーニング拠点である新杉田研修所[99]において，それぞれマンニングおよびトレーニング担当者に対するインタビュー調査を行い，同社における船員市場内部化の現状と課題，内部化の手法について質問を行った。また，2005年8月22日から29日，日本郵船運航の NYK ATLAS 号（コンテナ船）に乗船し，東京－香港間の航海中に，同船の乗組員に対して予備的なインタビュー調査を行い，就業先として日本郵船を選択した要因と，各船員のキャリアパスに関する質問を行うと同時に，船員業務に関する予備的な参与観察を行った。

本章では，理論的検討と合わせ，これらの調査によって得られた質的データに基づいて，上述の課題を議論する。

第3節　船員市場内部化の背景

本節では，外航海運企業が船員市場の内部化を必要とする背景について整理する。とりわけ，2000年代初頭以降の外航海運業をめぐる経営環境の変化に伴って，海運企業は船員を戦略的にマンニングおよびトレーニングする必要性に迫られている。そこで，まずはじめに，外航海運業をめぐる経営環境の変化において，船員市場の内部化が必要とされる要因が何であるかを検討する。

海運企業が船員市場の内部化を積極的に行う必要性は，近年の経営環境の変化にあるが，とりわけ直接的な要因として，以下の3点が考えられる。すなわち第1に，世界の海運企業が深刻な船員不足に直面している点である。主に

2000年代初頭以降，世界的な海上物流需要の増大に対応するため，海運各社は競って新造船を導入してきた。それに伴って，それらの船舶に乗務する船員も不足し，今後もこの傾向はさらに継続すると考えられる。

BIMCO/ISF によれば，2005年に4万8505隻だった世界の商船隊の隻数は，2015年には5万3579隻にまで増加するとされていた。それに伴って船員需要も拡大し，2005年には，上級船員である職員で47万6000名，下級船員である部員で58万6000名であったが，2005年の時点において，2015年には職員49万9000名，部員60万7000名に増加すると予測されていた[100]。すなわち，2005年から2015年までの10年間で，世界で新たに2万3000名もの職員が必要になるとされていた。また，リーマン・ショック後の2010年に，運輸政策研究機構が発表した世界の船員需要予測に関する報告書によれば，世界の海上物流需要の一時的な低迷を経て，2015年までの5年間で，職員クラスで1万5796名，2020年までに3万2153名の船員がさらに不足するとされている[101]。さらに，2016年に発表されたBIMCO Manpower Reportによれば，2020年に9万2000名，2025年には14万7500名の職員が不足すると予測されている。船員市場規模の算出根拠が異なるため，単純な比較は困難であるが，これらの予測は，リーマン・ショック後の海上物流需要の変化を考慮しても，長期的にみると，船員市場の需要規模は拡大傾向が継続することを強く示唆している。したがって，海運企業にとっては，自社船舶の運航に必要な船員を安定的に確保することが，長期的に重要な課題であると言える。

日本の海運企業も，市場環境の変化に対応して，新たな船舶建造のための設備投資を積極的に行うことから，それに伴う船員確保が焦眉の課題であると言える[102]。たとえば，わが国最大手の日本郵船では，2005年に195隻だった実質的な自社保有船舶数が，2013年には317隻まで増加した。これに伴って，同社の職員も，2005年から2010年までの間に，新たに約1100名増加した[103]。船員は，海事系大学を卒業してから，船舶のオペレーションに関して責任と権限が集中する船長ないし機関長クラスに昇格するまで，10年程度の乗船経験が必要である。しかしながら，とりわけ2000年代初頭以降，世界の船員市場は逼迫し，これ以上の船員を新たに市場から確保するのは困難な状況になりつつある。このため，船員需要の増大に鑑み，自社が必要とする船員数を確保す

るだけでなく，必要とされるポジションに対して的確に船員を配乗しうる有力な手段としても，船員市場の内部化が必要とされるのである。

　第2に，船員不足に直面した海運企業の間で，船員獲得競争が激化している点が指摘できる。全体の大部分を占める外国人船員の雇用は，通常数ヶ月間単位の契約ベースで行われるが，給与水準を調整するなどの手段で引き抜きが活発に行われ，能力水準の高い船員が，継続的に同一企業と雇用契約を結ばなくなる傾向が顕著に見られるようになった。たとえば，日本企業にとって最大のマンニング・ソースであるフィリピンでは，特に2006年以降，船員の獲得競争が過熱し，船員の能力に関して信頼性の高い日本企業から，相対的に給与水準の高い欧州企業に船員が引き抜かれるケースが急増した。一般的に船員の再契約率が高い日本企業においても，同年よりその割合が急激に低下した。また，従来は慣例的に差し控えられてきた日本企業同士での船員の引き抜きも行われるようになり，船員の獲得をめぐる競争がいっそう激化していることを示唆している[104]。それと同時に，潜在的な船員市場においても，競争が展開されるようになった。すなわち，船員を育成する各国の海事系大学の学生に対し，卒業後自社の船舶に乗務することを前提に，海運企業が資金面の就学支援を行う制度を拡充し，能力水準の高い学生を獲得する動きが活発化している。このことは，船員獲得競争が潜在的船員市場レベルにまで波及していることを示唆している。このため，船員獲得競争を回避し，船員の獲得に関してリスクの高い市場取引よりも，安定的に獲得できる船員市場の内部化がいっそう選好されるようになっている。

　第3に，船員の能力水準の低下が懸念される点が挙げられる。上述のように，世界レベルで船員不足が深刻化するのに伴って，能力水準の低い船員が市場に参入する可能性が増大する。船員の最も重要な職責は，乗務する船舶を安全に運航することである。航行中および荷役中に事故が発生すれば，海運企業は多大な損害を被るだけでなく，信頼性という海運企業の最も重要な優位性を著しく低下させることになる。たとえば図表7-1は，2006年に日本の大手海運3社が運航する船舶で発生した海洋事故を簡潔に整理したものである。とりわけ2006年に入り，日本の大手海運3社では，大規模な海洋事故が相次いで発生した。原因はケース・バイ・ケースであるが，特筆すべきは，これらのほ

【図表 7-1】日本の大手海運企業による海洋事故事例（2006 年）

発生日	発生場所	船名・船種	運航会社	事故概要	乗組員内訳
4.4	北海道沖太平洋	MOL INITIATIVE（コンテナ船）	商船三井	機関室火災	ロシア人（7名）・ウクライナ人（3名）フィリピン人（16名）
4.1	宮城県沖太平洋	SANTA MONICA（コンテナ船）	日本郵船	衝突	ブルガリア人（15名）・ウクライナ人（5名）ルーマニア人（4名）・ロシア人（1名）インド人（1名）
5.3	中国・青島港沖	KATSURAGI（コンテナ船）	日本郵船	衝突	クロアチア人（5名）・フィリピン人（20名）中国人（2名）
7.24	アリューシャン沖太平洋	COUGAR ACE（自動車船）	商船三井	船体異常傾斜	シンガポール人（2名）・ミャンマー人（8名）フィリピン人（13名）
8.14	東部インド洋	BRIGHT ARTEMIS（原油タンカー）	商船三井	接触・原油流出	クロアチア人（4名）・カナダ人（1名）フィリピン人（18名）
10.6	茨城県鹿島港沖	GIANT STEP（鉄鉱石船）	商船三井	座礁	インド人（25名）・スリランカ人（1名）
12.22	山口県中関港	MORNING SUN（自動車船）	川崎汽船	燃料油漏洩	中国人（21名）

（出所）各海運企業のウェブサイトにて公表された事例を抜粋。

ぼすべての事故原因として人的要因が考えられる点と，すべての船舶に外国人船員のみが配乗されていた点である。もちろん，これらの事故原因を外国人船員による人的要因のみに断定するのは不可能であり，これらの事故が一般的な外国人船員の能力水準を判断する根拠にはならない。しかし，これらの事故は，世界的な船員不足に起因する船員獲得競争のなかで，日本の大手海運企業がマンニング・ソースを拡大し，船員の雇用を急増させた時期に発生していることから，逼迫する船員市場の競争環境において，船員の人的資源管理の重要性がいっそう増大している点は明らかである。したがって，海運企業にとって，能力水準の高い船員を確保し，船舶オペレーションの安全性を確実に維持する点においても，船員の人的資源管理を成功裏に行う有力な手段として，船員市場を内部化し，企業に固有の能力開発を効果的に行うことが重要な課題とされるのである。

第4節　船員市場の内部化インセンティブ

　前節で述べた経営環境の変化に鑑み，船員不足への対応および船員の能力水準の高度化ないし維持を図る有力な手段として，海運企業による船員市場の内部化が挙げられる。元来，市場の内部化は，企業が外国市場に参入する形態のひとつとして議論されることが多い。すなわち，海運企業の船員戦略で言えば，海運企業が直接投資を行い，外国でのマンニング拠点を自社に内部化するか，あるいは現地のマンニング企業と提携して船員の獲得とトレーニングを行うかという参入形態が議論の対象となる。しかしながら，船員戦略における市場の内部化で重要なのは，参入形態に関する諸問題よりもむしろ，海運企業が数ヶ月間の期間限定的な契約ベースで雇用する船員を，継続的に雇用することによって，船員市場をあたかも自社に内部化したかのように機能させ，それに伴う様々なベネフィットを獲得するという概念である。本節では，海運企業が船員市場の内部化を行うインセンティブについて，内部化理論の概念を用いて説明する。すなわち，船員市場の不完全性，取引コスト，内部化することによるベネフィットがどのようなものであるかについて，内部化理論の観点から検討する。

(1)　中間財市場の内部化と企業特殊的優位

　Rugmanは，企業が多国籍化する要因として，中間財市場の効率的な活用によって企業が自社の優位性を獲得する点を挙げている。すなわち，多国籍企業による市場の内部化は，自然的外部性すなわち情報や知識のような要素市場の領域での市場の失敗に対する有効な手段のひとつであり，国際的レベルで情報（中間生産物）を効率的に用いる能力こそ，多国籍企業が他の企業と異なる点であるとされている（Rugman, 1981, 邦訳, p.25）。またHymerは，多国籍企業には各種の市場の不完全性に対応して開発された企業特殊的優位があり，優位性を構築しうる要因として，次の3点を指摘した。すなわち第1に，ライバル企業よりも低いコストで要素投入物を入手できること。第2に，優れた流

通・マーケティング施設をもつこと。第3に，生産プロセスにおける情報，研究，知識などの面で独占的優位が存在することである（Rugman, 1981, 邦訳, p.24）。Buckley and Casson も，多国籍企業活動の本質が，国境を越えて市場を内部化することであるとした上で，とりわけ中間財市場における不完全性を回避するために，内部化インセンティブが発生するとしている（Buckley and Casson, 2002, p.33）。

このように，内部化インセンティブは，不完全な中間財市場を内部化し，要素投入物を効率的に活用することによって，自社の優位性を獲得しようとする企業の意図から生じると言える。外航海運業にとって，海上輸送サービスの主要な生産要素である船員は，中間財の性質を持ち，海運企業が船員に体化された知識を効率的に活用することによって，高水準な海上輸送サービスを提供することが可能となる。その有力な手段として，船員市場を内部化することが考えられる。船員市場を内部化し，海運企業間での雇用の流動性を制限することができれば，海運企業は市場価格より低水準の賃金でも，船員の確保が可能となる。したがって海運企業は，船員市場を内部化することによって，ライバル企業よりも低いコストで船員を雇用することが可能となる。とりわけ日本企業の場合，世界の船員市場において，欧州系海運企業よりも低い賃金水準で船員を雇用しているとされているが[105]，このことは，日本企業が成功裏に船員市場を内部化し，船員という要素投入物を自社内で独占的に利用していることを示唆している。さらに，船員の独占的利用によって，その能力水準が向上すれば，海運企業の企業特殊的優位が構築される。こうして海運企業の優位性が増大すれば，能力水準の高い船員を独占的に利用してベネフィットを獲得しようとする意図が強まり，さらに船員市場を内部化するインセンティブが増大すると考えられる。

(2) 市場の不完全性と取引コスト

Rugman によれば，内部化の本質は，不完全な外部市場に代替し，資源配分と流通上の問題を，経営管理命令を用いて解決することであり，不完全市場が存在するときあるいは外部市場における取引コストが不当に高い場合，それらを内部化する理由が発生するとされている（Rugman, 1981, 邦訳, p.9）。また

Rugman は，中間財の形態をとる知識は企業に固有の無形の資産であり，その不確実性に対応するために，企業は自社が開発した知識の所有権を確立しようとするとした上で，その最適な方法が，自社の内部市場を利用し，自社の保有する知識の利用をコントロールすることであるとしている（Rugman, 1981, 邦訳, p.135）。すなわち多国籍企業は，中間財市場の不完全性によって発生する取引コストを回避するために，中間財の取引を企業内に内部化することによってその所有権を占有し，自社の優位性を獲得するのである。

海運企業は，不完全な船員市場から船員を獲得する上で，その取引コストを回避し，船員に体化された知識を占有する目的で，船員市場の内部化を行う。そこで重要なのは，船員市場の不完全性が具体的にどのような性質をもち，それによってどのような取引コストが発生するかを明確にすることである。

船員市場の不完全性は，以下の4つの要因によってもたらされ，それに伴う取引コストが発生すると考えられる。すなわち第1に，海運企業による船員獲得の不確実性が挙げられる。これまでにも述べたように，一般的に船員は，数ヶ月間という短期間の契約ベースで海運企業に雇用される。したがって，海運企業が継続的に安定した海上輸送サービスを提供しようとする場合，安定的な船員の確保は不可欠であるが，船員は必ずしも企業側が意図するように契約を結ぶとは限らない。これまでに述べたように，1隻の船舶に配乗すべき船員数は，国際条約に定められた基本ルールに基づいて，各国の船員関連法規に定められているため，安全最少定員を満たすのに必要な船員が1人でも欠ければ，船舶を運航することは不可能となり，海上輸送サービスの安定的な供給が困難となる。したがって，海運企業間の船員獲得競争において，このような船員獲得の不確実性を回避するため，海運企業が船員市場を内部化するインセンティブが，いっそう増大しつつあるといえる。

第2の要因として，市場に存在する船員に関して，情報の非対称性が存在する点が挙げられる。Buckley and Casson は，内部化によるベネフィットが大きいケースとして，市場における売り手と買い手の間に知識の非対称性が存在する場合を指摘している（Buckley and Casson, 2002, p.38）。ここで重要なのは，船員の情報に関する買い手側の不確実性である。船員に関する情報とは，市場に無数に存在する個々の船員の能力水準が，海運企業にとって利用可能か

つ有益な水準であるかどうかという点である。また，海運企業は個々の船員による契約後のパフォーマンスや行動パターンを的確に予測することも不可能である。言うまでもなく，海上輸送サービスの品質は，船員の能力水準に大きく左右される。能力水準の低い船員を配乗するなどの要因により，SOLAS条約等が定める国際的な安全基準を満たさない船舶をサブスタンダード船といい，このような船舶の存在は，海上輸送サービスの質的低下をもたらすだけでなく，運航コストや船舶管理コストを増大させ，冒頭で述べた大規模な海洋事故を引き起こす要因ともなりうる。さらに，このような状況下で，船員の能力を自社の期待する水準に引き上げようとすれば，海運企業はトレーニングに関するコストを増大させなければならない。このため，海運企業にとっては，能力水準の高い船員を適切に雇用することが不可欠であり，情報の非対称性から生じるこれらのリスクを回避するために，船員市場を内部化するインセンティブが増大する。

　第3に，船員市場の構造が寡占状態になっている点が指摘できる。コンテナ輸送の観点から，世界の海運市場の構造を見てみると，2015年末現在，世界の海運企業上位20社で世界市場全体の85.8％を占めており，上位20社が実質的に保有する船舶数が全体の63.8％を占めている[106]。海運企業が必要とする船員数は，自社が保有する船舶数におおむね比例する。なぜならば，船舶1隻を運航するのに必要な船員数は，船舶管理の手法にかかわらずほぼ一定だからである。このため，船員市場も同様に買い手寡占の状態になっていると言える。多くの船舶を保有する大規模な海運企業ほど，多くの船員を確保する必要性が高いため，高水準の賃金を設定する傾向が強い。他の海運企業も，船員獲得競争の局面において，この賃金水準に追随するため，大規模な海運企業のマンニングにおける賃金の決定が，船員市場全体における価格の決定に著しい影響を及ぼすと考えられる。このような性質をもつ船員市場において，船員コストや不確実性といった取引コストを回避するために，海運企業が船員市場を内部化するインセンティブが増大する。

　第4に，船員市場には政府や国際機関などによる介入がしばしば行われる点が挙げられる。内部化理論では，市場の不完全性をもたらす要因として，政府による市場への介入が挙げられているが[107]，このことは，船員市場にも該当

する場合が多い。海運業が自国の経済発展にとって重要な産業部門と位置づけられる国では，船員市場が重要な政策対象となるケースがある。たとえば船員の給与は，国際機関の取り決めによって最低水準が定められており，海運企業が戦略的に賃金を抑制することには限界がある。また，これとは反対に，低賃金を優位性として持つ船員市場国では，雇用の喪失を防ぐため，賃金が一定水準以上に上昇しないよう，政府が働きかける場合もある。このように，市場における価格決定メカニズムに，政府機関の介入が行われることによって，海運企業の船員コストが影響を受ける。一般的には，政府の介入が船員コストの上昇圧力となりうるため，かりに企業が船員市場を内部化しても回避することは不可能である。しかし，この条件下で海運企業が船員の給与水準を低く設定した場合，能力水準の高い船員の獲得がいっそう困難となり，上述したその他のコストを発生させる可能性が常に存在することになる。

そこで，海運企業が特定の船員を自社と継続的に契約させ，船員市場を内部化することによって，これらのコストを回避することが可能となる。すなわち，船員を継続的に雇用することによって，船員獲得の不確実性を回避することが可能となる。さらに，能力水準の高い船員を確実に雇用することで，船舶のオペレーションが安全かつ経済的に遂行される可能性が増大し，事故やトラブルによる追加的コストの発生も回避できる。また，継続的に雇用することによって，企業に固有のスキルやノウハウが船員に蓄積され，オペレーションの安全性コストや船舶管理コストだけでなく，企業内でのトレーニング・コストが削減されるのである。

(3) 「情報関連的資産」としての船員

内部化の重要なインセンティブとして，技術や情報，ノウハウといった経営資源の獲得が挙げられる。長谷川は，これらを「情報関連的資産」と呼び，外国における企業の差別化要因であると同時に，競争力の源泉であると位置づけた上で，これらの形成には相当な時間とコストを要し，汎用性が低く企業特殊的であるため，外部市場からの調達が困難であるとしている（長谷川，1998, p.68）。したがって，これらの要素を有益な競争力の源泉とするために，内部市場を通じてこれらを獲得し，高度化するインセンティブが働くのである。ま

た，Kogut and Zander も同様に，知識を市場から購入したり，それらを模倣することは困難であるため，この点に関して個々の企業による差異が長期間存続するとしている（Kogut and Zander, 1995, p.425）。このことは，企業が知識市場を内部化し，それらを高度化することによって，差別化を図ることが可能であることを示唆している。

　船員の技術ないし能力は，船舶オペレーションの安全性と経済性の水準を決定し，海運企業の競争優位の源泉となる重要な経営資源である。また，業務特性の観点からも，船員の技術やスキル，ノウハウは企業に固有の性質が強い。たとえば，安全性を確保するための業務手順や，マニュアルの運用などといった企業に固有のノウハウは，海運企業の内部で行われるトレーニングだけでなく，主に実際の船員業務を通じて創造・移転される。この意味で，船員はまさに高度な「情報関連的資産」であり，外部市場を通じて獲得することが困難な要素であると言える。したがって，船員の職務特性や，船員に体化された技術やスキル，ノウハウの性質が，内部化インセンティブとして機能するのである。

(4)　内部化による船員の知識移転

　さらに，情報関連的資産の知識移転との観点からも，船員市場を内部化するインセンティブが生じると考えられる。情報的経営資源の多くが，人的資源の中に暗黙知の知識として体化されており，それらは定式化やコード化，マニュアル化に馴染まないため，これらを異なるユニット間で移転しようとすれば，人材教育や研修などを通じて，緊密なヒューマン・コンタクトを長期継続的に行うことが欠かせない（長谷川, 1998, pp.88-89）。

　船員業務に関しては，国際機関の定める安全管理基準に基づいて，各海運企業が作成する安全管理（SMS）マニュアルが存在するものの，その要求水準は企業によって著しく異なる上，マニュアルの運用や不測事態に対する対応においては，暗黙知の知識がきわめて重要である[108]。SMS マニュアルには，乗務する船種や職位ごとに，航海中や荷役中に遂行すべき通常の船員業務だけでなく，荒天時や狭路などの特殊航海時における対応などが明記されている。しかしながら，船舶のオペレーションを取り巻く気象条件や，船舶の機関など

様々なハード面の状況は，常にイレギュラーに変化するため，その対応をすべてマニュアルによってカバーするのは不可能である。むしろ船員は，マニュアルではカバーできない諸条件の下で，暗黙知の知識によって業務を遂行しなければならないケースが非常に多く，それに関する適切な知識移転が不可欠である。このように，企業に固有の暗黙知が体化された船員を，市場から獲得するのは困難である。そこで，成功裏に船員知識の移転が行われる条件として，船員市場を内部化し，長期的な視点でヒューマン・コンタクトによる能力開発を行うことが不可欠であると言える。

継続的に船員を雇用し，長期的な視点でのヒューマン・コンタクトが行われることによって，会社に対する帰属意識も増大し，その結果として，安全管理手法や荷役関連業務の遂行，船員の多能工化や船舶管理者とのコミュニケーションなどの点において，効率的な能力開発が期待できる。このことが，船員業務最大の役割である船舶オペレーションの安全性と効率を高めることにつながるのである。

第5節　船員市場内部化の手段
―日本郵船のケース―

前節で述べた船員市場内部化のベネフィットを享受するために，個々の海運企業はどのようにして船員市場を内部化するのだろうか。ここでは，日本郵船のケースを取り上げ，同社の各船員戦略拠点に対するインタビュー調査に基づいて，海運企業が船員市場を内部化する手段について検討する。これまでに述べたように，日本郵船の取り組みをケース・スタディの対象とする理由として，同社が船員市場内部化に向けた先進的な施策を展開している点と，同社船員の再契約率が高い点が挙げられる[109]。

同社が外国人船員市場を内部化する手段として，次の3つが挙げられる。まず第1に，同社における最もオーソドックスな内部化の手段として，雇用契約の継続化が挙げられる。これまでに述べたように，外国人船員は通常，短期的な契約ベースで雇用される。日本郵船の場合，大部分を占める外国人船員の1

乗務当たりの雇用契約期間は3ヶ月から9ヶ月で，船員の国籍や，配乗される船種および職位によって異なっている。たとえば，フィリピン人が8ヶ月から9ヶ月と比較的長期間であるのに対し，平均的なインド人で6ヶ月程度，東欧人で3～4ヶ月である。この背景には，各国の所得税制，海員組合との取り決め，政府の出入国管理政策が影響していると考えられる。船員市場の内部化とは，このような契約ベースで雇用される船員を繰り返し雇用することによって，実質的に船員市場を自社に内部化することである。これによって，企業に固有の知識に対する所有権を占有し，効率的なアウトプットを導出することが可能になると考えられる。またこの過程で，前節で述べた市場の不完全性から生じる取引コストを回避もしくは削減することが可能となる。もちろん，どの海運企業と契約するかは船員個人の判断に委ねられるため，この方法で船員を自社の内部市場に完全に拘束することは不可能である。しかしながら，日本企業の場合，船員の再契約率は一般的に非常に高く，日本郵船では2012年8月現在，全体で94.1％の船員が，同社と複数回契約している[110]。これまでに述べたように，2000年代初頭以降，海運企業間での船員獲得競争が激化した時期には，日本企業の船舶に乗船経験のある船員が世界レベルで引き抜かれるケースが急増したが，それ以前の同社船員の再契約率は，さらに高い水準であった。たとえばフィリピンにおける同社の船員再契約率は，2005年までは98％程度の安定した水準で推移していた。2005年当時のフィリピンにおける船員市場の規模は，職員だけで4万6359名であるのに対し，このうち同社と契約している職員がわずか600名であったことを考えると，同社において船員市場の内部化がいかに成功裏に行われていたかがわかる[111]。海上における外国人船員に対するインタビュー調査でも，同社と複数回契約している者が大半であり，以前に別の海運企業と契約した者であっても，今後は引き続き同社と契約する意思があるとの回答がすべてであった[112]。このことは，同社に継続的に就業する何らかのインセンティブが存在することを示唆しており，その要因こそが，後述する船員市場内部化のための条件として，企業が持つ優位性なのである。

　第2の手段は，船員教育機関へのコミットメントである。とりわけ2000年代初頭以降，船員獲得競争が激化し，潜在的船員市場にまで波及していること

はすでに述べたが，潜在的船員市場の一部を自社に内部化する手段として，CADET 制度がある。この制度は，海運企業が各国の海事系大学と提携し，その学生を対象に，卒業後自社の船舶に乗務するのを前提として，経済面の援助を供与するだけでなく，各国共通の職員としての海技士免許取得に必要な要件である1年間の乗船研修の機会を，自社の船舶で提供するものである。日本郵船では，1991年からこの制度を実施していたフィリピンに加え，2004年から中国，2005年からクロアチアとルーマニア，2006年からインドとベトナムでも実施するようになり，2016年11月現在，7ヶ国12校の海事系大学から CADET を受け入れている。同社は，各国の海事系大学にNYK（Nippon Yusen Kaisha）クラスを設置し，一定の選別を経て対象者となった学生に，卒業後27ヶ月以上の乗務を前提に就学支援を行っている。同社の CADET 制度の対象者は，2001年には41名だったが，2005年以降急増し，2006年には188名，2013年には254名にまで増加した[113]。このことからわかるように，潜在的船員市場を内部化する動きは，世界レベルでの船員不足と，市場での船員獲得競争の激化に伴って，急速に拡大しているのである。このように，潜在的船員市場を内部化することによって，海運企業は，船員獲得に関する取引コスト，すなわち船員獲得リスクを回避することができるだけでなく，就業義務期間を経た後も，継続的雇用に対する船員の就業インセンティブを向上させる効果を得られると考えられる。

　第3の手段として，海運企業が自ら船員教育機関をマネジメントし，船員市場を企業内部に創造する方法がある。つまり，海運企業自体が商船大学を設立し，そのマネジメントまで行うことによって，潜在的船員市場だけでなく，能力開発プロセスまでも内部化してしまう方法である。これまでにも述べたとおり，日本郵船は2007年6月，フィリピン・マニラ市郊外に，現地合弁企業と共同で商船大学「NYK-TDG Maritime Academy」を開校した。同校では年間180名の学生を受け入れ，フィリピン人船員の課題とされる基礎学力の改善を図ると同時に，船員業務で必要な実践的教育を重視したスキームによって船員教育を行っており，同校はフィリピン政府高等教育庁（CHED）から，正式な4年制大学として認可されている[114]。同校の教員には，これまで日本郵船のフィリピンのトレーニング拠点においてインストラクターを経験した者を中

心に登用する。同校の学生には，卒業後同社船での乗務を前提とした上で，学費等の就学資金は貸与し，入社後に給与から返済する方法をとることで，継続的雇用を促進する効果も期待できる。つまり，船員の学生段階から能力開発プロセスを内部化することで，潜在的船員市場の内部化を図るだけでなく，継続的雇用によって正規の船員市場をも内部化し，企業特殊的な知識の移転を効率的に行うことが可能となるのである。内部化理論の概念で言えば，船員の知識やノウハウといった情報関連的資産の知識移転を早期化することで，能力開発の効率化が達成されるのである。

第6節　船員市場内部化の要件
―海運企業の優位性―

　前節では，先進的な海運企業が，船員市場を内部化する手段について述べたが，これらの手段をもっても，海運企業が完全に船員市場を内部化するのは困難である。なぜならば，船員市場の内部化は，船員による自社との継続的雇用によって達成されるが，契約先企業を選択するのはあくまでも船員であり，海運企業がそれを拘束することはできないためである。また，上述のCADET制度や海事系大学の運営も，卒業後一定期間の自社での就業が前提となるものの，絶対的な拘束力にはならない。したがって，船員市場の内部化が成功裏に行われるかどうかは，特定の海運企業に対する船員の就業インセンティブによって大きく左右される。それならば，自社に対する船員の就業インセンティブを増大させる要因こそが，船員市場の内部化を成功裏に達成するための条件であると言える。

　内部化理論では，企業特殊的優位が大きいほど，企業内部で経営資源を占有し，コントロールしようとするインセンティブも大きくなるとされており，海運企業による船員市場の内部化においても，同様の論理が成り立つ。すなわち，船員の能力水準が高く，海運企業の優位性が大きいほど，それらの船員を独占的にコントロールし，良好なパフォーマンスを獲得しようとする海運企業の意図は強まる。しかし，それとは反対に，船員市場の内部化を実現する条件

として，船員が海運企業に固有の企業特殊的優位を知覚することも不可欠である。つまり海運企業が，自社に対する船員の就業インセンティブを高めるために，他社と差別化を図れるだけの企業特殊的優位をもつことが，船員市場の内部化を成功裏に達成するために不可欠な条件なのである。船員の人的資源管理において，海運企業の企業特殊的優位を形成する最も重要な要因は，船員業務における企業に固有の知識の水準である。したがって，船員市場の内部化を成功裏に行う条件は，企業に固有の知識の形成を効率的に行えるかどうかによって決定されると言える。

　当然のことながら，船員の就業インセンティブに対して，最も大きな影響を及ぼすのは給与水準である。しかし，これまでにも述べたように，日本企業の給与水準は，各国の市場において相対的に低いとされている。また，船員獲得のために給与水準を上昇させることは，海運企業のコスト競争力を著しく低下させる要因となり，外国人船員を雇用する本来の意義とも矛盾するため，給与水準を高めることによる船員市場の内部化は，ベネフィットよりもむしろコストを増大させる結果となる。したがって，とりわけ日本企業にとっては，給与以外の優位性水準を高めることが必要不可欠であると言える。船員が，外部市場よりある程度低い賃金水準でも，特定の企業に就業するインセンティブは，船員業務における企業に固有の知識に求めることが可能であると考えられる。すなわち，Kogut らが指摘したように，専門的なスキルやノウハウをもつ船員は情報関連的資産であり，それらが企業特殊的な性質を有しているほど，海運企業が船員を獲得するための内部化インセンティブが増大する。他方，船員の観点から見ると，企業に固有の知識をもった船員は，特定の海運企業以外での船員業務においては，その能力が十分に評価されないため，同一の海運企業に就業するインセンティブが高まると考えられる。すなわち，企業内部で創造される船員の知識が企業特殊的な性質をもつほど，船員の能力が外部市場においては過小に評価されるようになるため，海運企業による内部化行動を船員が受容するインセンティブは高まると言える。

第7節 小　結

　本章の目的は，外航海運企業による船員の継続的雇用を船員市場の内部化として捉え，企業が船員市場を内部化するインセンティブと重要性，海運企業による船員市場内部化の手段について検討することであった。内部化理論のインプリケーションと，海運企業のケース・スタディから，明らかになったのは以下の4点である。

　第1に，海運企業は，船員という要素投入物を独占的に利用することで，マンニングにおける取引コストを低下させることが可能となるだけでなく，それによって海運企業の優位性が増大すれば，能力水準の高い船員を独占的に利用することでベネフィットを獲得しようとするインセンティブが増大する。第2に，海運企業は，船員市場の不完全性に起因する取引コストを回避し，船員に体化された知識を占有する目的で，船員市場の内部化を行う。船員市場の不完全性は，①船員獲得の不確実性，②船員に関する情報の非対称性，③買い手寡占の市場構造，④政府による市場への介入によってもたらされる。第3に，海運企業による船員市場の内部化は，船員の継続的雇用のほか，船員教育機関にコミットする手段によって達成される。すなわち，内部化の対象となる船員市場とは，入社前の潜在的市場も含まれ，世界の船員市場をめぐる今日の競争環境において，潜在的市場の重要性がいっそう高まっている。船員の継続的雇用を達成するための海運企業としての人的資源管理施策については，第8章において，「インターナル・マーケティング」の概念を用いて詳細に検討する。第4に，船員市場の内部化が達成されるためには，船員サイドが海運企業のもつ優位性を知覚すると同時に，海運企業が企業に固有の知識の水準を高度化させることによって，特定の企業に対する船員の就業インセンティブが増大することが不可欠な条件であることである。この点については，第9章「リテンション・マネジメント」において詳細に論じる。

　船員の継続的雇用は，船員戦略のグローバル統合，とりわけ規範的統合を達成する上で，極めて重要な要因となる。すなわち，船員が海運企業の組織に適

応し，自己の果たすべき役割や企業の安全管理ポリシーを理解した上で，企業に固有の船員業務を遂行できるようになるためには，数ヶ月間の契約ベースで雇用され，本来ならば雇用の流動性が高い船員を，海運企業は継続的に雇用することが不可欠である。本章では，主に継続的雇用の重要性を，船員市場の内部化の観点から検討したが，海運企業が船員市場を内部化するインセンティブは，船員戦略のグローバル統合を促進する要因ともなっている。船員戦略のグローバル統合の目的は，海運企業が世界のマンニング・ソースから船員を雇用し，自社の船員ニーズに効率的に適合させると同時に，企業に固有の技術やスキルを船員に移転し，それを世界レベルで標準化ないし高度化させることである。そして，海運企業の安全管理ポリシーのもとに，船員がそれらの技術やスキルを船員業務に反映させることによって，船舶オペレーションの安全性と効率を実現するのである。したがって，海運企業が，船員市場の不完全性に起因する取引コストを克服しようとするインセンティブは，このような船員戦略のグローバル統合，とりわけ規範的統合を達成するためのインセンティブであると言える。

第8章
継続的雇用とインターナル・マーケティング

第1節　はじめに

　本章の目的は，外航海運企業における船員の継続的雇用を達成するための取り組みを「インターナル・マーケティング」として捉え，先行研究に示された概念的フレームワークを援用し，その概念を明確にすると同時に，成功事例として捉えられるケース・スタディに基づいて，海運企業が成功裏に船員の継続的雇用を達成する要件を，企業側の観点から検討することである。

　海運企業が，今日の経営環境において，船員戦略のグローバル統合，とりわけ規範的統合を成功裏に達成する上で，船員の継続的雇用が不可欠であることは，前章において論じたとおりである。前章においては，海運企業が船員市場を内部化する手段として，組織参入前の潜在市場に対する施策と，継続的雇用の重要性について議論した。そこで本章では，組織参入後の船員を対象に，海運企業がいかなる船員戦略の施策を行えば，船員の継続的雇用を達成しうるかについて，インターナル・マーケティングの概念を用いて検討する。

　海運企業が雇用する船員の大部分は，フィリピン人やインド人をはじめとする外国人である。外国人船員は，全員が3ヶ月から9ヶ月間の期間限定的な雇用契約に基づいて配乗されるため，一度特定の海運企業に雇用された船員が，同一企業と繰り返し雇用契約を結ぶとは限らない。このような人的資源の流動性の高さは，海運企業にとって，物流需要の変化に対してマンニングを柔軟に調整し，船員コストを最適化する点ではベネフィットとなるが，船員不足の条件下では，能力水準の高い船員を雇用する上で不確実性が増大し，船舶オペレーションのサービス品質を維持することが困難となるリスクに直面する。さらに，船員の能力開発には長期的な視点が不可欠であるため，安定的な船員の

確保だけでなく，効果的な能力開発の遂行との観点からも，海運企業が特定の船員を継続的に雇用し，船員の能力を高度化することが不可欠である[115]。このため，海運企業は船員のマンニングやトレーニングをいっそう戦略的に行う必要性に迫られており，この課題に対応する有力な手段として，インターナル・マーケティングが挙げられる。

インターナル・マーケティングとは，従業員を内部顧客として捉え，従業員を満足させる人的資源管理施策を通じて，従業員の業務に対するモチベーションの向上，従業員間の信頼関係の構築，勤続期間の長期化を達成するとの概念である。さらに，これらのことが，結果的に従業員によるアウトプットの水準を高度化させ，外部顧客の継続的な獲得をもたらすとされている[116]。海運企業は，船員の従業員満足をもたらすことを第一義の目的として船員戦略を遂行しているわけではない。しかしながら，海運企業が船員の継続的雇用を達成する上で，船員の従業員満足が不可欠であるとの前提に立てば，それを導出するための戦略的な取り組みをインターナル・マーケティングとして捉えることは可能である。

そこで本章では，このような問題意識に基づき，海運企業が船員の継続的雇用を達成するための船員戦略を対象に，その成功要件をインターナル・マーケティングの観点から検討する。

第2節　研究方法

本章では，インターナル・マーケティングに関する先行研究を概観し，一般的な概念的フレームワークを抽出すると同時に，成功事例としてのケース・スタディに基づいて，帰納的に結論の導出を試みる。本章では第1に，インターナル・マーケティングに関する代表的な先行研究を概観し，インターナル・マーケティングの概念的フレームワークを整理する。第2に，成功事例として捉えられる日本郵船のケースを取り上げ，同社の船員戦略について，インターナル・マーケティングの概念に関わる活動を中心に検討する。第3に，上述の概念的フレームワークとケース・スタディを踏まえ，インターナル・マーケ

ティングとしての船員戦略の概念を明確にする。第4に，海運企業が船員戦略を成功裏に展開する要件とは何か，インターナル・マーケティングの観点から，概念的フレームワークとケース・スタディに基づいて帰納的に導出する。

ケース・スタディの対象として，大手外航海運企業の日本郵船を取り上げる。その理由として，同社が船員の継続的雇用に関して戦略的な取り組みを行っており，その諸活動がインターナル・マーケティングとして捉えられる点と，前章でも述べたように，同社における船員の再契約率がきわめて高い点が挙げられる。このことは，インターナル・マーケティングとしての同社の取り組みが成功裏に成果を挙げていることを示唆しており，船員の継続的雇用における成功事例として捉えられる。本章では，インタビュー調査から得られた質的データに基づいて，同社船員の継続的雇用に関する戦略的な取り組みを検討する。具体的には，2010年2月9日，日本郵船本社において，船員戦略担当責任者および同担当社員に対する集団面接方式のインタビュー調査を実施し，同社における船員戦略の現状，船員を対象とする人的資源管理施策ならびに船員人事施策，企業と船員とのコミュニケーション施策，従業員満足に対する企業側の認識についての質問を行った。さらに，2011年8月11日，シンガポールの同船舶管理子会社 NYK SHIPMANAGEMENT 社（以下，NYKSM 社）において，マンニング担当者を対象に個別面接方式のインタビュー調査を行い，同社のマンニングについての質的データを収集した。

第3節　インターナル・マーケティングの概念的フレームワーク

本節では，インターナル・マーケティングを対象とする代表的な先行研究の概念的フレームワークを整理し，インターナル・マーケティングの基本概念と目的，位置づけ，プロセス，効果について検討する。

(1) 基本概念

インターナル・マーケティングの定義に関して，Berry, et al.(1976) は，「活力ある内部市場（従業員）のニーズを満足させ，企業の目標を満足させるため

に利用可能な内部製品を創造すること」であるとした（Berry, et al., 1976, p.8)。「顧客としての従業員」というコンセプトの基本的な前提は、インターナル・マーケティングの対象となる内部顧客が、外部顧客と同様に、満足させるべきニーズをもっているという点である。すなわち、企業が内部顧客のニーズを満足させることによって、外部顧客が要求する品質のサービスを提供できるようになり、自社の競争ポジションが向上するというものである。この概念は、従業員のニーズを満足させることによって、従業員のモチベーションを高めると同時に、勤続期間を長期化させ、従業員満足度が高いほど、外部の顧客満足と企業に対する帰属意識を高めることが可能になるという仮説のもとに成り立っている（Ahmed and Rafiq, 2003, p.1177)。

また、Rafiq and Ahmed (2000) は、インターナル・マーケティングを、「部門間の調整・統合化のためにマーケティング・アプローチを用いて計画される取り組み」と定義し、その目的は、① 従業員の配置および動機づけ、② 部門間の調整ないし統合化、③ 全社戦略ないし部門戦略の効率的な遂行であるとした（Rafiq and Ahmed, 2000, p.454)。

さらに、木村 (2007) は、企業は、従業員の動機付けと顧客志向を促進するために、従業員に対するマーケティングを活用するとした上で、インターナル・マーケティングは、能力に満ちた人材が満足するような製品としての業務を介して、それらの才能を引きつけ、開発、動機付け、維持することであるとした。その上で、インターナル・マーケティングは、「従業員を顧客として捉えるフィランソロフィーであり、人々のニーズを満たすための製品としての仕事をどう作るかという戦略」であると定義している（木村, 2007, p.203)。

(2) 人的資源管理とインターナル・マーケティング

インターナル・マーケティングの活動は、企業が自社の従業員ないし潜在的な従業員を対象に行うマーケティング的な諸施策であり、それらの施策を戦略的に遂行するのが人的資源管理部門である。したがって、インターナル・マーケティングは、効果的に人的資源管理を遂行する手段として捉えられる。この点について、木村 (2007) は、人的資源管理部門において、マーケティングのコンセプトを用いて顧客の満足度を高めると同時に、供給者の利益も高め

ることができるとした上で，企業が市場で製品やサービスを販売するという活動も，企業が労働市場から優秀な人材を見つけて雇用するのも同じく交換に関わる行為であり，企業のなかでは，業務という製品と報酬を介して組織と個人が交換を行っていると論じている（木村, 2007, p.202）。

また Baron and Harris（1995）は，インターナル・マーケティングを，募集，選抜，訓練，動機付け，仕事の割当，評価，報酬を含む伝統的な人的資源管理戦略を成功裏に展開し，従業員満足を導出する手段として位置付けている。従業員満足は，主として高品質の内部支援サービスと，従業員が顧客に優れた結果を提供することを可能にする諸方策から生じるものである（Baron and Harris, 1995, 邦訳, p.191）。

Collins（1991）によれば，人的資源管理部門は，従業員や経営陣に対してサービスやプログラムを供給するが，すなわちこのことは，同部門が，ビジネスの生産性に直接影響を及ぼす成果を販売することであるとされている。そして，インターナル・マーケティングによって，人的資源管理部門は企業が必要とする人材を引き付け，引き留め，高水準の企業内顧客を維持することが可能となり，その結果企業が外部顧客のニーズやウォンツを満足する能力を高度化させることが可能となるとされている（Collins, 1991, p.265）。

Cahill（1995）は，組織学習の効率化の観点から，インターナル・マーケティングを効果的に遂行する企業は，主に以下の効果が期待できるとしている。すなわち第1に，才能ある人材の獲得競争を積極的に行うことが可能となる。第2に，職場に対する目的意識と意味づけを明確にするビジョンを提供する。第3に，自己の役割を遂行する優れたスキルと知識を従業員に備え付ける。第4に，チームプレーの成果としてベネフィットを獲得できる。第5に，能力評価と報酬を通じて目標達成を促進する（Cahill, 1995, p.45）。

Heskett, et al.（2004）は，インターナル・マーケティングの目的を，従業員価値を高める「人的資源の価値サイクル」を促進し，良好な循環を生ぜしめることによって，それらの従業員が提供するサービス品質を改善することであるとした[117]。従業員価値サイクルの構築プロセスは，①使命の明確化，②標的市場の設定，③技能および態度による従業員の採用，④知識・技能の訓練，⑤支援システムの提供，⑥従業員への権限の拡大，⑦成果の評価，⑧報酬の

提供から構成される (Heskett, et al., 2004, 邦訳, pp.202-209)[118]。

　Ahmed, et al.(2003) は，組織能力を創造ないし高度化し，経営成果を改善する手段としてインターナル・マーケティングを捉えるフレームワークを提起した。それによれば，インターナル・マーケティングは，組織の人的資源をマネジメントするためのある種の哲学として位置づけられる。そして，それは対外的に成功するために社内の能力を構築するマーケティングの視点に基づいている。したがって企業は，インターナル・マーケティング・ミクスによって，組織能力と経営成果を結びつけることが可能であると考えられる。このモデルにおいて，インターナル・マーケティング・ミクスの主要な目的は，事業戦略を解釈し，それに必要とされる能力を創造し，経営成果を改善することである。インターナル・マーケティングの構成要素に関係する組織能力には，①顧客／市場志向性，②従業員満足，③従業員個人の能力の3つがある (Ahmed, et al., 2003, p.1224)。Ahmed, et al.の示すフレームワークによれば，インターナル・マーケティング・ミクスが，市場志向，従業員満足，従業員個人の能力といった組織の経営成果を改善するための組織能力を創造ないし強化する手段として用いられる。そして，インターナル・マーケティング・ミクスは，組織能力を通じて経営成果に影響を及ぼす (Ahmed, et al., 2003, p.1233)。組織能力は，インターナル・マーケティング・ミクスの構成要素を通じて効果的に開発でき，特にマネジメント・サポート・ミクス（エンパワーメント，トップマネジメントの支援，戦略的報酬，物理的環境），部門間調整ミクス（内部のコミュニケーション，部門間調整，トレーニング，能力開発）の重要性が強調されている (Ahmed, et al., 2003, pp.1236-1237)。

(3) インターナル・マーケティングのプロセスとマーケティング・ミクス

　企業がインターナル・マーケティングを展開する手段として，Collins(1991) は以下のプロセスを提起した。第1に，市場環境ないし競争環境を理解する。すなわち，人的資源管理の最初のプロセスは，顧客である従業員のニーズやウォンツに関する適切な知識を得ることである。このプロセスは，様々な顧客グループに関する市場分析や情報収集によって構成される。第2に，人的資源管理部門が達成すべきミッションの定義づけを行う。全社レベルのミッション

を明確にした上で，それを達成するために人的資源管理部門として達成すべきミッションは何であるかを決定する。第3に，労働市場においてどのセグメントを標的とするかを明確にする。ここで，人的資源管理部門が満足させるべきニーズやウォンツの性質の観点から市場を区分する。第4に，標的とする内部市場に対して，マーケティング・ミクスを遂行する。すなわち，製品，価格，販売経路，販売促進の各要素について，従業員を顧客とみなしてマーケティング的手法を展開する（Collins, 1991, p.265）[119]。

また，Galpin（1997）は，インターナル・マーケティングのプロセスを，以下のように論じている。すなわち第1に，事業戦略の目的を明確化する。たとえば，新市場の開拓や，新製品の投入，技術の強化などがこれに含まれる。第2に，組織の成果に影響を及ぼすシステムの再構築を行う。具体的には，従業員の採用，配置，引き留め，知識共有，トレーニング，能力開発，報酬制度，物理的環境などが含まれる。第3に，個人と組織に必要とされる能力と行動パターンを創造する。第4に，事業戦略を遂行し，経営成果を導出する。第5に，成果に対する評価と改善を行う（Galpin, 1997, p.13）。

さらに，Rafiq and Ahmed（2000）は，インターナル・マーケティングによって，個々の従業員が，全社戦略の目標達成における自己の役割と重要性を理解するようになるとし，全社戦略との適合性が重要である点を指摘した。また，能力水準の高い従業員を引き付けるためには，「製品」である職務の設計が重要な役割を果たすと同時に，必要とされる態度を基準に採用活動を行うことが不可欠であるとした（Rafiq and Ahmed, 2000, p.457）。

人的資源管理部門が，内部顧客である従業員を対象に展開するマーケティング・ミクスを，伝統的なマーケティング・ミクスの概念を用いて説明すると，それぞれの構成要素は以下のように換言できる。すなわち，インターナル・マーケティング・ミクスにおける「製品」とは，企業が従業員に提供する職務そのものである。したがって，企業は従業員にとって魅力となり，その達成によって従業員満足がもたらされるような職務設計を行うことが不可欠となる。また，従業員が職務を遂行する物理的環境や給与も，インターナル・マーケティングのコンテクストでは「製品」として捉えることが可能である[120]。「価格」とは，従業員が企業に提供する労働力や，効率的に職務を遂行する能力の

アウトプット，さらに従業員が特定の職務に適合するために負担する心理的および物理的コストやリスクを指す。たとえば，雇用に関するリスクや，新たな職務に適合することが可能であるかどうかの能力的なリスク，期待する能力評価を受けられないリスクなどが含まれる。「販売経路」とは，企業が従業員に対して職務を直接的に提供するチャネルを指す。またそれは，人的資源管理施策を実行する部門でもある。「販売促進」には，企業が能力水準の高い従業員を雇用するために労働市場に対して行う採用活動，採用を目的とする広報活動，従業員満足を達成し従業員の継続的雇用を維持するための福利厚生，報奨制度，企業と従業員との間のフォーマルないしインフォーマルなコミュニケーションなどが含まれる[121]。

(4) 相互支援的な関係構築とインターナル・マーケティング

関係性マーケティングの観点からは，インターナル・マーケティングのプロセスを効率的に機能させる企業は，従業員との間に良好な関係を構築することが可能となり，長期的なベネフィットを獲得できると考えられる。たとえば市川・藤岡（1996）は，インターナル・マーケティングを，企業と従業員との関係性構築の一部として位置付けている。またGummesson（2002）は，インターナル・マーケティングの目的は，経営者と従業員間ないしは各機能間の関係を創造することであるとし，効率的なインターナル・マーケティングが，対外的なマーケティングの効率化をもたらすと論じている（Gummesson, 2002, 邦訳, p.244）。さらに，インターナル・マーケティングの発展と維持を成功させる重要な要因として人的資源を強調し，インターナル・マーケティングによって，最も効果的に従業員の動機づけが行われるとした（Gummesson, 2002, 邦訳, p.247）。

Morgan and Hunt（1994）は，関係性マーケティングの対象を，成功裏に交換を確立，維持，発展させるためのすべてのマーケティング活動に及ぶと論じ，特定の企業を主体とした場合，具体的な対象として，顧客やサプライヤー，政府，競合企業と並んで従業員を挙げ，インターナル・マーケティングの概念に用いられることを示した（Morgan and Hunt, 1994, pp.21-22）。その上で，Morgan and Huntは，「コミットメント」と「信頼」が関係性マーケティング

の成功において中心的な役割を果たすと位置付けている。その理由は，コミットメントと信頼が以下の3つの点で市場に影響を及ぼすからである。第1に，コミットメントと信頼が，パートナーとの協力によって，関係構築に対する投資を保護する役割を果たす。第2に，コミットメントと信頼が，パートナーにとっての短期的に魅力ある選択肢を排除し，長期的なベネフィットが期待される関係を継続できる。第3に，パートナーが機会主義的に行動しないという信念をもつことによって，パートナーが潜在的にリスクの高い行動をとる可能性を低下させることが可能となる（Morgan and Hunt, 1994, p.22）。コミットメントと信頼の構築に影響を及ぼす要因として，①関係終結に伴うコスト，②関係構築によるベネフィット，③価値共有，④コミュニケーション，⑤機会主義が挙げられる（Morgan and Hunt, 1994, pp.24-25）。

　Ahmed and Rafiq（2003）は，企業内における各部門ないし従業員間の関係を創造ないし調整することが，企業と従業員の成果を改善する上で不可欠であり，インターナル・マーケティングは，付加価値をもたらす関係性と相互作用をマネジメントする役割を果たすとしている（Ahmed and Rafiq, 2003, p.1179）。組織内部における互恵的な交換関係が，理解と親密性，信頼，コミットメントを通じて構築，発展，維持されることによって，インターナル・マーケティングが成功裏に機能する。インターナル・マーケティングのプロセスが効率的に機能するためには，組織内部におけるリーダーシップに対する信頼，プロセスやシステムに対する信頼，「ゲームのルール」に対する信頼が形成されることが条件である（Ahmed and Rafiq, 2003, p.1181）。

　さらに和田（1998）は，関係性を構築する重要な要素として「信頼」と「融合」を挙げている。供給者と受領者の間で，「期待」「パフォーマンス」「確認」「満足」を長期的に繰り返すことによって，「信頼」が形成される。すなわち，信頼構築の要件として，両者間の長期継続的な取引が不可欠であるとされている（和田, 1998, p.91）。その上で，関係性マーケティングの課題として，インタラクティブ・コミュニケーション状況の下に，どのようにして対話，信頼，融合の状態を戦略やシステムとして作り上げ，双方向に共創・相互支援の状況を生み出すかという点を指摘しているが，まさにこの点がインターナル・マーケティングの課題であると言える（和田, 1998, p.101）。

Grönroos (1994) は,関係性マーケティングを以下のように定義した。すなわち,マーケティングとは,関係するパートナーの目標と合致するよう,顧客およびそのほかのパートナーとの関係を有益に確立,維持,強化することである。このような関係は,必ずしもそうとは言えないが,通常長期的視点に立つものである。たとえば,顧客との関係を確立することは,さらに2つに区分されるが,ひとつは顧客を「引き付ける」こと,もうひとつは,経済的目標が達成されるよう,引き付けた顧客との関係を「構築する」ことである (Grönroos, 1994, p.327)。顧客に「プロミス」を提供することに専念する企業は,新たな顧客を引き付け,最初の関係を構築できるかもしれないが,プロミスが維持できない場合,顧客との関係は維持もしくは強化することができない。与えられたプロミスを実行することは,顧客満足や顧客基盤の維持,長期的な収益の達成と同様に重要である。関係構築において不可欠なもうひとつの要素は「信頼」である。信頼とは,パートナーに依存する意欲を言う (Grönroos, 1994, p.327)。さらに Grönroos は,このような関係性マーケティングが,従来のマーケティングよりもインターナル・マーケティングにおいて,より重要な役割を果たす点を強調した (Grönroos, 1994, p.331)。すなわち,インターナル・マーケティングを効果的に遂行することによって,企業と従業員との間に良好な関係性が構築される。その結果,企業は能力の高い従業員を引き付けることが可能になる。さらに,企業が従業員に対してプロミスを実行することによって,両者間に「信頼」を生ぜしめ,継続的な関係が構築される。両者間に良好な関係が構築されることによって,顧客満足が達成され,企業は長期的な収益を獲得することが可能となる。

(5) インターナル・マーケティング概念の再検討

上述の先行研究を踏まえ,インターナル・マーケティングの概念を再検討すると,以下のように説明することが可能であろう。

インターナル・マーケティングの基本概念は,サービス企業が,自社の従業員を内部顧客とみなし,従業員の満足およびモチベーションの向上を促進することによって,サービス品質の水準を高め,その結果として顧客満足の提供を可能にするというものである。そして,顧客満足を達成するために,企業は,

内部顧客である自社の従業員に対して，マーケティングの手法を用いて内部製品である「職務」を提供する。インターナル・マーケティングは，このプロセス全体を含む概念である。

具体的に，インターナル・マーケティングのプロセスとは，第1に，全社的な戦略目標を設定し，それを達成するために，人的資源管理部門が果たすべきミッションを明確にする。全社的な戦略目標とは，一般的に顧客満足の獲得による経営成果の導出を言う。第2に，人的資源管理部門は，労働市場の細分化と標的市場の選択を行い，ミッションを達成しうる従業員を採用する。第3に，雇用した従業員に対して，マーケティング・ミクスを展開する。第4に，その結果，従業員満足とモチベーションが向上し，サービス品質が改善される。これらのプロセスが効果的に展開されれば，顧客満足がもたらされ，企業の全社的な戦略目標が達成される。

このプロセスが効果的に機能すれば，企業と従業員との間に良好な関係が構築される。すなわち，企業が効果的なインターナル・マーケティングを遂行することによって，能力水準の高い従業員を引き付け，企業内に引き留めることが可能となる。能力水準の高い従業員と企業との間で，長期継続的な取引を繰り返すことによって両者間に双方向の信頼が生じ，相互支援的な性質を持つ関係が構築される。そして，相互支援的な関係が構築されることによって，企業と従業員の双方が効率的に顧客満足を提供し，企業は長期的な収益を獲得することが可能となる。

第4節　インターナル・マーケティングとしての船員戦略
　　　　―日本郵船のケース―

本節では，成功事例として捉えられる日本郵船を対象に，とりわけインターナル・マーケティングの構成要素に焦点を当て，同社の船員戦略の取り組みを検討する[122]。

(1) マンニングによる標的市場の選択および採用

 前章までに述べたように，同社は，世界的な船員不足に対応し，とりわけ2002年以降，新たにマンニング・ソースを拡大してきた[123]。マンニング・ソースの選択プロセスは，第1に，各マンニング・ソースにおける船員市場の規模を検討し，その一定割合を自社が雇用可能な水準と定め，標的とする市場を一定レベルまで限定する。第2に，それらのマンニング・ソースに形成される立地優位性要素を検討し，自社にとっての利用可能性を判断する。第3に，自社の船員戦略における船員ニーズと，立地優位性要素との適合性を検討し，最終的にマンニング・ソースが選択される[124]。

 各マンニング・ソースにおける同社船員の採用形態には3つある。第1に，水準の高い海事系大学と提携し，その学生に対して，海技士免許の取得要件である乗船研修を自社運航船で行い，卒業後に雇用する方法である。この制度のもとに乗船研修を受ける学生をCADETと呼び，同社では7ヶ国12校の提携校からCADETを受け入れている。第2に，これまでに自社運航船に乗船した経験のある船員を再雇用する方法である。第3に，各マンニング・ソースの船員市場から，自社運航船での乗船経験のない船員を雇用する方法である。海運市場の変動に伴って，海運企業が必要とする船舶の船種と隻数が左右する。したがって，海運企業が必要とする船員の数とポジションも，船舶の船種と隻数に応じて変動することになる。

 採用時の選別方法は，CADETの場合，提携先の海事系大学において，筆記試験，身体検査，面接試験を実施し，能力水準が高く，同社の人的資源として活用しうる学生を選抜する。筆記試験では，英語，数学，論理的思考，適性の各試験科目が課され，面接試験では，主に船員という職業に対する意識や理解，自己のキャリア計画などが問われる。また，経験者採用の場合，乗船履歴，身体検査，面接試験によって選抜される。乗船履歴とは，雇用契約を結んでいたマンニング企業，配乗された船舶，船種，荷主の属性，職位，保有資格などを指し，面接試験と合わせて企業側のニーズに合致するかどうかが判断される。とりわけ自社運航船への乗船経験をもつシニア・オフィサー[125]に関しては，同社の安全管理基準であるSMSや，同社船舶の運航基準に関する理解度，過去の乗務における勤務評価，同社運航船への乗船回数，同社組織風土と

の適合性が選別の基準となる。

　また，同社運航船の乗船経験がない船員をマーケットから採用する場合，採用プロセスは以下の3段階に区分される。まず，インターネットの求人サイトやマンニング企業のコネクションなどをもとに，船員を募集する。次に，応募した船員は書類審査を受ける。書類審査では，海技士免許と職務設計との適合性，船種や職位などの乗船履歴，雇用契約していたマンニング企業，同一企業での勤続期間などが評価の対象となる。すなわち，これまでに雇用した他のマンニング企業が信頼できるかどうかが審査の対象となるほか，船員個人の転職経験が多い場合は信頼性の評価に影響がある。さらに，書類審査に合格した船員は面接試験を受ける。面接試験では，船員のテクニカルな能力に関する内容よりも，パーソナリティーが重視される。具体的には，部下に対する教育能力や安全管理ポリシーに対する認識，海運企業の組織風土との適合性などが審査される。さらに，給与格差だけで容易に転職せず，継続的に同社と契約する可能性も評価の対象となる。

　このようなマンニングは，自社の配乗計画に基づいて行われる。配乗計画とは，船員ポストの空き状況を明確にした上で，個々の船員の適性や乗船経験を考慮し，船員を配乗する船舶と職位を決定するものである。また，同社と契約経験のある船員に関しては，前回契約時の船長もしくは機関長による評価を基準に判断した上で，船員をどの船種に配乗するかを決定する。いずれの職位で配乗するかは，マンニング企業の統一基準にしたがって決定する。また，マンニング・ソースによっては，契約した船員に対して，1年から1年半程度先の配乗計画を提示し，継続的な契約を促進している。このことは，実質的な雇用保障の役割を果たし，船員にとっては雇用の安定性を知覚させる効果があると言える。

(2) トレーニングによる能力開発[126]

　同社に雇用される船員は，配乗される船舶の船種や職位に応じて，全社レベルで統一化されたトレーニング・プログラム「NYK Maritime College」に定められた項目の教育・訓練を受ける。同社の教育・訓練に関する特徴は，高額なコストを自社で負担し，高水準のトレーニング設備を導入することによっ

て，水準の高い船員の能力開発を実施している点と，マンニング・ソースにかかわらず，同一船種，同一職位の船員であれば，世界レベルで標準化された能力を備えるよう，トレーニングの内容と方法が体系化されている点である。

たとえば，これまでに述べたように，同社最大規模のマンニング・ソースであるフィリピンにおいては，同社の出資により商船大学 NYK-TDG Maritime Academy を設立し，卒業後の同社運航船への配乗を前提に，デッキ部門，エンジン部門合わせて年間180名の学生を育成しており，同校はフィリピン政府高等教育庁（CHED）によって正式な4年制大学として認可されている。また，同社は2008年から，トレーニング設備を併設した船舶を導入している。これらの船舶は，海事系大学に在籍する CADET の乗船研修に使用され，通常の船舶に20名の CADET が同時に訓練できる設備を増設したものである。CADET は，1年間の乗船研修のうち最初の3ヶ月間，この船舶で集中的にトレーニングを受ける。各船舶には，通常のオペレーションに従事する船員に加えて，トレーニングを専門的に担当する船員が乗船し，企業から個々の船員への知識移転が徹底される。この訓練設備付船舶の最大の利点は，CADET が実際の船舶オペレーションのなかで企業に固有の船員としてのスキルを獲得することができる点である。これら2点の取り組みは，海運企業の中でも先進的なトレーニング形態である。

(3) 給与・報償・福利厚生制度

同社船員の給与は，マンニング・ソースごとに作成されるタリフにしたがって支給される。給与水準は，マンニング・ソース，配乗される船種，職位によって異なり，船員市場の状況や自社の船員ニーズに応じて戦略的に決定される。通常，年齢や契約回数のみを基準とする昇給はないが，船長職に関しては，勤続年数に応じて Seniority Pay が支給され，3年ごとに5%程度昇給する。また，給与とは別に，下船時に船長によって行われる能力評価が一定水準以上の船員に対して，次回契約時にパフォーマンス・ボーナスと称するインセンティブが支給される。さらに，評価水準の高い船員に対して，日本郵船として毎年1回表彰する優秀船員表彰制度がある。受賞者は，日本郵船東京本社において社長より表彰を受けると同時に，トロフィーが授与され，受賞者を採用

したマンニング・オフィスに展示される。このほか，受賞者には副賞金や次回契約時の特典が付与され，これらの報償制度は他船員に対してモチベーションを増大させる効果が期待できる。さらに，福利厚生制度として，船員全員を対象とする医療保険料の負担，給与送金手数料の一部負担，船内レクリエーション費の一部負担，船員の家族を対象とする便乗制度が導入されている。

(4) マンニングにおける広報活動

マンニングのための広報活動は，主に各マンニング・ソースにおいて同社と提携を結んでいる海事系大学に対して，能力水準の高いCADETを採用する目的で行われる。広報活動は，毎年2回，現地マンニング・オフィスの担当者だけでなく，CADET採用担当者およびトレーニング担当者が，CADET募集時と船員採用時の年2回，海事系大学の学生および教員に対して，プレゼンテーションを行うなどのプロモーション活動を実施する。

採用広報活動において，差別化要因として訴求する同社の優位性として，以下の3点が挙げられる。第1に，日本郵船が実質的な船主であると同時に運航会社を兼ねる「オーナー・オペレーター」である点である。すなわち，同社が数百隻規模で船舶を実質的に所有すると同時にそれらを運航する企業であることは，安定的な雇用を確保することが可能であることを強く示唆している。第2に，LNG船を保有している点である。LNG船に配乗する船員には，高度な技術と経験が必要とされるため，一般的な船種と比べて給与水準が高く，船員にとって大きな就業インセンティブとなる。LNG船は，世界的なLNG需要の増大に伴って船舶数が急増しており，各海運企業は，LNG船の乗船経験者を船員市場からマンニングすることがほぼ不可能となっている。そこで，多様な船種を所有・運航する企業であれば，これまでの契約において一般の船種に配乗された船員に対して専門的なトレーニングを実施し，LNG船に配乗せざるを得ないのが現状である。これによって，船員にとって高水準の所得を獲得する機会が増大し，就業先としての同社の優位性を高める。第3に，高度なトレーニング・プログラムが構築されている点である。前述のように，日本郵船では自社のコスト負担によって高度な能力開発が体系的に行われ，船員は同社に雇用されることによって，自己のスキルを高度化させる機会を獲得すること

が可能となる。

(5) 企業と船員間のコミュニケーション施策

　日本郵船における企業と船員とのオフィシャルなコミュニケーションとして，以下の3つの機会がある。第1に，日本郵船の経営理念を，世界レベルで各部門，各拠点に浸透させる目的で「NYKグローバル・バリュー世界大会」が毎年1回行われる。これには，船員戦略部門だけでなく，日本郵船のすべての部門が参加する。ここで会社側から提供される情報は，広報誌「Sea Scope」に掲載され，乗船中の全船員に対して発信される。第2に，全社の船員部門を対象に，全社レベルでの船員戦略と，各マンニング拠点の役割や給与水準に関する説明が行われる「グローバル・マンニング・ミーティング」が，毎年1回各マンニング・オフィスのトップマネジメントを対象に行われる。これによって，企業情報が従業員に対して世界レベルで共有されると同時に，全社レベルの戦略における自己の位置づけが明確化される。第3に，各マンニング・ソースレベルで毎年2回行われる「Officer's Dialog」が挙げられる。これには，日本郵船の社長および技術部門の役員が参加し，各マンニング・オフィスで雇用されている船長および機関長を対象に，会社の経営方針，経営実態に関する説明が行われる。これに対し，船員側から現場の業務における問題点の指摘が行われ，船舶オペレーションの現場における問題点に関する情報共有が図られると同時に，それに対する具体的な対応策の検討がマンニング・ソースごとに行われる。さらに，船員の家族も参加可能な懇親会が実施され，企業側と船員とのコミュニケーションが，船員のみならずその家族との間においても促進される。

第5節　インターナル・マーケティングとしての船員戦略
―概念的フレームワーク―

　本節では，これまでに検討したインターナル・マーケティングの先行研究および成功事例としてのケース・スタディを踏まえ，外航海運企業の船員戦略を

インターナル・マーケティングとして捉えた概念を明確にする。

(1) 船員戦略におけるインターナル・マーケティングの基本概念

　船員戦略をインターナル・マーケティングとして捉えた場合，先行研究に示されたフレームワークを援用し，基本的な概念を以下のように説明できる。すなわち，船員戦略におけるインターナル・マーケティングは，海運企業が，雇用する船員を内部顧客とみなし，能力水準の高い船員の獲得と同時に，船員の従業員満足およびモチベーションの向上を目的として，マーケティング・アプローチを用いて展開する人的資源管理のプロセスであると捉えられる。その成果として，海運企業は船員の継続的雇用を達成することが可能となる。船員戦略としてのインターナル・マーケティングは，船員を対象とする人的資源管理，すなわち船員の① 引き付け，② 選別・採用，③ 教育・訓練，④ 職務設計，⑤ 評価，⑥ 報償を通じて，船員の従業員満足と動機づけを促進する役割を果たす。海運企業は，これらの施策を世界レベルで制度的に統合することで，船員の国籍やバックグラウンドに関わらず，ひとしく船員の従業員満足を導出し，その結果として，短期間の契約ベースで雇用する船員の継続的雇用を達成する必要がある。

　そのプロセスを通じて，船員の従業員満足およびモチベーションの向上が達成され，自社の提供する海上輸送サービスの品質が船舶オペレーションの現場レベルで高度化し，顧客満足が実現する。このことが，海運企業の競争優位に結びつき，全社的な戦略目標が達成される。競争優位を獲得した海運企業は，新たな船員のマンニングにおいて，能力水準の高い船員を引き付け，獲得することが可能となる。さらに，能力水準の高い船員に対してインターナル・マーケティングの諸施策を遂行することによって，従業員満足を高めることができれば，期間限定的な契約ベースで配乗される船員を継続的に雇用することが可能となる。

　Heskettet, et al. の示す「人的資源価値サイクル」の概念を用いて換言すれば，このプロセスが船員の「人的資源価値」のサイクルであると言える。それを効率的に機能させるためには，海運企業が船員戦略の目的を明確化し，その目的を実現しうるマンニング・ソースを標的市場に設定し，能力水準の高い船

第5節　インターナル・マーケティングとしての船員戦略—概念的フレームワーク—

員を採用することが不可欠である。さらに，海運企業は採用した船員に知識・技能の訓練やコミュニケーション施策などの支援システムを提供し，船員が提供する船員業務に対する適切な評価に基づいて，報酬を付与しなければならない。この効果的なサイクルを実現するための諸施策が，船員戦略におけるインターナル・マーケティングである。

　船員戦略における具体的なインターナル・マーケティングのプロセスは，以下のとおりである。すなわち第1に，全社的に設定される戦略目標に基づいて，船員戦略部門が達成すべき目標を明確化する。全社戦略に示される目標のうち，とりわけ船員戦略に関係する要素とは，物流需要に基づいて必要とされる船舶数や船種など，主に船舶に対する設備投資に関するものである。第2に，船員戦略部門が，上述の目標を達成するために，船員市場の細分化と標的とする船員市場を決定する。具体的には，世界各国の船員市場から，必要とされる船員の規模と能力水準を達成しうるマンニング・ソースを選択し，そのマンニング・ソースにおいて，自社の船員ニーズに適合する船員を採用する。第3に，雇用した船員を内部顧客とみなし，船員を対象として後述のインターナル・マーケティング・ミクスを展開する。第4に，その結果，船員の従業員満足とモチベーションが向上し，船員の提供する海上輸送サービスの品質が，現場の船舶オペレーションレベルで向上する。ここで言うサービス品質とは，船舶オペレーションにおける安全性や正確性だけでなく，外部顧客である荷主との直接的ないし間接的なコミュニケーションの効率，社内の船舶管理部門ないし営業部門とのコミュニケーションの効率などを指す。最終的に，このプロセスが効率的に機能すれば，内部顧客である船員の従業員満足やモチベーションが向上し，その結果として海上輸送サービスの品質が改善され，海運企業は顧客満足を達成することが可能となる。

　このように，海運企業は，全社レベルで設定された戦略目標に基づいて，全社レベルで制度的に統合された船員戦略のプロセスを展開する。その結果，船員の国籍やバックグラウンドに関わらず従業員満足を導出し，継続的雇用を促進することが可能となる。すなわち，インターナル・マーケティングとしての制度的統合を通じて，規範的統合の成果が導出されると言える。

(2) 標的市場の選択とマンニング

インターナル・マーケティングとしての船員戦略で、最初の課題となるのが、全社レベルの戦略を踏まえて船員戦略部門の目標を設定し、それを達成しうる船員のマンニングを行うことである。上述のとおり、全社レベルで策定される戦略のうち、船員戦略に関係するのは、全社レベルの営業戦略と、それを遂行する上で必要とされる船舶の隻数および船種いった設備投資を中心とする内容である。船員戦略部門は、全社戦略の目標を達成するために必要な船員規模や、船員能力に関する要求水準などを部門目標として明確にする。さらに、船員戦略部門は、この部門目標を達成し、海運企業の経営成果を効率的に導出するために、船員のマンニング、クルーイングおよびトレーニングを中心とする船員戦略を策定する。

船員戦略が策定されると、海運企業は、その目標を達成するための船員をマンニングによって採用する。海運企業は、世界に分散する船員市場から標的となるマンニング・ソースを選択し、能力水準の高い船員を選別・採用する。マンニング・ソースの選択は、多国籍企業の立地選択と同様の性質をもち、その決定要因として立地優位性が影響を及ぼす。各マンニング・ソースの立地優位性要素や、それらの要素が形成される背景は国によって異なるが、いずれも船員の能力水準や利用可能性を高度化させる諸要因が、マンニング・ソースの立地優位性として海運企業に知覚される。海運企業は、個々のマンニング・ソースがもつ立地優位性と、自社の船員ニーズを適合させ、標的となるマンニング・ソースを選択する。

標的となるマンニング・ソースが選択されると、次に海運企業は、上述の目標に示された能力をもつ船員を選別・採用する。ケース・スタディからもわかるように、マンニングのチャネルには、次の3つがある。すなわち第1に、各マンニング・ソースにおいて水準の高い海事系大学と提携を結び、潜在的能力の高い船員を選別・採用する。第2に、すでに自社に乗船経験のある船員のなかから、過去の乗船履歴を基準に、能力水準の高い者を継続的に採用する。第3に、自社乗船経験のない船員を市場から獲得する。

船員の選別・採用において注目すべき点は、基礎学力、身体能力、船員としての専門的な能力に関する評価だけでなく、自己のキャリアに対する目的意識

や潜在的なモチベーション，海運企業に固有の組織風土に対する適合性，継続的契約の可能性も選別の基準となる点である。このことは，海運企業がインターナル・マーケティングとしての船員戦略を効率的に遂行するために，従業員満足やモチベーションを向上させる可能性に関して，個々の船員が潜在的にもつ能力および資質を，採用の時点から評価すべきであることを示唆している。

⑶ **インターナル・マーケティング・ミクスと船員戦略**

海運企業は，雇用した船員を顧客とみなし，内部顧客である船員に対して，マーケティング・ミクスを遂行する。その目的は，第一義的には船員の従業員満足とモチベーションの向上であるが，その結果として，船員業務の効率化による海上輸送サービスの品質向上，船員の継続的雇用による能力の高度化がもたらされ，最終的に外部顧客の満足を達成することが最終的な目的となる。

第1に，船員戦略における「製品」とは，海運企業が船員に対して提供する「船員業務」そのものだけでなく，職場である船舶の物理的な職務環境も含まれる。さらに，船員戦略で言う「製品」には，船員業務とともに給与も含まれるべきである。なぜならば，船員が海運企業に提供する能力やサービス行為の対価として支払われるのが給与だからである。一般的に，マンニング・ソースにかかわらず船員の給与水準は高く，国によっても異なるが，一般的な職業に従事する給与所得者に対して数倍の水準となる場合も多い。したがって給与は，従業員満足をもたらす重要な「製品」として位置づけられる。

また，海運企業が船員を対象に実施する企業内教育・訓練も，「製品」として捉えられる。船員は，海運企業によるトレーニング・プログラムに定められる教育・訓練を通じて，船員業務に関する知識や，自己の業務遂行に必要な能力を獲得する。トレーニング・プログラムのなかには，企業に固有の要素も含まれるため，教育・訓練は特定の海運企業に対する従業員満足を左右する重要な要因と言える。

第2に，船員戦略における「価格」とは，船員が仕事と給与の提供に対して海運企業に支払う対価を指し，具体的には，船員が企業に提供する技術・スキルといった能力そのものだけでなく，海運企業の要求水準に自己の能力を適合

させる心理的および物理的コストやリスクを含んでいると言える。さらに具体的には，採用時点で厳しい競争を経ることから生じる雇用リスクや心理的コスト，期間限定的な契約ベースでの雇用による失業リスク，自己の能力評価が期待水準に達しないリスク，船員の業務特性から生じる生活上の心理的ないし物理的なコストなどが挙げられる。

　第3に，船員戦略における「販売経路」とは，内部顧客である船員に「製品」としての業務がもたらされる経路を指す。船員戦略における「販売経路」とは，海運企業における船員戦略部門ないしはマンニング部門がこれに当たる。海運企業は，本社船員戦略部門だけでなく，世界各国に船員のマンニングおよびトレーニング拠点をもっており，船員に対して「製品」としての「職務」や「教育・訓練」を提供するインターフェイスの役割を果たしている。また，マンニングに関しては，船員獲得のチャネルとして，海運企業が各マンニング・ソースの海事系大学と提携し，それらの学生に対して，卒業後の雇用契約を前提に，入社前教育・訓練である乗船研修の場を提供している。したがって，各マンニング・ソースで提携先となる海事系大学もまた，「販売経路」の役割を果たすと言える。海運企業は，選択した標的市場から，成果の期待される船員を確実に採用しうるマンニング拠点を配置し，適切な「販売経路」を設定する必要があると言える。

　第4に，船員戦略における「販売促進」は，マンニングにおいて船員を引き付け，採用後の業務遂行において船員の従業員満足とモチベーションを促進する活動である。具体的には，各マンニング・ソースの海事系大学を対象とする採用広報活動，採用した船員に対する福利厚生制度や報償制度，企業と船員とのコミュニケーション施策が挙げられる。採用広報活動によって，能力水準の高い船員のマンニングが可能になるだけでなく，効果的な報償制度によって，船員のモチベーションが向上することが期待できる。また，企業側とのコミュニケーション施策によって，企業と船員との間で情報や価値観の共有が図られるだけでなく，とりわけ上位の船員に対しては，経営への参画を意識づける観点から，モチベーションの向上が図られる。

　先進的な海運企業は，対象となる船員の国籍やバックグラウンドに関わらず，上述のインターナル・マーケティング・ミクスを全社レベルの制度として

統合化する。これによって，船員戦略としての規範的統合成果が導出され，外部顧客に対する海運企業としての優位性が増大すると考えられる。

(4) 船員戦略における関係性とインターナル・マーケティング

マンニング・ソースの選択と船員の採用，船員を対象とするインターナル・マーケティング・ミクスのプロセスが効果的に機能すると，船員の国籍やバックグラウンドに関わらず，海運企業と船員との間に良好な関係が構築され，規範的統合の成果が導出される。そこで，関係性マーケティングの概念を用いて，海運企業と船員との関係をインターナル・マーケティングの観点から説明すれば，以下のようになる。

すなわち，海運企業と船員との良好な関係が構築されれば，海運企業はマンニングにおいて能力水準の高い船員を獲得し，期間限定的な契約に基づく船員の雇用を継続させることが可能となる。海運企業と船員との間で，「製品」である船員業務や「価格」としての船員能力のアウトプットを介して長期継続的な取引，すなわち長期継続的な交換が行われると，両者間に双方向の「信頼」が生じる。さらに，両者がコミットメントを深化させるにしたがって融合し，相互支援的な関係が構築される。その結果，海運企業の目標である顧客満足の達成に貢献するモチベーションが船員側に生じ，サービス品質が改善され，長期的な収益基盤が構築される。

和田が示す関係性マーケティングの概念を用いて説明すれば，両者間に信頼が生じるプロセスは，製品の供給者である海運企業と，受領者である船員との間で，「期待」「パフォーマンス」「確認」「満足」を長期的に繰り返すことである。すなわち，船員は職務や給与などの満足を期待して海運企業に採用される。他方，海運企業は，自社の目標であるサービス品質の向上と顧客満足の達成のため，船員の能力が業務に反映されることを期待する。パフォーマンスとして，海運企業は船員に対して所定の教育・訓練を施すと同時に，船員はそれによってスキルを獲得し，業務に従事する。一定期間を経た後に，船員の能力評価によってパフォーマンスが測定され，給与や報償が提供される。この結果に両者が満足すれば，両者間に信頼が構築される。Ahmed and Rafiq の概念を用いて説明すれば，船員から見て，信頼とは具体的に，船員組織におけるリー

ダーシップ,トレーニング・プログラムや業務遂行に関する安全管理システム,評価基準に対する信頼から構成される。

また,Morgan and Hunt が示したように,海運企業と船員との間に信頼が構築されれば,海運企業の観点からは,船員が機会主義的な行動をとる可能性が低下し,長期的なベネフィットが期待できるため,高額な設備投資によって高度なトレーニング設備を導入し,船員の能力開発を高度化させることができる。それと同時に,海運企業は安定的な配乗計画を策定でき,船舶オペレーションの円滑化が図られる。他方,船員の観点からは,海運企業による機会主義的行動が排除されるため,安定的な雇用が確保されるとの信頼のもと,業務に対するモチベーションが向上するだけでなく,企業に固有のスキルの獲得に対する意欲が増大し,特定の海運企業に対する帰属意識が高まると期待できる。したがって,人的資源のグローバル統合としてインターナル・マーケティングが果たすべき役割は,船員の国籍やバックグラウンドに関わらず,両者間に信頼を形成し,相互支援的な関係を構築するプロセスを成功裏に機能させることである。

第6節　船員戦略におけるインターナル・マーケティングの成功要件

外航海運企業の船員戦略をインターナル・マーケティングとして捉えた場合,前節で論じた一連のプロセスを成功裏に機能させ,海運企業が船員の従業員満足とモチベーションの向上を実現すると同時に,その結果として船員の継続的雇用を達成するための要件とは何であろうか。本節では,前述の概念的フレームワークを用いて,ケース・スタディを成功事例として捉え,インターナル・マーケティングの観点から,船員戦略の成功要件を帰納的に導出する。

第1の要件として,マンニングによる船員の採用において,顧客満足を達成しうる能力を備えた人物を的確に引き付け,的確に選別することが挙げられる。これによって,船員の組織参入後のインターナル・マーケティング・ミックスが効果的に進展すると考えられる。世界的な船員不足の傾向に鑑みれば,よ

り能力水準の高い船員を引き付けるためには，海運企業が提供する「製品」である船員業務や給与，物理的な職務環境，「販売経路」としてのトレーニング・システム，「販売促進」としての報償，福利厚生，コミュニケーション施策が，船員市場の潜在的従業員から見て優位性の高いものでなければならない。

さらに，海運企業は，自社に引き付けられた船員を採用するための選別を的確に行うことが不可欠である。そのためには，マンニングにおいて，船員の業務上の能力だけでなく，態度も基準に含めて選別することが重要であると言える。海運企業にとっては，高い「価格」で自社の「製品」を購入する船員を獲得することが不可欠である。すなわち，「価格」とは船員が海運企業に提供する能力のアウトプットであるから，高水準の能力を自社の船員業務に反映させ，船舶オペレーションというサービスの品質を向上させることが不可欠である。そのために，採用においては，顧客満足を達成しうる船員としての能力だけでなく，自社の業務システムに対する理解度や，自社の組織風土に対する適合性を基準に選別を行う必要がある。

第2の要件は，「製品」としての職務の魅力度を高めることである。これによって，第1の要件として挙げた能力水準の高い船員を自社に引き付けることが可能となる。具体的には，船員業務そのものだけでなく，安定的な雇用が確保できるだけの船舶数，船種を海運企業が管理している点や，船員に支払われる給与，物理的な職務環境も「製品」に含まれる。船員の給与水準は一般的に高く，船員の就業インセンティブを形成する主要な要因は，高水準の給与にあると言える。したがって，海運企業は，透明性の高い給与制度を導入すると同時に，給与水準を戦略的に決定し，公正な評価基準に基づいて，船員の能力評価を行うことが不可欠である。また，船員の職場となる船舶の規模や種類，設備の新旧ないし整備状況といった物理的な職務環境も，従業員満足を左右する要因として捉えられる。したがって海運企業は，このような「製品」を，船員から見て購入インセンティブの大きいものにすることによって，能力の高い船員を引き付け，船員業務を通じた従業員満足を導出することが可能となる。重要なのは，海運企業が提供する「製品」と船員が支払う「価格」の水準がバランスするかどうかであり，海運企業にとっては，船員が高い「価格」を支払っても購入するインセンティブをもつだけの「製品」を提供することが不可欠で

あると言える。

　第3に,「製品」としてのトレーニング・システムを高度化することによって,船員に提供する職務の水準をより高いものにすることである。すなわち,海運企業が大規模な設備投資を行い,トレーニング設備を導入したり,企業に固有のトレーニング手法を開発することを通じて,高度な技術やスキルが船員に供与される。このことが,船員に提供する職務の質を高め,「製品」である船員業務の優位性を高めるのである。高度な技術・スキルを持つ船員は,そのアウトプットによって業務を遂行し,海上輸送サービスの品質が高まる。船員にとっては,自己の能力を高度化させるトレーニング・プログラムそのものが,従業員満足とモチベーションを高める要因となる。また,トレーニング・プログラムやトレーニング手法は海運企業によって異なり,企業に固有の要素を含んでいる。このため,販売経路として捉えられるトレーニング・プログラムが,特定の企業に対する従業員満足を左右する要因となるのである。

　第4の要件は,「販売促進」として以下の2点を達成することである。第1に,採用広報活動を積極的に行い,標的とする船員市場に対して自社の優位性を効率的に発信することによって,能力水準の高い船員をマンニングする。第2に,採用した船員を継続的に雇用するために,船員に対するフォーマルなコミュニケーション施策の展開によって,企業情報や価値観を共有すると同時に,効果的な報償制度や福利厚生制度を導入し,船員の経営参画意識とモチベーションを高める。いずれも,組織参入者の能力水準を高めると同時に,継続的雇用という規範的統合の成果を促進する効果が期待できる。

　上述の4つの要件を満たし,インターナル・マーケティング・ミクスが成功裏に機能すれば,船員の国籍やバックグラウンドに関わらず,船員と企業との間で,「製品」である「職務」と「価格」である「能力」をめぐる取引が長期継続的に繰り返され,そのプロセスを経て両者間で信頼が構築される。信頼が構築された両者間の関係は,相互に機会主義的行動をとる可能性が排除され,相互支援的な性質をもつものとなる。すなわち,船員は海運企業の目的を達成するために,企業に固有の知識を吸収し,それを職務に反映させるモチベーションを高める。これに対し海運企業は,安定的な配乗計画が策定できると同時に,能力水準を高度化するための投資を行うインセンティブが強まり,この

ことが従業員満足の向上につながると考えられる。このような相互支援的な関係が，海運企業と船員の間で構築されれば，海運企業は全社レベルで船員の継続的雇用を安定的に実現し，前章で議論した船員市場の内部化によってもたらされるベネフィットを享受することが可能となる。船員が多様な国籍やバックグラウンドをもつことから，船員戦略としてのインターナル・マーケティングの最終的な目的は，船員の規範的統合にあると言える。

第7節　小　結

　本章の目的は，継続的雇用を達成するための船員戦略をインターナル・マーケティングとして捉え，先行研究に示された概念的フレームワークと，成功事例として捉えられるケース・スタディから，その概念を明確にした上で，企業側の観点から，継続的雇用を達成する船員戦略の成功要件は何であるかを帰納的に導出することであった。

　その結果，外航海運企業が，自社の従業員である船員に対して，全社レベルでインターナル・マーケティングの手法を展開することにより，船員の従業員満足とモチベーションを高めると同時に，船員間の信頼関係を構築し，結果的に継続的雇用を達成する要件として，以下の5点を提起した。

　すなわち第1に，自社の全社戦略に適合する船員市場を標的とし，船員戦略部門の目標を的確に達成しうる船員を的確に引き付け，選別・採用する。選別においては，船員の業務能力だけでなく，企業に固有の業務システムや組織風土との適合性も含めた基準を用いる。これによって，インターナル・マーケティング・ミクスのプロセスが効率的に機能する。第2に，「製品」としての職務の魅力度を高める。「製品」には，職務と同時に船員に提供される給与や物理的な職務環境が含まれる。これによって，船員が高い「価格」すなわち能力を海運企業に提供するインセンティブが増大する。第3に，「製品」としてのトレーニング・プログラムを高度化させる。すなわち，大規模な設備投資や，企業に固有のトレーニング手法を開発することによって，「製品」である船員業務の水準が高度化するだけでなく，船員にとっても，自己の能力水準が

高度化するため，従業員満足とモチベーションの向上が期待できる。第4に，「販売促進」としての採用広報活動によって，標的市場に対して効果的に海運企業の優位性を発信すると同時に，報償制度や福利厚生，コミュニケーション施策を効果的に展開する。これによって，能力水準の高い船員を引きつけ，船員業務を通じて従業員満足を達成することが可能となる。第5に，インターナル・マーケティングのプロセスを効率的に機能させることによって，海運企業と船員との間に，相互支援的な関係を構築する。その結果，船員の継続的雇用が促進される。

　船員戦略のグローバル統合，とりわけ規範的統合を達成する上で，短期間の契約ベースで雇用される船員の継続的雇用が不可欠となるが，本章で論じたような海運企業の取り組みによって，それがどのような経路で達成されるのかが明らかになった。海運企業によるインターナル・マーケティングとしての諸施策は，世界レベルで制度的に統合化された取り組みである。すなわち，海運企業は，船員の国籍やバックグラウンドにかかわらず，すべての船員にひとしく従業員満足をもたらすことによって継続的雇用を達成しようとする。それによって，自社のニーズに適合する船員の確保だけでなく，効率的なクルーイングおよび職務の遂行，トレーニング効果の最大化を図るものである。本章で論じた海運企業による船員戦略の諸施策は，すべてが船員の従業員満足の提供を第一義の目的としたものではない。しかしながら，海運企業として制度的に統合化された船員戦略の諸施策が，結果的に船員の国籍やバックグラウンドにかかわらず継続的雇用をもたらしているのは事実であるから，これらの諸施策は，インターナル・マーケティングとして捉えることが可能である。そして，インターナル・マーケティング・ミクスとして説明した一連のプロセスを通じて，船員が海運企業の組織に適応し，企業に固有の知識を獲得するだけでなく，船員間の信頼関係を構築することで，従業員満足が醸成されるならば，船員の継続的雇用を通じて規範的統合が達成されると考えられる。

第9章
継続的雇用とリテンション・マネジメント

第1節 はじめに

　本章の目的は，外航海運企業における船員の継続的雇用に焦点を当て，船員のリテンションが成功裏に達成されるためのプロセスを，船員の心理過程の観点から仮説として提示することである。

　海運企業が，船員戦略のグローバル統合，とりわけ規範的統合を達成する上で重要な要件となるのが，短期的な契約ベースで雇用される船員の継続的雇用である。これまでの章において，船員の継続的雇用のインセンティブと重要性，企業側の視点から捉えた継続的雇用を達成するための人的資源管理施策について論じてきた。そこで，本章では，船員戦略の対象となる従業員側の視点から，離職意思を抑制し，継続的雇用をもたらすリテンション要因と心理過程について，リテンション・マネジメントの概念を用いて検討する。

　これまでに述べたように，海運企業にとって船員の継続的雇用が重要な課題となっている理由は，船員市場の状況，能力開発の効率性，船員の雇用形態の3点に集約される。すなわち，世界的な船員不足という長期的な船員市場の動向に鑑み，海運企業にとっては，自社運航船のオペレーション[127]に従事する船員の確保が焦眉の課題となっている。また，船員の能力開発の観点からも，リテンションは重要な意味をもっている。とりわけ日本の海運企業では，企業内教育・訓練を重視し，船員に対して企業に固有のトレーニング・プログラム[128]を実施している。船員のリテンションは，このような能力開発コストの回収だけでなく，企業に固有の知識[129]の移転を効果的に行う上でも不可欠であると言える[130]。とりわけ，マニュアル化が困難な暗黙知的要素の移転を成功裏に行うためには，船員間のコミュニケーションが不可欠であり，船員生活

全体を通じてそれが活発に生起する要件として、長期継続的な雇用が考えられる。

しかしながら、船員は、職位にかかわらずほぼ全員が期間限定的な雇用契約に基づいて採用されるいわゆる非正規従業員であり、雇用契約の期間は1回あたり3ヶ月から9ヶ月ときわめて短い。海運企業が船員を期間限定的な契約ベースで雇用するのは、外航海運業が、海上物流需要の変動によって、サービスの価格すなわち海上運賃が著しく影響を受ける市況産業であることに起因する。海上物流需要の変動は、海上運賃のみならず、海運企業が必要とする船舶の隻数ないしそれらのオペレーションに従事する船員の需要にも直接的な影響を及ぼす。このため、海運企業は、雇用する船員の規模ならびに人件費をできるだけ調整可能なものとし、船員需要の変動に柔軟に対応することによって、船舶管理コストの最適化を図っている。しかし他方で、このような非正規従業員に固有の雇用の不安定性は、船員の組織間キャリア志向を醸成し、リテンションを困難にする。

このように、外航海運業をめぐる経営環境や、船員に固有の職務特性、雇用形態の特異性に鑑みれば、海運企業が能力水準の高い船員を確保するだけでなく、成功裏に船員の能力開発を行い、規範的統合を達成する上で、船員の継続的雇用がきわめて重要な役割を果たすと言える。

このような問題意識に基づき、本章では、海運企業における船員の継続的雇用に焦点を当て、船員のリテンションが成功裏に達成されるプロセスを、船員の心理過程の観点から仮説として提示する。具体的には、船員の離職意思を抑制するリテンション要因が何であり、それらがいかなる背景から発生し、どのような心理過程を経て継続的雇用を達成するかを検討する。

第2節　研究方法

本章では、リテンション・マネジメントに関する先行研究によって論点を明確にすると同時に、日本の大手海運企業および同子会社の大手船舶管理企業を成功事例として、インタビュー調査で収集した質的データに基づき、仮説を構

築する。すなわち第1に，リテンション・マネジメントに関する先行研究を概観し，その概念を整理すると同時に，船員を対象とした外航海運企業によるリテンション・マネジメントの論点を明確化する。第2に，成功事例として捉えられる日本郵船を対象に，同社に勤務する船員および船員経験者に対するインタビュー調査から，人的資源管理施策を中心とするリテンション要因と，それらに対する従業員の知覚を明らかにする。第3に，船員のリテンションが成功裏に行われるプロセスを，船員の心理過程の観点から仮説として提示する。

前章でも述べたように，日本郵船においては，期間限定的な契約ベースで雇用される船員の再契約率がきわめて高く，船員の継続的雇用を成功裏に達成している海運企業であると言える。したがって，同社には，船員の継続的雇用を顕著に促進するリテンション要因が存在するはずである。本章では，同社において船員の継続的雇用をもたらす取り組みと，それらに対する船員の知覚をインタビュー調査に基づいて明らかにし，海運企業がリテンション・マネジメントを成功裏に展開する要件を帰納的に考察する。

インタビュー調査に関しては，2010年2月9日，日本郵船本社船員戦略部門において，船員戦略を取り巻く経営環境，船員を対象とする人的資源管理施策，職務満足に対する企業側の認識についての質問を行い，船員戦略策定者より回答を得た。また，2011年8月11日，同社子会社でシンガポールの大手船舶管理企業 NYK SHIPMANAGEMENT 社（以下，NYKSM 社）において，同社の人的資源管理施策ならびに船員人事施策，船員と企業とのコミュニケーション施策についてのより詳細な質問を行い，マンニングおよびトレーニング担当責任者より回答を得た。同時に，同社管理船に乗船経験をもつ船舶管理者4名（インド人3名，フィリピン人1名），および同社トレーニング・センターにおいて，同社管理船に乗船経験をもつインストラクター3名（インド人）を対象にそれぞれ個別面接を行った。ここでは，回答者の職務経歴，同社との契約動機，契約を継続した理由，自己のキャリア計画全体における同社の位置づけ，リテンションに影響する要因，リテンションにおける同社の優位性について質問を行い，回答を得た。同社では，自社管理船に乗船経験をもつ船員の中から，能力水準の高い者を船舶管理者として登用している。登用条件は，いずれも同社で船長もしくは機関長として乗船経験をもち，乗船時の職務業績が高

く，同社の安全管理システムを的確に理解していることであり，必然的に長期間継続的に契約した者が選抜される。

さらに，2011年9月6日から10日，同社管理船NYK ALTAIR号（コンテナ船）に乗船し，香港－神戸間を航海中の同船上において，船舶オペレーションの現場に従事する船員24名（インド人6名，フィリピン人18名）全員を対象にインタビュー調査を行い，それぞれ個別面接方式で上述の質問を行った。調査対象の選別に関しては，同社が雇用する船員のうち，最も大きい割合を占めるのがフィリピン人とインド人であることから，同社を代表するこれらのマンニング・ソースから雇用した船員が同時に乗り組む船舶において調査したい旨同社に依頼した。この調査において，3名の初回契約者（D/Boy, Wiper, Elect./CADET）を除いて全員が同社と複数回契約していることから，好ましい職務業績とリテンション成果を挙げている者として捉えられる。初回契約の3名についても，後述の基準に基づいた採用プロセスを経て入社していることから，好ましい職務業績を挙げることが予想される船員として捉えられる。

第3節　リテンション・マネジメントの概念
―先行研究と論点の整理―

本節では，リテンション・マネジメントに関する先行研究を概観することによって，その概念を整理すると同時に，本章の研究対象である外航海運企業の船員戦略におけるリテンション・マネジメントの論点を明確にする。

(1) リテンション・マネジメントの基本概念と本書における定義

リテンション・マネジメントとは，高業績を挙げる（または挙げることが予想される）従業員が，長期間組織にとどまってその能力を発揮することができるようにするための人的資源管理施策全体を言う（山本, 2009a, p.15）。また，リテンションに影響を及ぼす人的資源管理機能は以下の3つであるとされている。すなわち第1に，給与や昇進などに関する報酬マネジメント，第2に，優秀者表彰や個々の従業員に対するエンパワーメントなどのモチベーション・マ

ネジメント，第3に，トレーニングなど従業員のキャリア発達などの長期的施策を中心とするキャリア・マネジメントである（山本，2009a）。そして，これらの人的資源管理施策が，従業員にどのように知覚されるかによって，リテンション成果が決定される。リテンションに対する人的資源管理施策の有効性は，組織の性質や，組織を取り巻く様々な経営環境によって異なっており，従業員が企業の国籍や組織の内在的価値を含む人的資源管理施策に対してもつ期待が，職務行動や組織成果に影響を及ぼすとされている（山本，2009a, p.64）[131]。本書では，この定義を援用し，船員戦略におけるリテンション・マネジメントを「好ましい職務業績を挙げる（または挙げることが予想される）船員の継続的雇用を達成するための諸施策」と定義する。リーマン・ショック後も世界的に外航船員の不足傾向が継続するなか，海運企業にとっては，自社の船舶を運航するのに必要な船員を確保することが，依然として重要な課題となっている。船員は短期間の契約ベースで雇用されるため，海運企業は船員を新規に獲得するだけでなく，自社で乗船経験をもつ船員を継続的に契約させる必要性が常に生じ，文字通り船員を自社に「引き留める」ことが非常に重要な意味をもつ。船員業務は，船舶管理会社が定める安全管理マニュアルや業務手順書において，船種や職位に応じて明確に分担されており，各自がそれぞれ異なる役割をもっている。さらに，1隻の船舶を運航するのに必要なポジションと船員数は，各国の船員関係法規や海員組合との取り決め，安全管理基準をもとに，船舶管理会社が規定している。したがって，海運企業にとっては，職位に関わらずリテンションの必要性が生じる。

　海運企業の経営計画には，海運市場の動向に基づいて，自社運航船の隻数および船種が明示される。船員戦略の主たる役割は，企業レベルの経営計画に示された隻数および船種を滞りなく運航するのに必要とされる船員を世界各国から確保し，必要な能力開発を行うことである。したがって，企業レベルの経営計画を円滑に実行する上で，世界レベルでの船員の確保が最重要課題であると同時に，個々の船員の能力水準が自社の基準を満たすかどうかを示す職務業績が，リテンションの必要性を示す要因となる。すなわち，海運企業にとっては，国籍に関わらず，職務業績の高い船員をいかに引き止めるかが重要な課題となる。ここで言う「職務業績」とは，企業レベルの「組織業績」ではなく，

従業員レベルの職務業績である[132]。船員の職務業績は，契約終了時に船長もしくは機関長から現場での職務遂行能力として評価され，船長および機関長の職務業績は，船舶管理会社によって評価される。具体的には，船舶のオペレーションに関する技術的な能力だけでなく，海上での船員業務を円滑に遂行する上で必要とされる人的能力も含まれる。

人的資源管理施策に対する知覚は，個々の従業員の主観によって形成されるため，同一の人的資源管理施策に対しても，従業員の国籍，職種，職位，職務経歴，就業動機，企業や職務に対する期待度などのバックグラウンドによって異なる可能性が高いと言える。外航海運業においては，船員は世界レベルで様々なマンニング・ソースから雇用されているため，人的資源管理施策に対する知覚は，それぞれのマンニング・ソースにおける経営環境，国ごとの船員キャリアの位置づけや船員のキャリア発達に関する価値観によって左右される。このため，人的資源管理施策とリテンション成果との間にいかなる媒介要因が介在するかを，より精緻に検討する必要があると言える[133]。

山本（2007）は，組織従業員の人的資源管理認知とリテンションの関係を明らかにした研究において，人的資源管理認知から退職意思決定に至るプロセスに，キャリア発達の概念を導入している[134]。すなわち，評価・昇進の適切性，教育訓練の積極性，雇用保障に対する従業員の認知が，キャリア満足や昇進可能性認知，専門性の獲得といったキャリア発達を経て，リテンション効果を促進するとされている。また，人的資源に対する投資やコミットメント向上に関する従業員の人的資源管理認知と，それによるリテンション効果は，高業績者ほど高い。とりわけ，昇進可能性認知が，全ての人的資源管理認知から最も強いプラスの影響を受け，リテンション効果を促進する（山本, 2007, pp.29-30）。

企業が国境を越えて行うリテンション・マネジメントに焦点を当てた研究は，それほど多く見られないのが現状であるが，たとえばReiche（2007）は，多国籍企業における現地人スタッフのリテンション・マネジメントに焦点を当て，国境を越えた人的資源管理と現地人スタッフの離職行動との関係を概念化した[135]。そのなかで，両者を仲介する要素として，現地人従業員のキャリア展望に関する知覚と，従業員と組織との一体化を挙げ，これら2つの要因がリテンション成果をもたらすための人的資源管理施策とは何かを提示した。それ

によれば，国際的な人的資源管理における現地人従業員の位置づけ[136]によってリテンション成果は左右され，リテンション成果をもたらす人的資源管理施策として，現地人従業員の社会化とトレーニング，世界レベルでの経営陣とのコンタクトと情報交換，全社レベルでの人事情報の共有と管理職の活用，現地人従業員の本国拠点での活用などが挙げられている（Reiche, 2007）。

多国籍企業が各国の拠点に勤務する外国人従業員を対象に，いかなる人的資源管理施策を実施し，それらがどのように外国人従業員に知覚され，離職意思を抑制するかといったプロセスは，各国の拠点ごとに異なる様々な要因によって左右される。したがって，多国籍企業におけるリテンション・マネジメントには，制度的統合として，世界レベルで効果的な人的資源管理施策を導入するだけでなく，各国の人的資源を取り巻く諸要因を考慮しながら，従業員の離職意思を抑制する行動パターンを生起せしめることが不可欠であると言える。

(2) リテンション・マネジメントと人的資源管理施策

次に，一般的な産業部門を対象とする先行研究から，リテンション成果をもたらしうる具体的な施策を検討する。Guest, et al. (2003) は，従業員のリテンションを企業業績のひとつとして捉え，それを改善する人的資源管理施策を「高業績労働施策」(High Performance Working Practices) と呼び，以下の9つを提示した[137]。すなわち，① 頻繁な採用活動や配属先の熟慮などの戦略的な採用・選抜，② 十分な時間をかけた OJT や OFF-JT のトレーニング・能力開発，③ 公正な職務評価や査定，④ 成果報酬の導入などを含む給与制度の柔軟性，⑤ 従業員のスキルや能力を十分活用できる職務設計，⑥ 企業の事業展開や業績に関する情報共有などを含む従業員と企業とのコミュニケーション，⑦ 企業内における昇進可能性や雇用保障を含む内部労働市場，⑧ 管理職と労働者の調和化，⑨ QC サークルの導入をはじめとする職務の質である (Guest, et al., 2003)[138]。

また，非正規従業員の重要なリテンション要因と考えられる給与に関して，Tekleab, et al. (2005) は，給与水準そのものよりも，昇給による満足度が従業員の離職意思を決定するとしており，昇給の可能性を従業員が知覚する要因として，手続的公正性を挙げている[139]。すなわち，現状の給与水準よりも給

与制度や評価制度の透明性，公正性を従業員が知覚することで，将来の昇給可能性が認知され，このことがリテンション成果をもたらす[140]。

さらに，企業内での能力開発に関して，Tsui, et al.(1997) は，従業員の良好な職務業績，企業との一体的行動パターンは，主に教育・訓練に対する積極的な投資を行う企業に多く見られることを明らかにした[141]。このことは，主に教育・訓練に対する積極的な投資が，従業員の人的資源管理知覚に影響を及ぼし，良好なリテンション成果をもたらすことを示唆している。同様に山本(2009b)は，離職意思を抑制する要因として，従業員に対する社内のキャリア開発を挙げ，それによって従業員のキャリア発達が達成されることで，リテンション効果が導出されるとしている。それによれば，組織の役割は，従業員が自分のキャリアを発達させていくことを側面から援助することであるとした上で，従業員が自分のキャリアを発達させる場は組織であり，そこでのOFF-JT等の能力開発，ジョブ・ローテーションによる多様な職務経験等によるキャリア開発の重要性を示している。そして，キャリア開発を積極的に行うことが，高いリテンション効果をもたらすとしている（山本, 2009b）。

Huselid（1995）は，その結果，高業績労働施策が従業員のリテンションと企業の業績双方にプラスの効果をもたらすことを明らかにした[142]。すなわち，包括的な従業員の採用と選抜システム，広範な従業員のインボルブメントとトレーニングといった労働施策によって，従業員の知識やスキルが高度化し，従業員のモチベーションが向上する。その結果，従業員の生産性が向上し，企業の財務的成果が改善される。それと同時に，能力水準の高い従業員のリテンションを促進するだけでなく，職務業績の低い従業員を離職させるとしている（Huselid, 1995, p.635）。また，従業員のコミットメントが，従業員の安定した中核的能力を創造し，その結果，トレーニングに対する投資に見合うベネフィットを獲得できる程度まで生産性が向上する。さらに，社内昇進システムは，従業員が企業に留まる強力なインセンティブとなり，適切な報酬制度や業績評価制度との組み合わせによって，さらに従業員の能力開発に対する投資から得られるリターンが増大する（Huselid, 1995, p.642）。

Guthrie（2001）は，具体的なハイ・インボルブメント型人的資源管理施策として，企業内昇進，成果ベースの昇進，スキルベースの給与制度，グループ

ベースの給与制度,従業員持株制度,従業員の経営参加プログラム,経営情報の共有,従業員に対するトレーニング,将来必要なスキルに関するトレーニングなどを挙げ,ハイ・インボルブメント型の人的資源管理施策を行う企業では,従業員のリテンション率が高くなるほど生産性が向上するが,インボルブメントの度合いが低い人的資源管理施策を行う企業では,逆にリテンション率が高くなるほど生産性が低下することを明らかにした(Guthrie, 2001)[143]。換言すれば,従業員の継続的な雇用の成果は,ハイ・インボルブメント型の人的資源管理施策によって導出されることを示唆している。

同様に,Batt (2002) は,高度なスキル,意思決定における従業員の参加,チームによる職務設計,成果報酬,雇用保障といったハイ・インボルブメント型人的資源管理施策を実施する企業の離職率が低く,売上が高いことが明らかになった[144]。Battは,サービス企業の職務特性を所与のものとした上で,ハイ・インボルブメント型人的資源管理施策によって,企業に固有の人的資産を形成する3つの要因を示した。すなわち第1に,ハイ・インボルブメント型人的資源管理施策では,従業員の採用段階において,一般的なスキルが高い者を戦略的に選別し,その従業員に対して導入教育を実施する。この組み合わせによって,職務を通じて学習可能なスキルの高い従業員を育成することができる。第2に,ハイ・インボルブメント型人的資源管理施策では,従業員に自由裁量を付与するとともに,日常の職務における他の従業員との協力を通じて学習可能な職務設計を提供する。このことが,個々の従業員が顧客に対するサービス品質を向上させ,企業の競争優位をもたらすとされるが,この点はコールセンターの職務特性を反映したものである。第3に,トレーニングに対する投資,雇用保障,高水準の給与,業績管理制度によって,企業に対する従業員の信頼が形成される。その結果,これら3つの要因によって,従業員の離職行動が抑制される (Batt, 2002)。

このように,一般的な企業においてリテンション成果をもたらす人的資源管理施策が具体的に何であるかが先行研究において示されているが,特定の人的資源管理施策がリテンション成果をもたらすかどうかは,業種や職種によって異なる場合が多い。すなわち,従業員が従事する職務の性質や雇用形態,勤務する職場の組織形態などによって,いかなる人的資源管理施策がリテンション

に対して効果的であるかが異なると考えられる。したがって，外航海運業の船員に関しても，いかなる人的資源管理施策がリテンション成果をもたらすかについては，業種特殊的な要因を考慮して捉えることが不可欠である。とりわけ，大部分の船員の雇用形態は，契約ベースの非正規従業員である。非正規従業員に固有の要因として，一般的に雇用の不安定性，労働契約期間の短さ，職務範囲の狭さ，給与水準の低さ，企業内での限定的な能力開発機会と昇進可能性などが挙げられる。船員のリテンションを成功裏に達成するためには，これらの制約要因のもとで，いかなる施策が効果的であるかを検討する必要がある。

⑶ リテンション・マネジメントとコミットメント

個々の人的資源管理施策が従業員のリテンションをもたらすプロセスには，従業員の離職意思決定に至る心理過程と行動パターンが介在する。したがって，企業レベルでの人的資源管理施策の有無だけでなく，それらに対する個々の従業員レベルでの知覚や，離職意思抑制をもたらす心理過程を検討する必要があると言える。

人的資源管理施策とリテンション成果を仲介する重要な心理的要因として，コミットメントが挙げられる[145]。コミットメントとは，「特定の組織に対する従業員個人の一体感とインボルブメントの強さ」であり，具体的には① 組織の目標と価値に対する強い信念と受容性，② 組織の利益のために多大な努力をする意欲，③ 組織のメンバーシップを維持しようとする強い意思を言う(Mowday, et al., 1979, p.226)[146]。コミットメントと類似した概念に職務満足が挙げられるが，コミットメントは組織に対する従業員のより一般的な情緒的対応全体を言う広範な概念である。これに対し職務満足とは，特定の職務に対する従業員の対応を指す。したがって，コミットメントは，目標や価値も含めて従業員を雇用する組織への忠誠を強調するのに対し，職務満足は，従業員が自己の義務を遂行する特定の機能環境を強調したものである。コミットメントは職務満足よりも時間の経過を経ても安定したものであるのに対して，職務満足は日々の職場での出来事に影響を受ける。コミットメントの態度は，時間をかけてゆっくり変化するものであり，従業員個人が，自己と組織の関係を考慮し

ながら形成される。(Mowday, et al., 1979, p.226)。したがって，コミットメントは従業員の職務満足が時間の経過を経て蓄積され，その結果もたらされるものであると言える。

　Meyer and Allen (1991) は，組織において雇用を維持するためには，従業員が組織に対して3つの別個のコミットメントをもつ必要があるとした[147]。そして，コミットメントの度合いが大きいほど離職意思の抑制が可能となり，リテンション成果が期待できるとしている。それらは，①欲求（感情的コミットメント），②必要性（継続的コミットメント），③義務（規範的コミットメント）から構成される (Meyer and Allen, 1991, p.61)。感情的コミットメントは，組織におけるメンバーシップを維持する欲求を反映したものであり，組織における職務経験の蓄積によって，組織における自己の快適性と能力が向上するのに伴って増大する。従業員の職務経験は，所属する組織の構造や特徴によって決定され，また従業員個人の性格によっても左右される。継続的コミットメントは，組織に留まる必要性を反映したものであり，退職することによって従業員側に発生するコストを認識する結果もたらされる。たとえば，キャリア選択における代替選択肢の有無や，転職することで新たに必要となる投資の多寡などによって，コミットメントの度合いが左右される。規範的コミットメントは，組織に留まる義務を反映したものであり，ロイヤルティ規範の内部化と組織から受ける報酬に報いようとする意識によってもたらされる。具体的には，従業員に対する組織の投資や企業風土，組織による社会化の程度が影響を及ぼすとされている (Meyer and Allen, 1991, pp.82-83)[148]。さらに，Mayer, et al. (2002) は，主に感情的コミットメントを形成する要因は何かを検討し，以下のインプリケーションを示した。すなわち第1に，感情的コミットメントは職務経験を経て形成される職務満足によってもたらされる。第2に，職務満足の形成においては企業からのサポートが重要な役割を果たす。第3に，感情的コミットメントと職場でのストレスやコンフリクトの度合いは正の相関関係にある (Mayer, et al., 2002)。

　Guzzo and Nooman (1994) は，心理学の観点から，企業と従業員との間に心理的契約[149]が結ばれることによって，企業に対する従業員の帰属意識とコミットメントが増大し，リテンション成果が導出されるとした (Guzzo and

Nooman, 1994, p.448)。心理的契約の強度は、企業の人的資源管理施策を従業員がどのように解釈するかによって異なり、従業員の職位や勤続期間、雇用形態によっても左右される。また、心理的契約に類似する概念として、企業に対する従業員の「信頼」が挙げられる。心理的契約の形成において、とりわけ重要な役割を果たすのが、企業と従業員とのコミュニケーションに関するシステマチックな人的資源管理施策であり、これによって従業員の離職意思が抑制され、リテンション成果が導出されるとされている（Guzzo and Nooman, 1994, p.456)。また、Wong, et al. (2002) は、組織に対する従業員の信頼によって感情的コミットメントがもたらされ、このことが離職意思を抑制すること、組織に対する従業員の信頼は、分配的公正性、手続的公正性、職務保障の知覚によって形成されることを明らかにした[150]。

上述のようなコミットメントを重視する人的資源管理は、コントロールを重視する人的資源管理との対比として捉えられることが多い。Walton (1985) は、コントロール型人的資源管理の特徴として、①限定的な業務内容、②個人ベースの職務設計、③スキルレベルの低さ、④ヒエラルキー的組織構造とトップダウンの意思決定、⑤職務に応じた個人ベースの報酬などを挙げ、他方コミットメント型人的資源管理の特徴として、①個々の従業員の責任範囲の広さ、②柔軟な職務設計、③フラットな組織構造、④スキルや職務業績に応じたグループベースの報酬、⑤トレーニングの重視などを指摘し、コミットメント型では従業員のリテンションにも注力する点に言及している[151]。

Arthur (1994) も同様に、人的資源管理の性質をコミットメント型とコントロール型とに分類した上で、コミットメント型の人的資源管理を行う企業の方が従業員の離職率が低く、職務業績が良好であることを明らかにした[152]。コントロール型の人的資源管理システムとは、特定のルールや手続を従業員に強制することによって、労働コストを削減すると同時に作業効率を向上させることを目的とし、測定可能なアウトプットを基準とする報酬が従業員に支払われるものである。これに対し、コミットメント型の人的資源管理システムとは、従業員が組織を信頼し、組織の従業員の目標が一致するように、自己の能力を行使する心理的関係を形成することを目的とするものである（Arthur, 1994, p.672)。具体的には、従業員の経営参加、権限委譲、トレーニング、賃

金・ボーナス，福利厚生，クレーム処理制度などの人的資源管理施策の導入ないし実施状況によって両者が分類されている（Arthur, 1994, p.676）。

Ganesan and Weitz（1996）は，人的資源管理施策が従業員の職務態度と離職を含む行動パターンに及ぼすインパクトについて明らかにした。ここで対象とされる人的資源管理施策とは，社内昇進制度，年功序列の昇進制度，明確に規定されたキャリアパス，組織内異動の機会を言う。その結果，従業員の離職意思を抑制する主要な要因は感情的コミットメントの強度であり，従業員が社内昇進制度や組織内異動によって昇進機会を多く与えられていると知覚することによって導出される点を明らかにした（Ganesan and Weitz, 1996）[153]。

先行研究では，一般的に企業に対する従業員のコミットメントの度合いを高める人的資源管理施策が，リテンション成果をもたらすとされている。しかしながら，一般的な外航海運企業の船員戦略は，Walton の示すコントロール型の性質をもっている。すなわち，船員業務は船舶のオペレーションを安全かつ正確に遂行するとの目的のもと，個々の職位に応じて明確な職務設計がなされている。また，現場の船員組織は厳格なヒエラルキー構造であり，明確な指揮・命令系統のもとに機能する。船員の給与は職位に応じて定められ，成果よりも職務に対する報酬として捉えられる。すなわち，外航海運業における船員業務の性質に鑑みれば，一般的には海運企業が船員のリテンションを達成するのは困難であると考えられる。このような条件の下で，海運企業が船員のリテンションを達成するためには，コントロール型の人的資源管理の性質を前提とした上で，海運企業がいかなる差別化によってリテンション成果を導出するかが課題となる。また，個々の人的資源管理施策に対して，船員のいかなる知覚がなされ，さらにそれらの知覚がいかなる心理過程を経てコミットメントの形成に至るかを検討する必要があると言える。

⑷　非正規従業員のリテンション・マネジメント

最後に，一般的に雇用期間が短く流動性が高い非正規従業員のリテンション・マネジメントを対象とした先行研究を概観する。

Feldman（1990）は，非正規従業員と離職行動を含む就業態度との関係に関する仮説を提示した。それによれば，非正規従業員の雇用形態が直接的に就業

態度を左右する場合と，年齢や性別などの人口学的変数が仲介する場合，労働の性質などの要因に仲介される場合があるとされている（Feldman, 1990）[154]。

　Wotruba（1990）は，従業員の離職行動は，職務満足度と密接な関係にあり，非正規従業員の方が職務満足度は高く，離職率が低いことを明らかにした。その要因として，非正規従業員は様々な動機で就業しているため，キャリア選択において給与水準よりも就業形態の柔軟性を優先させる傾向が強い点，職務に対する当初の期待が正規従業員よりも低いため，同じ職務環境に対する知覚が正規従業員よりもポジティブである点が指摘されている（Wotruba, 1990）[155]。

　また，Sighteler and Adams（1999）は，非正規従業員の離職行動をもたらす要因を明らかにした。それによれば，給与水準の高い者が長期継続的に勤務するとしながらも，離職行動の主要な要因は低い給与水準そのものよりも，昇進可能性のない職位にある点であるとされている。このほか，女性よりも男性の方が離職率が高い点や，高い職位にある者ほど離職率が低い点，人種別にみると白人の離職率が高い点が指摘されている（Sighteler and Adams, 1999）[156]。

　一般的に，非正規従業員に固有の要因として，雇用の不安定性，労働契約期間の短さ，職務範囲の狭さ，給与水準の低さ，企業内での限定的な能力開発機会と昇進可能性などが挙げられる。したがって，非正規従業員のリテンションを成功裏に達成するためには，これらの制約要因を所与のものとして，いかに従業員の職務満足を導出し，コミットメントを増大させるかが最大の課題であると言える。外航海運業においては，船員の雇用形態はすべて契約ベースの非正規従業員である。したがって，キャリア選択を行う時点で，船員は正規従業員として就業する選択肢が排除される。このため，船員のリテンション・マネジメントは，正規従業員との対比において検討されるべきものではなく，外航海運業に固有の職務特性や雇用環境を踏まえた上で，非正規従業員としてのリテンション要因を考慮する必要があると言える。

　以上のような先行研究に示されたインプリケーションをもとに，本章の論点を整理する。外航海運業における船員のリテンション・マネジメントは，船員戦略として制度的に統合された人的資源管理施策や，船員としてのキャリアを取り巻く諸要因が，リテンション成果を導出するプロセスとして捉えられる。

そこで，成功裏に成果を挙げるプロセスを検討するためには，以下の3点に関する考察が必要となる。第1に，リテンション成果をもたらす人的資源管理施策などの要因が具体的に何であるかを明らかにする必要がある。リテンション要因のなかには，一般的な企業に共通するものと，外航海運業に固有の要因とが存在するはずである。第2に，これらのリテンション要因が，船員にどのように知覚されるかを検討する。この知覚が職務満足をもたらすが，キャリア発達や経済的なベネフィットなどの職務満足が，いかなる知覚によって導出されるかも合わせて検討する必要がある。リテンション要因が船員に知覚される段階において，外航海運業もしくは非正規従業員に固有の要因，すなわち職務特性，職務環境，組織形態，雇用形態などが媒介要因として介在すると考えられる。なぜならば，同一の人的資源管理施策に対しても，業種や企業，個々の従業員の職種によって，従業員の知覚が異なるからである。第3に，上述の知覚がいかなるコミットメントを形成し，離職意思の抑制すなわちリテンション成果に至るかを明らかにする。

第4節　リテンション要因と船員の知覚
　　　　―インタビュー調査結果の考察―

　本節では，船員のリテンションに影響を及ぼす諸要因について検討する。すなわち，前章で述べた日本郵船の船員を対象とする人的資源管理施策[157]と，それ以外の要因に対する船員の知覚がどのようなものであるかについて整理する。そこで，船員および船員経験者に対するインタビュー調査の結果を整理すると，船員のリテンションに影響を及ぼす要因と船員の知覚を以下の7項目に集約することができる。

　第1に，ほぼ全ての回答者が最も重要な要因として指摘したのが，会社の安全管理体制，安全管理ポリシー，安全管理に関する取り組み，航海中の会社から本船に対する安全面におけるサポートである。より具体的には，同社の安全管理基準が厳格であるだけでなく，同社の掲げる安全管理ポリシーが本船の業務において徹底されていること，さらに航海中に本船上で問題が発生した場

合，陸上からの船舶管理会社の対応が迅速かつ的確であることも強調された。また，安全管理に関するトレーニングが，乗船直前もしくは下船直後に契約ごとに毎回行われ，リアルタイムに更新される安全管理の手法について，個々の船員に対して知識の共有化が図られている点も，職場の安全確保の観点から，リテンションに影響を及ぼす要因として指摘された。

船舶オペレーションの安全管理は，他社との差異が最も顕著な要因であると言える。このため，契約先企業選択の際，給与水準よりも船舶管理会社の安全性を優先して考慮すると強調した者も多かった。とりわけ，他社管理船での乗船経験がある者からは，同社の安全管理基準が相対的に厳格であり，現場での安全に関する取り組みを含め全般的な安全管理体制が，マンニングにおいて同社に固有の競争優位となりうることが指摘された。このことは，海運業における船員という職種に固有の職務環境を反映したものであり，人的資源管理施策以外の要素が最重要項目として知覚されている点に注目すべきである。

第2に，給与水準が挙げられた。同社船員の給与は，マンニング・ソースごとに作成されるタリフにしたがって支給される。給与水準は，マンニング・ソース，配乗される船種，職位によって異なり，船員市場の状況や自社の船員ニーズに応じて戦略的に決定される。同社では，各国の海運調査機関やマンニング企業間のネットワークなどから収集した情報に基づいて，マンニング・ソースごとに賃金状況を把握する。これによって判明した賃金の分布に基づいて，自社のニーズを考慮し，船種・職位ごとに戦略的に給与水準が決定される。すなわち，自社にとって重要度の高い船種・職位であれば，給与はマーケットの平均よりも高い水準に設定される。反対に，船員の規模やコストが優先される場合は，相対的に低い水準に設定される。

具体的な給与額は明らかにされなかったが，回答者の大半が，同社の給与水準は各マンニング・ソースの市場全体において中程度であるが満足できるレベルであり，このことが他社への転職動機にはならないと回答している[158]。また，給与に関しては，その水準よりも給与制度に関する透明性の方が重要であると指摘する者も見られた。さらに，月収200～300ドル程度の差異であれば，他社に高水準の給与を提示されても転職せず，同社と継続的に契約したいとした者も多かった。このことは，マンニング・ソースの平均的な所得水準に鑑み

れば,リテンションにおける給与水準の重要性がそれほど高くないことを示唆していると言える。また,給与水準は船種や職位によって異なるため,給与水準が相対的に高い船種に乗船した経験のある者は,自己の給与水準に対する満足度は高いとの指摘があった。このことは,NYKSM社の戦略的な給与水準の決定プロセスが,成功裏に船員のキャリア満足をもたらしていることを示唆している。さらに,リテンションにおいて給与水準が相対的に重視されるとの回答もあり,船舶管理者やインストラクターとして勤務する者,船舶の現場でシニア・オフィサークラスの職位にある船員,部員クラスの職位にある船員よりも,ジュニア・オフィサークラス[159]の船員に目立っていた。また,給与水準が重要な要因となるとの回答は,フィリピン人よりもインド人に多かった。このことは,インドにおける船員市場環境,すなわち船員市場における競争構造,転職機会,他業種での就業機会などの要因を反映したものであると言える。しかしながら,その場合でも,同社の相対的な給与水準が他社への転職動機にはならないとしている。給与水準の面では必ずしも優位性をもたない同社と継続して契約する船員が多いという事実は,船員の契約先企業選択において,給与水準の重要度が最も高いわけではなく,2次的な要素として捉えられていることを示唆している。したがって,非正規従業員のキャリア選択において一般的に最も重要な要素とされる給与水準が,船員の場合多くのリテンション要因のなかの一部として捉えられている点に注目すべきである。

　第3に,給与制度や昇進制度の透明性と,評価ないし評価基準の公正性が指摘された。このことは,すべての船員に対して昇進機会が公正に与えられることを意味している。また,同社が船員の中から能力水準の高い者を選抜し,自社の船舶管理者やインストラクターに登用していることから,将来同社でこれらの職種に就くキャリア発達が期待できるとの回答もあった。将来のキャリア展望がリテンションに影響するとの回答は,船舶管理者ないしインストラクターに多い。同社は,契約終了時に個々の船員に対する評価を行い,評価者である船長ないし機関長が評価対象の船員に対して評価内容と評価の根拠を開示し,説明を行うことになっている。また,昇進に関する規定が明確に定められ,次回契約時から昇進する場合は,その旨会社から船員に伝えられる。さらに,評価の高い船員に報償制度が設けられている点も,報償対象となる職位の

船員にとっては，業務に対するモチベーションを向上させ，継続的に契約する動機のひとつとなっている。このように，船員の国籍に関わらず，給与や昇進に関する制度が透明であり，それらに関する評価および手続が公正であることが，船員が継続的に同社と契約し，昇進機会を獲得するモチベーションを向上させていると言える。

　第4に，同社が実施する企業内トレーニング・プログラムが挙げられる。トレーニングの内容は，職位や配乗される船種によって異なるが，部門や職位に関わらず，大半の船員がリテンションに影響を及ぼす要素であると回答した点に注目すべきである。職位の高い職員に対しては，各部門の技術的な内容だけでなく，予算管理など船舶のマネジメント全体に関するトレーニングが行われる。同社トレーニング・センターの設備だけでなく，同社のトレーニングの手法や，エンジン・メーカーなどに派遣されての実践的なトレーニング内容が高く評価され，いずれもリテンションに影響を及ぼすとされた。他方，相対的に低い職位の部員であっても，乗船直前もしくは下船直後に，各マンニング・ソースのトレーニング施設において，安全管理やエンジンのハンドリングなど，業務に直接関係する内容について短期間のトレーニングが行われ，リアルタイムな知識の移転が行われる。このことが，乗船中における安全かつ円滑な業務の遂行に有益となるものと知覚されている。この点に関しては，トレーニング・プログラムへの参加経験が多い者，高度な内容のトレーニングに参加した経験をもつ者から，リテンションに及ぼす重要性がより強く指摘された。また，CADET[160]レベルから同社と継続的に契約している者や，同社訓練設備付船舶において集中的なトレーニングを受けた者も，トレーニング・プログラムの重要性を強調している。すなわち，同社のトレーニング・プログラムにより深くコミットした者ほど，リテンションにおける重要性が高いと知覚していると言える。このことは，企業内トレーニング・プログラムに対する従業員の知覚が，時間の経過を経て形成される点と，キャリア発達のプロセスの中で，同社の企業に固有のトレーニング・プログラムが，リテンションに対して重要な役割を果たす点を示唆している。

　第5に，人的資源管理施策以外の企業自体の優位性が挙げられる。具体的には，各国における企業の一般的な認知度の高さや，同社が日系企業であること

から得られる信頼性，部員クラスまで現場の船員を尊重する企業姿勢，同社親会社がオーナー・オペレーターであることから乗船機会が豊富である点，同社管理船のハード面の良好な職場環境，同社と契約している他の船員の技術水準の高さや船員間での円滑なコミュニケーションなどが指摘された。これらの知覚は，船員の国籍や職位を問わず認められ，とりわけ職務経歴上，日系企業に勤務した経験のある者や，日系の他海運企業において乗船経験のある者，他社管理の日本郵船運航船に乗船した経験のある者から重要度が高い要因として指摘された。また，日本人船員と乗船した経験のある者からは，職務遂行や安全管理，現場での知識移転に関する日本人船員の厳格な姿勢や手法が，自己の技術水準向上にとって有益である点が指摘された。ハード面の諸環境としては，主に船舶の設備機器のハンドリングと居住環境の面での優位性が挙げられたが，とりわけ同社の船舶管理におけるメンテナンス水準が高いため，船齢の高い船舶であっても，円滑な業務遂行が可能である点が指摘された。これらのことから，人的資源管理施策以外にも，同社ないしは同社親会社である運航会社のもつ特性，同社の船舶管理手法が，船員のリテンションに影響を及ぼすと言える。

　第6に，同社の福利厚生や経営参加施策が挙げられる。具体的には，継続的な契約に対するリターン・ボーナスや，船員家族に対して付与される医療費補助制度，生活資金援助制度，親会社の運航会社を含む経営陣との意見交換や情報共有を図るOfficer's Dialogへの参加が，リテンションに影響を及ぼしている。Officer's Dialogに関しては，参加経験の多い者ほどその重要性を強調している。この点は，対象となる船員が，マンニング・ソースや職位によって限定されるため，全ての船員の知覚ではない。しかしながら，継続的に契約することが金銭的な報酬という形で評価される点や，とりわけ上位の船員にとって，現場の問題意識や企業の経営に関する情報を，船舶管理会社だけでなく親会社とも共有し，経営にコミットしているとの知覚が，リテンションに対してプラスの効果をもたらしていると言える。

　第7に，船員個人に関する諸要因が指摘できる。具体的には，会社設立当初から継続的に契約している点や，契約当初複数企業に応募し同社にのみ採用されたことから生じる帰属意識，年齢的に他の職業に転職する機会が限定されて

いる点や，他社に転職することで，新たな給与体系や昇進制度，業務手順のもとで勤務しなければならないキャリア発達上のデメリットが挙げられた。このことは，リテンションに対する企業の意図に関わらず，船員個人のキャリア上の経験や制約条件が，結果的にリテンション成果をもたらすことを示している。また，国の経済発展水準の低さから就業機会が限定され，採用時に生じる帰属意識が高くなる点も，マンニング・ソースの特性を反映したものである。

インタビュー調査の回答から，リテンションに影響を及ぼす要因は，人的資源管理施策だけでなく，船舶管理会社による安全管理施策，船舶管理会社ないし親会社自体の優位性，船員の個人的要因に及ぶことが明らかになった。このことは，船員のリテンション・マネジメントが，一連の人的資源管理施策とそれに対する従業員の知覚，それに起因する行動パターンだけを対象とするのではなく，船員の契約意思決定に影響を及ぼす広範な要因を視野に入れて検討する必要性を示している。そして，それらの要因が必ずしもリテンションを意図して行われるものではない点にも注目すべきである。

また，船舶管理会社の安全管理が最も重要な要素として捉えられている点や，船舶のハード面の職場環境，同乗する船員の技術水準，船員間のコミュニケーションがリテンションに影響する要因として挙げられた点は，海運企業のリテンション・マネジメントが，船員の職務特性という同業種に固有の要因によって著しく成果を左右されることを強く示唆している。すなわち，常に危険を伴う船員業務において，安全性の確保に対する強い欲求が生じるだけでなく，船員間のチームワークが不可欠な職務特性からも，チームを構成する船員間で円滑な職務遂行が求められる。また，きわめて限定的な空間において長期間業務を継続するという条件のもと，設備機器類のハンドリングを円滑に行えることや，船内での生活環境が快適であることを追求する傾向が強い。このように，外航海運業の船員に固有の要因が，リテンション・マネジメントの成果に影響を及ぼしていると言える。

さらに，リテンション要因のなかには，安全管理施策や給与・評価制度の公正性などのように，その重要度が回答者間で共通している要因と，給与水準や将来のキャリア展望のように，回答者によって重要度が異なるものとが存在することも明らかになった。この点は，船員のマンニング・ソース，職位，勤続

期間によって，同一のリテンション要因に対する重要度の知覚に差異があることを示している。

第5節　船員の継続的雇用とリテンション・マネジメントのプロセス

　本節では，先に述べたリテンション・マネジメントの論点にしたがって，インタビュー調査から得られた質的データに基づき，外航海運企業における船員のリテンション・マネジメントを成功裏に行うためのプロセスを検討する。
　これまでに述べたように，リテンション・マネジメントに関する先行研究から，人的資源管理施策を中心とするリテンション要因が，対象となる船員にどのように知覚され，それがいかなるコミットメントを形成し，離職意思の抑制すなわちリテンションに至るかという一連のプロセスが論点として明確にされた。さらに，リテンション要因が船員に知覚される時点において，外航海運業もしくは非正規従業員に固有の要因が介在する点にも言及した。
　そこで，インタビュー調査から明らかになった7項目のリテンション要因が，どのように上述の経路を経てリテンション成果に至るかを論じる。
　第1に，船舶管理会社ないし運航会社の安全管理体制が，職務上の安全性確保と職務の円滑な遂行が可能となる重要な要因として船員に知覚される。すなわち，安全性に関して企業に対する信頼が形成され，企業と船員との間に心理的契約が強固に結ばれる。この点は，船員業務が様々な危険を伴う性質をもつという外航海運業に固有の背景から，最も重要な要因として知覚される。また安全管理体制は，海運企業間の重要な差別化要因にもなりうることからも，この点に関する企業の優位性は，いっそう強く知覚される。その結果，自己の生命ないし安全を追求する人間本来の欲求に基づいて，海運企業に対する感情的コミットメントが形成され，離職意思が抑制される。
　第2に，給与水準ないし給与制度の公正性が，経済面の主要なベネフィットとして船員に知覚される。インタビュー調査から，給与水準に対する重要度の知覚は，マンニング・ソースによって異なるが，給与水準そのものよりも，給

与制度の透明性や昇給の可能性,すなわち手続的公正性が重要な要因として知覚されることが明らかになった。この知覚は,船員が多様なマンニング・ソースから雇用されるため,給与水準に関する現状の差異は所与のものとして捉え,制度の透明性や将来のベネフィットの方を重視する傾向があるという外航海運業に固有の要因に起因する。すなわち,同一企業と継続的に契約することによって,今後経済的ベネフィットを確実に享受しようとする感情的コミットメントが形成され,離職意思が抑制されると考えられる。

　第3に,評価・昇進制度の公正性および昇進機会・キャリア展望が,企業内でのキャリア発達の可能性として知覚される。とりわけ外航海運業に固有の背景として,多くの国籍の船員が同一企業に雇用され,さらに同一の船舶に配乗されるという特性が挙げられる。また,将来のキャリア展望として,船舶管理者やインストラクターを中心とする陸上職としての選択肢が存在することも,船員に固有の要因であると言える。このため,船員の国籍にかかわらず,能力ベースの透明な評価によって昇進機会が公平に与えられる手続的公正性が,自己のキャリア発達だけでなく,昇給による経済的ベネフィットの獲得という点においても,重要な要因としていっそう強く知覚されると考えられる。このことが,同一企業と継続的に契約することによるキャリア発達への期待をもたらし,感情的コミットメントと規範的コミットメントを形成するため,離職意思が抑制されると考えられる。

　第4に,企業内トレーニング・プログラムが,自己の企業内キャリア発達を促進すると知覚され,感情的コミットメントと規範的コミットメントを形成することで,離職意思が抑制される。この背景として,船員が非正規従業員であることから,船員の能力開発に対する投資の水準が,海運企業によって著しく異なるという外航海運業に固有の要因が挙げられる。このため,レベルの高い高密度なトレーニング・プログラムを多く受講した者ほど,自己のキャリア発達に対する知覚が大きく,いっそう強いコミットメントを形成すると考えられる。すなわち,船員を重要な経営資源として捉える企業風土を背景として,企業内トレーニングが企業内での社会化を促進する。また,能力開発に対する企業の投資が,個々の船員のキャリア開発をもたらす重要な要因として知覚されるためには,企業内トレーニングによって能力水準を確実に向上させ,自己の

船員業務に反映させることが可能な船員を，マンニング段階で戦略的に選別することが不可欠となろう。しかしながら，トレーニング・プログラムの内容によっては，この知覚が組織間キャリア効力を増大させる可能性もあるため，企業に固有のスキルや能力の開発によって，継続的コミットメントを強化することも重要であると言える。

第5に，企業そのものの優位性がリテンション要因として挙げられる。具体的には，日本企業ないし大手企業であることから，企業に対する信頼という知覚が形成されるほか，海運企業がオーナー・オペレーターである点がキャリア機会の確保という形で知覚され，また雇用している船員の技術水準が高い点や良好な船舶のハード環境からは，円滑な職務遂行の可能性，船員間の良好なコミュニケーションは，職場環境の快適性といった形でそれぞれ知覚される。このプロセスが形成される要件として，マンニング段階において自社の能力基準や企業風土に適合する船員を，戦略的に選別することが挙げられる。これらの知覚が形成される背景には，船員を雇用するマンニング会社と，船舶の所有会社，管理会社，運航会社が異なるという独特の事業形態や，海上での船員業務や船員生活に固有の職場環境，非正規従業員という雇用形態に起因する船員間関係といった，外航海運業に固有の要因が挙げられる。そして，これらの知覚が感情的コミットメントと継続的コミットメントを形成し，離職意思を抑制すると考えられる。

第6に，船員の経営参加が，企業経営との一体化という形で知覚され，規範的コミットメントが形成される結果，リテンション成果に至るプロセスが考えられる。船員が非正規従業員であるにもかかわらず，親会社の経営陣との情報共有や現場の問題解決手法に関する双方向のコミュニケーションを行うことで，企業全体における個々の船員の存在意義がいっそう強く知覚される。対象となるのは上位の職位にある船員に限定されるが，非正規従業員の経営参加という点で，いっそう強力な規範的コミットメントが形成させると言える。

第7に，船員の個人的要因の観点から，リテンション成果に至るプロセスについて検討する。具体的には，他社に転職した場合の新たな給与体系や昇進制度，業務手順に対する適応コストを知覚したり，年齢的に他社へのキャリア選択機会が限定的であると知覚したりすることで，継続的コミットメントが形成

される。インタビュー調査からは，すでに同一企業との契約回数が多い船員や，上位の職位の船員にこのプロセスが認められる。この知覚の背景として，船員が非正規従業員であることから，雇用の不安定性に起因するコストを回避しようとする点が考えられる。また，初回契約時に特定の企業のみに採用されたことによる帰属意識が，規範的コミットメントを形成する場合もあるが，これはマンニング・ソースにおけるキャリア選択機会が限定的であるという立地特殊的要因に起因するものである。

第6節 小　結

　本章の目的は，外航海運企業に期間限定的な契約ベースで勤務する船員の継続的雇用に焦点を当て，それが成功裏に遂行されるプロセスを，船員の心理過程の観点から仮説として提示することであった。本章では，先行研究から論点を明確にした上で，大手海運企業ならびに同社船員に対するインタビュー調査から得られた質的データに基づいて，人的資源管理施策を中心とする7項目のリテンション要因が，離職意思の抑制に至るプロセスを，リテンション・マネジメントの概念を用いて提示した。図表9-1は，本章で論じた7つのリテンション要因が，船員の離職意思抑制に至るプロセスを示したものである。

　同時に，本章の議論から得られるインプリケーションとして，以下の4点が挙げられる。第1に，リテンション・マネジメントのプロセス，とりわけ従業員による知覚の形成過程において，外航海運業ないしは非正規従業員に固有の要因が影響を及ぼす点である。したがって，効果的なリテンション・マネジメントを遂行するためには，業種特性ないし従業員の雇用形態によって，異なる手法が必要であると言える。第2に，リテンションに影響を及ぼす要因として，人的資源管理施策以外の要因も重要な役割を果たし得る点である。このことは，従業員の離職意思が，リテンションを意図せずに導入される人的資源管理施策や，従業員のキャリアを取り巻く諸要因によっても形成される可能性を強く示唆している。第3に，非正規従業員であっても，リテンションに影響を及ぼす要因が単に給与水準のみにあるわけではないという事実は，リテンショ

【図表 9-1】船員戦略におけるリテンション・プロセス

	リテンション要因	業種特殊的要因	船員の知覚	コミットメント
1	安全管理体制	・船員業務の特性	・安全性に対する企業への信頼	・感情的コミットメント
2	給与水準・給与制度の公正性	・非正規従業員の特性	・経済的ベネフィットの獲得可能性	・感情的コミットメント
3	評価・昇進制度の公正性	・非正規従業員の特性 ・船員のキャリア特性	・昇進機会の可能性 ・将来のキャリア展望 ・経済的ベネフィットの増加期待	・感情的コミットメント ・規範的コミットメント
4	企業内トレーニング・プログラム	・非正規従業員の特性	・企業特殊的知識獲得 ・企業内キャリア発達 ・離職コストの増大	・感情的コミットメント ・規範的コミットメント ・継続的コミットメント
5	企業自体の優位性	・外航海運業の事業形態 ・船員業務の特性 ・職務環境の特異性	・企業の信頼性 ・雇用の安定性 ・職務遂行の円滑性 ・職務環境の快適性	・感情的コミットメント ・継続的コミットメント
6	船員の経営参加	・非正規従業員の特性	・企業経営との一体化	・規範的コミットメント
7	船員個人の要因	・マンニングソースの特性 ・船員のキャリア特性	・企業への帰属意識 ・離職コストの増大 ・雇用不安定性の回避	・規範的コミットメント ・継続的コミットメント

(出所) 筆者作成。

ン・マネジメントの成果を，単に個々の人的資源管理施策の効果としてではなく，企業の人的資源管理システム全体と，従業員を取り巻く職務環境までを含む広範な要因から，包括的に導出される結果として捉える必要があることを示唆している。第4に，外航海運業の人的資源管理は，一般的にリテンション成果を阻害するとされるコントロール型の性質をもっているが，そのなかでもリテンション成果を挙げる企業が存在する事実は，人的資源管理の性質にかかわらず，リテンション・マネジメントによって差別化を図り，能力水準の高い人的資源を継続的に活用することが可能であることを示している。

外航海運企業による船員戦略の制度的統合が成功裏に機能し，全社レベルで規範的統合を達成する重要な要件として，期間限定的な契約ベースで雇用される船員の継続的雇用が位置づけられる。本章では，従業員である船員の心理過程の視点から，継続的雇用を達成する要件を仮説として提示した。本章の議論

から，従業員の雇用形態や人的資源管理の性質など，いくつかの制約要因をもつ海運企業の船員戦略においても，全社レベルで制度的に統合された人的資源管理施策や安全管理システムが，国籍やバックグラウンドにかかわらず，すべての船員に良好な知覚をもたらすことによって，海運企業とのコミットメントが形成され，その結果個々の船員の離職意思を抑制するプロセスが認められた。このことは，海運企業が，船員のコミットメントを増大させる船員戦略を全社レベルで策定・遂行することによって，船員の継続的雇用を達成するだけでなく，海運企業による諸施策が船員の離職意思抑制に至らしめるプロセス自体，船員の規範的統合を強化する手段として捉えられることを強く示唆している。

第10章
オペレーションにおける
クロスボーダー・コミュニケーション

第1節　はじめに

　本章の目的は，外航海運企業の船舶オペレーション現場における従業員間関係に焦点を当て，規範的統合成果のひとつとして，海運企業にとって最重要課題である船舶の安全なオペレーション[161]を達成するための要件を，クロスボーダー・コミュニケーションの観点から仮説として提起することである。

　海運企業にとって，船舶オペレーションの安全性は，コストだけでなく，自社に対する信頼性を著しく左右するため，競争優位の重要な源泉となる。当然のことながら，船員戦略におけるグローバル統合の第一義の目的は，自社運航船の安全なオペレーションを達成するために，その直接的な担い手である船員の雇用，教育・訓練，配置を中心とするマネジメントを世界レベルで最適化することである。

　しかしながら，とりわけ2000年以降，日本の海運企業が運航する船舶が関係する海洋事故が多発し，主要な事故原因として，船員を中心とする人的要因が指摘されてきた。この時期は，世界的な船員不足に伴って，海運各社が世界レベルでマンニング・ソースを拡大し，激しい船員獲得競争を展開した時期と合致する。船員市場が逼迫する状況下においては，能力水準の低い船員が参入し，船舶オペレーションの品質が低下する可能性が高まる。さらに，船員組織における多様性の増大は，従業員間の円滑なコミュニケーションを阻害し，船員業務の安全性を脅かすことが懸念される。世界的な船員不足に伴って，船員の技術水準の維持・向上が困難になりつつあるとの懸念が高まるなか，海洋事故が多発したことは，船員の多様性が高まる条件下において，外航海運企業に

おける安全管理の重要性が、いっそう増大していることを示唆している。

外航海運企業が運航する船舶には、多様な国籍やバックグラウンドをもつ船員が配乗され、異なる国籍の船員同士が、船舶という特殊な職務環境のもとで協調しつつ職務に従事している。船舶のオペレーションには、船員だけでなく、水先人や船舶管理者、メンテナンス・スタッフや荷役スタッフを中心に多くの人的資源が関係し、それらの国籍やバックグラウンドが多様であるため、船舶オペレーションの安全管理においても、国境を越えた従業員間の適切なコミュニケーションが不可欠である。すなわち、船員戦略のグローバル統合が成功裏に進展し、船舶オペレーションの安全性が確保されるためには、人的資源の多様性を所与の条件としながらも、すべての船員および関係者間で、適切なコミュニケーションがなされなければならないと言える。もちろん、海洋事故における人的要因とは、個々の船員がもつ専門的な技術やスキルが適正にオペレーションに反映されないことである。本書では、このような船員のもつ専門的な技術やスキルのひとつとして、クロスボーダー・コミュニケーションを位置づける。

本章では、上述の問題意識に鑑み、船舶オペレーションの現場における従業員間関係に焦点を当て、クロスボーダー・コミュニケーションの観点から、安全管理を成功裏に行うための要件について検討する。

第2節　研究方法

本章では、異文化マネジメント論の概念的フレームワークと、インタビュー調査に基づく大手海運企業の海洋事故のケース・スタディから、船舶の安全なオペレーションを達成するための要件とは何かを、クロスボーダー・コミュニケーションの観点から帰納的に検討する。すなわち第1に、海洋事故原因におけるコミュニケーション要因の位置づけを示すと同時に、安全管理の対象である船舶管理や船員業務において、どのようなコミュニケーションのインターフェイスが存在するかを明確にする。第2に、大手海運企業日本郵船において実際に発生した海洋事故をケースとして取り上げ、事故原因としてどのような

コミュニケーション要因が影響を及ぼしたかを検討する。第3に，コミュニケーションの観点から，安全管理における問題点を明確にした上で，異文化マネジメントの概念を用いて，外航海運業における安全管理を成功裏に遂行するために，いかなるクロスボーダー・コミュニケーションが必要であるかを仮説として提起する。

ケース・スタディに関しては，日本郵船に対するインタビュー調査によって，同社運航船で発生した海洋事故事例に関する質的データを収集した。そして，それぞれの事故原因を明確にした上で，その中からクロスボーダー・コミュニケーション要因を抽出した。具体的には，2007年2月7日，同社危機管理部門より，2002年から2006年までの5年間に発生した同社運航船の事故に関する社内資料を入手すると同時に，船員出身の危機管理担当者および安全管理担当者に対する個別面接を行い，事故の概要および事故原因，事故防止策などについての質的データを収集した。具体的には，同社運航船が関係する海洋事故のうち，重大事故と判断される1日以上の遅延を伴う事例を抽出し，それぞれの事例について，事故の発生時期，発生場所，船種，当該船舶に乗務していた船員の国籍および職位構成，発生状況，被害状況，事故原因，事故後の対応について，危機管理部門の責任者に対して筆者が回答を依頼し，事故当時の社内資料をもとにその説明を受けた。さらに，安全管理部門の責任者に対して，同社の事故防止のための対応策は何であるか，特にコミュニケーション要因の観点から質問し，回答を得た。

第3節　安全管理におけるコミュニケーション要因の位置づけとインターフェイス

(1) コミュニケーションの位置づけ

外航海運業の安全管理は，海洋事故を未然に防止し，事故発生のリスクを最小化すると同時に，事故が発生した場合に，それに伴う損害を最小化するためのマネジメントである。海洋事故の要因は，気象・海象条件などの外的要因，設備機器の故障などのハード的要因，人的資源の技術および能力の不足や管理

体制の不備，操作ミスなどのソフト的要因など様々であり，複数の要因が重複することによって事故が発生する場合が多い。したがって，安全管理の課題は，これらの要因を排除し，オペレーションの安全性を高度化させることである。とりわけ，外航船が関係する近年の海洋事故では，船員をはじめとする人的要因が指摘されるケースが多く，このことは，安全管理における人的資源のマネジメントが重要な課題であることを示唆している。

そこで筆者は，安全管理における従業員間でのコミュニケーション要因に注目した。なぜならば，船舶オペレーションを安全に遂行するためには，その職務特性から，船員をはじめとする人的資源のチームワークがきわめて重要な役割を果たし，そのチームワークが円滑に機能するためには，従業員間での適切なコミュニケーションが不可欠なためである。さらに，様々な国籍の人的資源がコミットする外航海運業の安全管理では，国境を越えた従業員間でのコミュニケーションが，いっそう重要であると言える。

図表10-1は，海洋事故要因におけるコミュニケーションの位置づけを示したものである。船舶オペレーションの現場において，国境を越えた従業員間でのコミュニケーションが失敗すると，状況の誤認や誤対応，操作ミス，安全管理マニュアルの不徹底や労務管理上の問題を誘発し，これらが直接的な要因となって海洋事故につながる可能性がある。他方，コミュニケーションの失敗が発生する要因として，言語，コンテクスト，組織文化，国民文化の4点が考えられる。本章では，これら4つの観点から，安全管理を成功裏に行うために必

【図表10-1】外航海運業における海洋事故要因とクロスボーダー・コミュニケーションの位置づけ

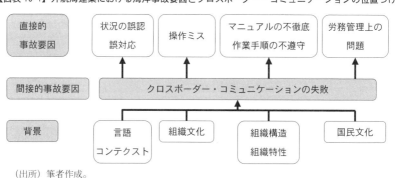

(出所) 筆者作成。

要なコミュニケーションを提起する。

(2) コミュニケーションのインターフェイス

外航海運業の安全管理は，船舶管理，船舶のオペレーション，寄港地での荷役やメンテナンスに焦点が当てられ，主にそれに従事する船員，水先人，船舶管理者等の諸業務を対象とするものである。安全管理業務は，その環境や組織形態，作業において，一般の製造業やサービス業とは異なる特性をもち，業務に従事する従業員間でのコミュニケーションが，とりわけ重要な役割を果たす。

図表10-2は，船舶の安全管理にコミットするプレーヤーと，コミュニケーションが発生するインターフェイスを示したものである。外航海運業の安全管理にコミットするプレーヤーとして，本船でオペレーションに従事する船員のほか，陸上から船舶のオペレーションやメンテナンス，装備品の調達などを管理する船舶管理者，安全管理に関する船舶管理戦略ないし船員戦略を策定する海運企業，本船の出入港時にデリケートなオペレーションを補佐する水先人，入港時に荷役やメンテナンスを行う陸上スタッフなどが挙げられる。これらのプレーヤーは，世界中の国籍をもつ人的資源で構成されるため，それぞれのプレーヤー間にコミュニケーションのインターフェイスが存在する。このような状況下で，安全管理を成功裏に行うためには，このインターフェイスにおいて生じる様々な問題を的確にマネジメントする必要がある。外航海運業の安全管理において，とりわけ重要なインターフェイスは，以下の3つの関係である。

【図表10-2】クロスボーダー・コミュニケーションのインターフェイス

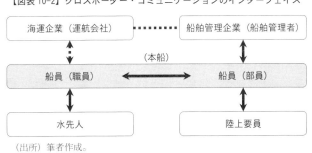

(出所) 筆者作成。

第1に，船舶オペレーションの安全管理において，最も重要なインターフェイスは，同一の船舶に乗務する個々の船員間に存在する。船員組織は，船長を頂点とする厳格なヒエラルキーであり，明確な指揮系統のもとに，それぞれの職位の役割と責任が付与されている。これまでに述べたように，船員組織は，管理職的な役割を果たす「職員」（Officer）と，ワーカー的な位置づけである「部員」（Rating）とから構成され，担当する業務によってさらに，船長を頂点とする「デッキ部門」と機関長を頂点とする「エンジン部門」とに区分される。外航海運業の船舶においては，1隻の船舶における船員組織を形成するメンバーの国籍が複数にわたる場合が多い。

　そこで問題となるのは，このような船員組織が，複数の国籍の船員によって構成されている場合，組織内部のいずれかの場所にインターフェイスが発生し，そこで適切なコミュニケーションが阻害され，その結果として状況の誤認や業務上の誤対応，さらには対人関係におけるコンフリクトが発生し，このことが重大な事故をもたらす可能性がある点である。また，船員業務においては，主に安全管理マニュアルの運用や不測事態への対応に関して，常に暗黙知の性質を持つ技術やスキルが必要とされるため，船員業務を円滑かつ効率的に遂行できるかどうかは，船員組織における国境を越えたコミュニケーションに著しく左右されると考えられる。

　第2に，水先人および陸上作業員と船員との間のインターフェイスである。各国の法律で定められた港に船舶が出入港する際には，現地の水先人を乗船させることが義務付けられ，船舶は水先人の助言を受けて航行する。船種によっては，危険を回避するために小型の警戒船が併航することもある。これらの海域では，非常にデリケートな操船を強いられるため，出入港プロセスにおける水先人と，船舶を操船する船員との間のコミュニケーションが，安全管理において非常に重要な要素となる。船舶は世界中の港に出入港するため，すべての港で国境を越えたコミュニケーションが発生する。そこでのコミュニケーションが阻害されると，状況の誤認をもたらし，刻々と変化する操船環境に的確に対応することが困難となる。結果として，このことが衝突や座礁といった重大な事故を引き起こす原因となりうるのである。

　また，寄港地において安全かつ効率的な荷役や船舶のメンテナンスが遂行さ

れるかどうかは，現地ターミナルスタッフと船員との間でのコミュニケーションが重要な影響を及ぼすと考えられる。本船に搭載する貨物によって，荷役の手法は大きく異なるが，とりわけ危険性の高い原油やLNG（液化天然ガス）の荷役は，複雑かつ緻密な手順にしたがって行われ，高度なスキルを必要とする。このため，本船とこのような荷役に従事する陸上スタッフとの間の適切なコミュニケーションが不可欠である。

　第3のインターフェイスは，船舶管理企業および海運企業と本船との間に存在する。これまでに述べたように，海運企業は，国際条約で定められた世界標準の安全管理基準に基づいて，個別に独自の安全管理マニュアルを作成し，船舶管理企業が配乗する船員にそれを遵守させる。しかし，安全管理マニュアルの内容は，それを作成する個々の企業によって大きく異なり，安全管理基準の厳格性や運用方法は，船舶を運航する海運企業の安全管理に対する姿勢によって異なっている。さらに，膨大な項目にわたる安全管理マニュアルの内容が，実際のオペレーションにおいてどのように運用されるかは，本船に乗務する船員や船舶管理手法によって異なっている。このため，安全管理マニュアルの運用という点で，船舶管理企業と本船との間でも，国境を越えた組織間のコミュニケーションが重要な役割を果たすと言える。

第4節　海洋事故事例とコミュニケーション要因
―日本郵船のケース―

　本節では，日本郵船の運航船において，2002年から2006年の5年間に発生した海洋事故をケースとして取り上げ，事故の概要を概観すると同時に，事故原因となったコミュニケーション要因を明確にする[162]。

　同社運航船において，1日以上の遅延を伴う重大な事故は，5年間で14件発生した。注目すべきは，それらすべての事故原因のひとつとして，人的要因が指摘される点と，すべてのケースで外国人船員のみが配乗されていたか，日本人と外国人の船員が同時に乗船する混乗船であった点である。このことは，外航海運業にとって，国境を越えた安全管理の重要性が，いっそう増大しつつあ

ることを示唆している。そして，事故原因として，国境を越えたコミュニケーションの何らかの失敗が指摘できるケースが半数以上の8件を占めている。本節では，言語によるコミュニケーション，組織文化，組織特性，国民文化の4つの観点から，主要な6件の事故について，その概要と事故原因を検討する。

(1) 「言語によるコミュニケーション」に関する事例

【事例1】コンテナ船A号における衝突事故（2002年2月5日，シンガポール）

シンガポール人水先人の誘導により，コンテナターミナルに接岸しようとした同船が，強い潮流に流された結果，同港岸壁に衝突し，船体と港湾設備の一部を破損した。この事故で，同船はドックでの船体の修繕を余儀なくされた。同船には，ドイツ人船長，イギリス人機関長のほか，フィリピン人船員23名が乗り組んでいた。事故原因として，第1に，入港前に水先人が乗船した時点で，安全管理マニュアルに定められた着桟計画の確認が手順どおり行われなかった点が挙げられる。すなわち，日本企業が定める形式知の安全管理マニュアルが，オペレーションの現場である本船との間に存在したインターフェイスにおいて，安全性の確保に対する認識の相違が発生し，遵守されなかったという点で問題が生じている。第2に，シンガポール人水先人が港内への進入速度を実際よりも遅く誤認していたにもかかわらず，ドイツ人船長とシンガポール人水先人とのコミュニケーションが不十分だったために，事故を回避するための対応が行えなかった点が指摘されている。すなわち，船長と水先人との間におけるインターフェイスが，言語による円滑なコミュニケーションを阻害したと言える。

【事例2】自動車船B号における作業員死亡事故（2005年11月12日，ギリシャ，ピレウス）

ピレウス港に停泊中の同船において，バウスラスターと呼ばれる船首部補助エンジンの点検作業が行われていた。ギリシャ人ダイバー（作業員）2名を海中に潜水させて作業中，言語によるコミュニケーションの過誤により，ブリッジにて機関の操作を行っていたインド人1等航海士が誤ってエンジンを起動させ，作業中のダイバーがそのプロペラに巻き込まれて死亡した。このとき，イ

ンド人船長とウクライナ人機関長がボート上で作業を指示していたが，ブリッジで機関の操作に当たっていたインド人1等航海士に，ギリシャ人ダイバーの要請を誤って伝達したのが直接的な原因であると考えられる。

これは，作業員と船員との間にインターフェイスが存在し，そこで言語によるコミュニケーションが適切に行われず，作業指示が誤認された結果，死亡事故につながったケースである。

【事例3】コンテナ船I号における船員傷害事故（2006年7月11日，アルゼンチン，ブエノスアイレス）

ブエノスアイレス港に停泊中の同船において，エンジンのピストン交換作業が行われていた。韓国人機関長と1等機関士，フィリピン人2等機関士と3等機関士の4名が作業中，1等機関士が誤ってエンジン部品を落下させ，それに当たった3等機関士が片腕を切断する重傷を負った。

事故原因として，以下の3点が指摘されている。第1に，ピストンの交換は危険な作業であり，作業に当たった4名の機関士うち3名は未経験であったにもかかわらず，現場で作業を行う4名の間で，その手順等に関する事前の確認が行われていなかったこと。第2に，作業に当たった船員間で明確な言語による作業状況の確認が行われていなかったこと。第3に，経験が豊富だった1等機関士が，憶測により作業の進捗状況を誤認したこと。

この事故も，船員間に存在するインターフェイスにおいて，言語による作業上のコミュニケーションが不十分だったことが主要な原因である。

(2) 「組織文化とコミュニケーション」に関する事例

【事例4】自動車船P号における火災事故（2006年5月22日，シンガポール沖）

シンガポール北東沖を航行中の同船において火災が発生し，積荷の自動車5台が全焼，296台に煤が付着するなどの被害が生じた。同船には，インド人23名，バングラデシュ人2名，フィリピン人1名が乗船していたが，インド人操機長が船舶管理企業の規定に反し，積荷があるにもかかわらず，その付近で火気を使用した作業を行ったため，積荷の車両に引火したことが原因と考えられ

る。さらに，船員が火災発生時の消火活動手順に従わず，積荷の汚損を恐れて放水による消火作業を躊躇したことや，火災発生時における船内での連絡および指揮体制が不徹底だった点も，被害を拡大させる要因であると指摘されている。このケースでは，船員組織内部における指揮系統にインターフェイスが存在し，船舶管理企業が定める安全管理マニュアルの機能が阻害されたと考えられる。

(3) 「組織特性とコミュニケーション」に関する事例

【事例5】冷凍船O号における座礁事故（2005年8月4日，ブラジル，ナタル）
　ナタル港に入港しようとした同船が，同港付近にあった暗礁に乗り上げ，船底部及びプロペラを破損したため航行不能となり，大規模な改修作業を余儀なくされた。
　同船には，ウクライナ人船長をはじめ，ウクライナ人3名，ロシア人4名，ベラルーシ人1名，フィリピン人11名が乗り組んでおり，事故当時はウクライナ人船長の指揮の下，当直のロシア人1等航海士とフィリピン人操舵士が操船に従事していた。事故原因として，安全管理マニュアルに定められた同港進入の際の航海計画が不十分であり，当時現場海域が悪天候であったにもかかわらず，入港前のミーティングにおいても，異なる国籍の船員間で適切な対応が十分議論されていなかった点が指摘されている。さらに，同船がスケジュールよりも遅れて航行していた上，悪天候のため所定の地点で水先人を乗船させるのに失敗するなどしたため，船長が入港を焦っていたことに加え，ウクライナ人船長が経験豊富であったため，部下のロシア人1等航海士が危険な状況であることを認識していたにもかかわらず，船長との間で事故を回避するためのコミュニケーションをとらなかった点が挙げられる。
　すなわち，このケースでは，船舶管理企業と本船とのインターフェイスにおいて，安全管理に対する認識に差異が生じた上，船員組織の性質と，そこに存在するインターフェイスによって，船員間での安全管理上のコミュニケーションが阻害されたと考えられる。

(4) 「国民文化と労務管理のコミュニケーション」に関する事例

【事例6】 大型タンカーT号における船員殺害容疑事件（2002年4月7日，台湾沖）

台湾沖の公海上を航行中の同船において，機関員として乗務していたフィリピン人船員が，職務規定に反して沿岸船舶電話を使用した際，それを目撃した日本人2等航海士に叱責されたため，同乗のフィリピン人甲板員と共謀し，2等航海士を殺害，海中に遺棄した疑いがもたれている。

事件の原因として，職務規定に反して過度に飲酒したフィリピン人船員が，公然と激しく叱責されたことに激高したのに加え，船長に報告された後に解雇されることを恐れた点が指摘されている。フィリピンにおいて，公然と叱責する行為そのものが，文化的規範に馴染まないものであるのに加え，同国において外航船員として就業できる者がきわめて特権的な社会的地位にあり，さらに大型タンカーに配乗される船員は，とりわけ能力水準が高い者であるという文化的，社会的要因が背景にあると考えられる。また同社は，フィリピン人船員の配乗を開始して以来，日本人船員とのコミュニケーションにおいて，それまで重大な事件・事故は発生していなかったため，無意識のうちに文化的差異を軽視するようになっていた日本人船員の言動も一因と結論付けている。

この事件は，船員組織におけるインターフェイスが，異なる国民文化をもつ船員間のコミュニケーションを阻害した結果，船員間の人間関係を悪化させ，労務管理上の問題を生じさせたケースである。

第5節　船舶オペレーションとクロスボーダー・コミュニケーション
―異文化マネジメント論の観点から―

前節で概観した海洋事故は，外航船において発生しうるコミュニケーション要因を，ほぼすべて包含していると考えられる。そして，これらの事故原因は，以下の4つの要因に分類することが可能である。すなわち第1に，異なる国籍をもつ船員間での言語によるコミュニケーションに関する問題。第2に，

安全管理マニュアルの運用に関する組織文化の問題。第3に，船員組織という特殊な組織階層におけるコミュニケーションの問題。第4に，国民文化と船員組織における労務管理の問題である。そこで本節では，これら4つの観点から，事故につながる要因と，それを防止するための対応として，いかなるコミュニケーションが必要であるかを，異文化マネジメント論者の示す概念を用いて検討する。

(1) 言語によるコミュニケーションとコンテクスト

海洋事故をもたらす第1の要因として，同一の船舶における船員組織内での船員同士によるコミュニケーションの過誤が指摘できる。とりわけ，船員間での言語によるコミュニケーションの欠如もしくは不十分なコミュニケーションが事故をもたらしているケースが多い。前節で述べた海洋事故のうち，事例1, 2, 3の事故で，この点が直接的な要因になったと考えられる。

作業の正確性と作業手順の明確性は，船員業務に不可欠な要素であり，作業に従事する船員ないし作業スタッフ間での明示的なコミュニケーションにより，それぞれが自己のなすべき作業と自己を取り巻く諸状況を的確に理解しなければならない。しかしながら，船員ないし作業スタッフ間にインターフェイスが存在する場合，問題となるのは語学力の欠如と相手の能力に対する誤認ないし過信である。

この点において，海洋事故を防止する最大の手段は，コンテクストのマネジメントであると考えられる。今日の外航船には，様々な国籍の船員が乗務するだけでなく，船員が数ヶ月間の契約ベースで配乗され，個々の船員が上下船する場所も一定ではない。したがって，船員組織を構成するメンバーが常に入れ替わるため，船員組織のコンテクスト環境は常に変化している。このような環境下で，コンテクスト度の異なる船員同士が安全なオペレーションを遂行するためには，船員レベルでのコンテクストのマネジメントが不可欠である。

Hall (1989) は，コンテクストを，人間関係上の文化的，社会的，心理的環境と位置づけ，各国のコンテクスト度を示した (Hall, 1989, 邦訳, p.119)。そして，コンテクスト度の高い相互作用では，受け手とのセッティングの中に，あらかじめ情報がプログラムしてあるが，コンテクスト度の低い相互作用は，

コンテクストに内在しない部分を補うために,情報の大半が伝達するメッセージに含まれるとしている(Hall, 1989, 邦訳, p.118)。また,太田(1993)によれば,コンテクストのマネジメント手段として,個人レベルでは,低コンテクスト環境においても,的確にコミュニケーションプロセスをマネジメントする能力,すなわち特定の文化的コンテクストに安易に依存しないコミュニケーション行動を可能にするための異文化コミュニケーションプログラムを開発する必要性があるとし,組織レベルでは,文化的ノイズの少ないコミュニケーション風土の醸成が不可欠であるとしている(太田, 1993, p.38)。

そこで,船員業務におけるコンテクスト・マネジメントを,船舶管理企業の組織レベルと船員の個人レベルの2つの観点から検討する。太田の示す概念を援用すれば,船員を船舶に配乗する船舶管理企業の観点から,組織レベルでのコンテクスト・マネジメントの課題は,本船の船員組織において,文化的ノイズの少ない風土を醸成することである。その課題を達成するためには,船舶管理企業が以下の2つの手法をとることが有効であると考えられる。すなわち第1に,同一の船舶には,コンテクスト度が類似する国籍の船員を配乗すること。もしくは第2に,異なるコンテクスト度の船員を継続的に雇用することによって,コンテクストの共有化を図ることである。このために,海運企業のもつ優位性を高度化させ,船員市場を内部化することが条件となる[163]。その結果,いずれの手法によっても,船舶における船員業務を遂行する上で,情報量の少ないコンテクスト環境でも,船員間でのコミュニケーションが円滑に行えるようになると考えられる。しかしながら,船舶オペレーションの安全性を確保する上で,些細なミスも許されない船員業務では,類似のコンテクスト環境を前提とした対応だけでは不十分である。最も重要なのは,船員個人レベルの対応として,コンテクスト度の異なる船員間で,共通言語による明示的なコミュニケーションを行うことである。上述のように,船員組織のコンテクスト環境は常に変化している。このため,コンテクスト度の低い環境においても,常に船員間でのコミュニケーションが円滑に行われ,業務に支障をきたさないようにするためには,業務内容の指示と確認が,共通する言語によって常に明示的に行われなければならない。すなわち,コンテクストに内在されない作業の指示や確認について,すべての船員が理解する共通言語による情報の交換が不可欠

なのである。このように,船員業務におけるコミュニケーション・リスクは,コンテクスト度の差異に起因するメッセージ伝達の齟齬によって生じるが,このリスクを最小化するためには,言語の共通化ないしは記号化によって,伝達されるメッセージを合理的な範囲で最小化することが不可欠であると言える。さらに,船員組織全体でその重要性認識が共有されなければならない。したがって,船舶管理企業は,この点を実現しうる船員をマンニングする必要がある。

(2) 組織文化と安全管理マニュアルの運用をめぐるコミュニケーション

第2に,海運企業ないし船舶管理企業が定める安全管理マニュアルの運用をめぐる諸要因が指摘できる。船舶のオペレーションを管理する船舶管理企業は,国際条約に定められた基準を満たす安全管理マニュアルを作成し,本船に乗務する船員にそれを遵守させる。また通常,船舶のオペレーションを委託する海運企業にも,船舶管理企業に対して安全管理方針を示すマニュアルが存在するため,海運企業も船舶オペレーションの安全管理に影響を及ぼすといえる。しかしながら,ほとんどの場合,船舶管理企業ないし海運企業と本船との間にはインターフェイスが存在する。すなわち,安全管理マニュアルを策定する船舶管理企業と,本船のオペレーションに従事する船員の国籍は,ほとんどの場合で異なるのである。また,本船において諸業務の指示を行うシニア・オフィサー[164]と,それ以外の船員との間にもインターフェイスが存在することが多い。この2つのレベルに存在するインターフェイスにおいて,適切なコミュニケーションが行われない場合,以下のような問題が生じると考えられる。すなわち第1に,インターフェイスの存在に起因する安全管理マニュアルの不徹底,第2に安全管理の重要性認識における差異,第3に安全管理マニュアルに定める作業の重要性認識における差異,第4に安全管理マニュアルの運用における作業精度の差異である。前述の事例1,3,4,5のケースで,この要因が事故をもたらしている。

Dunning, et al. (1997) は,国際生産の要因を説明するOLIパラダイムにおいて,企業の優位性を示す所有特殊的優位(Ownership Advantages)要素のうち,文化の影響度が高いものとして,生産管理,組織の制度,業務の組織

化，社会的差異から学習する能力を挙げている（Dunning, et al., 1997, p.7）。すなわち，船舶管理企業の制度として適切な安全管理システムを構築し，それに基づいて船員組織が各船員の業務を効率的に組織化し，円滑に船舶オペレーションの管理が遂行できるかどうかを決定する要因として，組織文化のマネジメントが重要性をもつと言える。

Hofstede（1991）によって示された概念を援用すれば，安全管理マニュアルの運用に関するマネジメントは，組織文化と不確実性回避志向に影響を受けると考えられる。すなわち，上述の4つの問題点は，船員を直接雇用する船舶管理企業および就業現場である船舶という2つのレベルにおける組織文化の醸成と，それぞれの組織における不確実性回避志向の増大によって解決することが可能であると言える。

Hofstedeによれば，組織文化は，ある組織に属する人間の心に集合的にプログラムとして組み込まれるものであり，組織によってそのプログラムは異なるとした上で，組織レベルの文化的差異は，ほとんどが価値観よりも慣行の違いから生じるとし，国籍や年齢などの属性や価値観は採用過程で選別でき，慣行は入社後の社会化から生じるとされている（Hofstede, 1991, 邦訳, pp.192-195）。そして，このような組織文化の醸成において，不確実性回避の慣行をすべての船員に定着させることが不可欠である。不確実性の回避とは，ある文化の成員が，不確実な状況や未知の状況に対して脅威を感じる程度である（Hofstede, 1991, 邦訳, p.119）。不確実性回避志向の強い社会では，規則を求めようとする人々の気持ちが強いために，人間の中でも精密さと規則正しさが向上するとされている（Hofstede, 1991, 邦訳, p.128）[165]。さらにHofstedeは，組織文化をマネジメントする手段として，構造，過程，人事の3つを変えることを指摘した（Hofstede, 1991, 邦訳, pp.214-216）。具体的には，組織のトップは専門性が必要とされ，経営戦略と組織文化の適合性を判断しながら戦略を遂行し，状況に応じて組織成員とのコミュニケーションの手法や組織成員の人事方針を決定するとされているが[166]，このことはまさに船員組織のもつ性質と合致する。

安全管理マニュアルの重要性認識を，すべての船舶とその船員組織が共有し，その運用を適切に行うことによって事故を防止する条件は，船舶管理企業

と船舶の双方において、安全管理を重視する組織文化を醸成することである。Hofstedeの示す概念を援用すれば、それを実現するために、船舶管理企業は、船員のマンニング段階において、適切な安全管理を遂行しうる船員を選別し、入社後の社会化プロセスにおいて、安全管理重視の船員業務慣行を個々の船員に定着させることが不可欠である。すなわち、マンニング段階で不確実性回避志向の強い船員を採用すると同時に、安全管理とそれを実現するための施策や職務の重要性を強く認識する価値観を選別する。そして、船舶管理企業と船員とのコミュニケーションにおいて、入社後の教育・訓練や実際の船員業務を通じ、安全管理マニュアルの遂行を徹底させ、船員組織における安全管理重視の慣行を醸成する必要がある。

　Hofstedeによれば、これを実現する手段として、構造、過程、人事のそれぞれについて変更を行う必要があるとされている。前述のように、外航船の船員組織は、世界共通の職位で構成される構造をもつため、これを変更することは不可能である。しかし、船員組織の性質については、採用する船員の国籍を選別することにより、組織文化をコントロールすることが可能である。また、過程については、入社後の陸上でのトレーニング・プロセスや実際の船員業務において、企業に固有の技術やスキルを船員に体化させるなかで、安全管理の重要性を認識させ、その徹底を図ることが可能である。さらに、人事プロセスにおいて、船員の能力評価や昇格基準について安全管理に関する要素を重視するなどの運用が考えられる。このようなコミュニケーションによって、個々の船員に安全管理を重視する価値観を定着させ、安全管理マニュアルの遂行を徹底し、その結果事故の発生を防止することが可能になると考えられる。

(3) 組織特性とコミュニケーション

　第3の要因として、船員組織の特性によって、船員組織内のコミュニケーションが阻害される点が挙げられる。第2章の図表2-2に示したとおり、1隻の船舶においては、船長を頂点とする厳格な船員のヒエラルキーが形成されており、明確な命令系統が存在する。船員組織の形態は、船種によって若干の差異はあるが、世界的にほぼ共通であり、船員は上位者の指示のもと、それぞれの職位に定められた業務を遂行する。このような船員組織の内部にインター

フェイスが存在する場合，下位のポジションの船員から，上位の船員へのコミュニケーションが著しく阻害される可能性が考えられる。すなわち，オペレーションにおいて上位の船員が誤った判断や行動をとった場合でも，下位の船員がそれを指摘するなどのコミュニケーションをとることがきわめて困難になるのである。このことが，結果的に事故をもたらすことが懸念され，前述の事故事例では，事例3と事例5にこの要因が該当する。

　重要なのは，このような船員組織の性質を踏まえた上で，安全管理を適切に遂行しうる船員組織文化を醸成し，組織を構成する船員が，適切な役割を果たすことである。Trompenaars（1993）は，平等主義か階層制か，人間志向か課業志向かの2つの軸を基準に，組織文化を家族型，保育器型，ミサイル型，エッフェル塔型の4つに分類した（Trompenaars, 1993, 邦訳, p.274）。船員組織の場合，階層性かつ課業志向という明確な性質を持つため，Trompenaarsの言う「エッフェル塔型」組織文化に合致する。エッフェル塔型組織文化とは，様々な役割と機能を持った官僚的な分業が事前に規定される組織文化である（Trompenaars, 1993, 邦訳, p.286）。エッフェル塔型組織文化においては，会社の合理的な目的が，上司を通じて部下に伝達され，上司は部下のなすべき職務内容と役務契約を命ずる権限をもち，組織内部のキャリア形成は，専門資格によって裏付けられる（Trompenaars, 1993, 邦訳, pp.287-288）。このことは，まさに船員組織の性質そのものであるといえる。

　また，Hofstedeによれば，国民文化を類型化する要因のひとつに，権力格差（power distance）が挙げられている。権力格差とは，それぞれの国の制度や組織において，権力の弱い成員が，権力が不平等に分布している状況を予期し，受け入れている程度である（Hofstede, 1991, 邦訳, p.27）。船員組織の性質に適合するのは，権力格差の強い国民文化であるが，実際には様々な国籍の船員が同一の船舶に乗務するため，エッフェル塔型の性質をもつ船員組織において，権力格差の程度に応じた組織のマネジメントが不可欠であると言える。

　ここで基準となるのは，エッフェル塔型の船員組織において重大な権限と責任を有する船長ないし機関長の権力格差である。上位者が権力格差の小さい国籍の場合，上位者の船員が下位者からの進言や提案を考慮し，意思決定を行うことによって，事故を未然に防止することも可能である。他方，権力格差の大

きい国籍の船員によって船員組織が構成される場合，上位者である船長ないし機関長は，制度上もコミュニケーション上も絶対的な権限をもつ。この場合，上位者は役割に適合するのに必要なスキルを蓄積することによって，権限に見合った絶対的能力を有することが不可欠である。問題となるのは，船員組織において，権力格差の大小に差異のある国籍の船員が同時に乗務する場合である。船員組織には，Trompenaarsが示すエッフェル塔型組織の性質が根底にあるため，常に権力格差の大きい文化の性質を前提に対応しなければならない。すなわち，船員がいかなる国籍の組み合わせによって配乗されても，船員組織において業務を円滑に遂行するためには，上位者である船長ないし機関長がきわめて高度な能力を有し，常に的確な判断に基づいて下位者に対する適切な指示を行うことが不可欠である。Trompenaarsが示すとおり，上位者はその専門資格を得るために，専門的なトレーニングと乗船経験を通じて，役割に適合する能力を醸成することが最も重要であると考えられる。それと同時に，船員組織の上部組織として位置づけられる船舶管理企業が，上位者である船長ないし機関長の能力をフォローし，それらの権限が及ばない船員組織の外部から，業務を監督する役割も不可欠である。なぜならば，船舶は世界中を航行するため，個々の船員組織は物理的に分散する。このため，個々の船員組織において効率的なコミュニケーションが行われるようにするには，上位者の能力を，海運企業が全社的に定める要求水準に標準化する必要があるからである。

(4) 国民文化と労務管理をめぐるコミュニケーション

第4に，船員組織におけるコミュニケーションが，労務管理に及ぼす要因が指摘できる。船員は，その職位にかかわらず船舶という狭隘かつ閉鎖的な空間において，数ヶ月間連続して業務に従事する。外航船の場合，20～30名前後の船員が常に物理的に近接する特殊な労働環境において，常に危険を伴う業務を遂行することで，強度の緊張を強いられるためにストレスが生じる。さらに，船員組織内部に存在するインターフェイスによってそれらが助長される。このため，船員間のコミュニケーションが適切に行われない場合，船員組織における船員間の関係が悪化し，本来の船員業務以外の労務管理に支障を来たす結果，事件や事故が発生する可能性が考えられる。事例6の事件は，船員組織

内部に存在するインターフェイスにおいて，適切なコミュニケーションが行われなかったことに起因する。

　Adler（1991）は，外航船員のように複数の国籍をもつメンバーで構成される組織を「マルチカルチャー・チーム」と呼び，組織における文化的多様性がもたらす問題点として，態度，認識，コミュニケーション，ストレス，効果の5点について指摘した（Adler, 1991, 邦訳, pp.127-130）。まさに，これらの要因が上述のような船員の職場環境において発生し，様々なコンフリクトをもたらすと言える。すなわち，船員組織における文化的多様性によって，異なるバックグラウンドをもつ船員間での人間関係が悪化し，オペレーションの現場における労務管理上の問題を生じさせるのである。

　他方Adlerは，マルチカルチャー・チームが創造的に機能し，生産性の上昇をもたらすための文化的多様性を管理する方法を提示した。それによれば，マルチカルチャー・チームが成功裏に機能する条件として，①メンバー選択の適正化，②相違点の認識，③ビジョンの明確化，④権限配分の適正化，⑤相互の尊敬，⑥フィードバックが挙げられている（Adler, 1991, 邦訳, pp.127-130）。そのためには，文化的バックグラウンドの異なる船員間において，異文化の認知，容認，適応プロセスが不可欠となる。Adlerは，マルチカルチャー・チームのマネジメントを，文化の多様性から生じるベネフィットの最大化と，それから生じるコストの最小化との観点から論じているが，船員組織のマネジメントにおいて重要なのは，多様性コストを最小化することによって船舶を安全に運航し，「何も起きない」状態を維持することである。したがって，安全管理におけるマルチカルチャー・チームのマネジメントが成功裏に行われるかどうかは，多様性コストをいかに最小化するかに左右される。

　この点を踏まえて，Adlerが示した条件を船員業務に適用して説明すれば，異文化の環境において，従業員間のコミュニケーションが円滑に機能し，船員組織における労務管理が成功裏に行われる条件は，以下の4点であると言える。第1に，船舶管理企業は適正な文化的適応能力をもつ船員を雇用する。第2に，雇用後の安全管理教育によって，技術面だけでなく，その重要性や同時に配乗される船員の文化的特性を理解させる。第3に，船員組織における指揮系統は明確であるが，上位者である職員は，日常的な労務管理においても適切

な文化的対応を行う。たとえば，船員業務のみならず，業務時間外の船員生活全般において，コミュニケーション頻度を増大させたり，また食事に関しても文化的バックグラウンドを配慮するなどの必要がある。第4に，船員間で発生した文化的コンフリクトについて，すべての船舶，陸上拠点との間で情報の共有化を図る。そして，それらをその後の船員業務だけでなく，陸上で策定される安全管理戦略全体にフィードバックすることである。

第6節 小　結

　本章の目的は，外航海運業における従業員間関係に焦点を当て，安全管理を成功裏に行うためのクロスボーダー・コミュニケーションとは何かを，異文化マネジメント論の観点から提起することであった。本章では，クロスボーダー・コミュニケーションを，あくまでも船員のもつ専門的な技術やスキルのひとつと位置づけた上で，日本の海運企業で実際に発生した海洋事故事例を踏まえ，理論的概念を用いて上記課題の検討を行った。
　その結果，海洋事故を防止し，安全管理を成功裏に行うためのクロスボーダー・コミュニケーションとして，コンテクスト，組織文化，組織特性，国民文化の4つの観点から，以下の仮説を提起した。第1に，船員間でのコミュニケーションについて，コンテクスト・マネジメントを成功裏に行うこと。すなわち，船員組織のコンテクストを共有化するか，異質なコンテクスト環境を前提とし，共通言語による明示的なコミュニケーションをとることによって，業務上必要とされるメッセージの伝達が的確に行われ，業務遂行の安全性が増大する。第2に，船舶管理企業によって，船員組織における不確実性回避志向の組織文化を醸成すること。すなわち，船舶管理企業が不確実性回避志向の高い船員を採用，社会化することによって，安全管理重視の価値観が本船において浸透し，安全管理マニュアルが的確に機能する。第3に，エッフェル塔型の船員組織において，権力格差認識の差異にかかわらず，制度上の権限が集中する上位者の能力水準を高度化すると同時に，個々の船舶の上位組織に位置づけられる船舶管理企業が的確に管理・監督し，組織文化の標準化を図ること。それ

第6節 小　結

によって，物理的に分散する個々の船員組織だけでなく，全社レベルで安全管理水準を標準化することが可能となる。第4に，船舶管理企業による適切なマンニング，異文化理解力の養成，上位者による船内生活全般的な文化的対応，船内生活における文化的コンフリクトのフィードバックを行うことによって，船員組織における多様性コストを回避ないし削減することが可能となり，マルチカルチャー・チームとしての船員組織が効率的に機能する。

　本章で議論したオペレーション現場におけるクロスボーダー・コミュニケーションは，船員戦略のグローバル統合が成功裏に進展する上で，きわめて重要な要因として位置づけられる。外航海運企業のオペレーション現場においては，多様な国籍やバックグラウンドをもつ船員が，相互に協調しながら職務を遂行するが，それらの船員が規範的統合を達成し，船舶を安全に運航するためには，船員の多様性を所与の条件としながら，船員が相互に適切なコミュニケーションを行うことが不可欠である。また，海運企業が，船員戦略の制度を全社レベルで統合化し，個々の船員の規範的統合が達成されたとしても，それがオペレーション現場で成功裏に機能し，海上輸送サービスにおいて適正なアウトプットがもたらされなければ，船員戦略におけるグローバル統合の目的が達成されたとは言えない。

　したがって，海運企業は，本章で議論したクロスボーダー・コミュニケーションに関する4つの要件を満たすべく，組織風土やコミュニケーション環境の形成，それを可能ならしめるマンニング，上位者としての役割の明確化と管理・監督，コンフリクトのフィードバックなどの取り組みを，全社レベルで統合化された制度として機能させる必要があると言える。

第11章　結論
外航海運企業における船員戦略
―「人的資源のグローバル統合」としてのフレームワーク―

　本書の目的は，外航海運企業の船員戦略を「人的資源のグローバル統合」として捉え，その概念的フレームワークを業種および職種レベルで精緻化すると同時に，海運企業において人的資源のグローバル統合が成功裏に進展する要件は何かを，業種特殊的な要因を踏まえて明らかにすることであった。

　外航海運業において，海上輸送サービスに直接従事する船員は，海運事業の根幹である船舶のオペレーションを，安全かつ効率的に遂行するきわめて重要な役割を担っている。外航海運企業の船員は，その大部分を外国人が占めるだけでなく，その国籍やバックグラウンドも多岐にわたる。また，船員の雇用形態は，数ヶ月間のきわめて短期的な契約ベースであるため，雇用の流動性が高い。さらに，船員の就業現場は世界中を航行する船舶であるため，アウトプットの場が物理的にも世界レベルで拡散している。これらの点は，外航海運企業が船員の人的資源管理を世界レベルで統合化するのは非常に困難であることを示唆している。

　しかしながら，海運企業が自社運航船のオペレーションに必要な船員を確実に雇用し，それらの船員の能力水準を高度化ないし標準化する上で，船員戦略のグローバル統合がきわめて重要な役割を果たすと考えられる。すなわち，先進的な外航海運企業は，船員の雇用，配置，教育・訓練，昇進，評価などに関する制度を全社レベルで統一化した上で，自社の船員ニーズに適合するよう，世界のマンニング・ソースから船員を雇用し，ニーズの異なる個々の船舶に配乗している。これによって，世界レベルで人的資源の効率的な活用が可能となる。また，先進的な海運企業は，全社レベルで統一化されたトレーニング・プログラムに基づいて，企業に固有の教育・訓練を実施し，国籍やバックグラウ

ンドに関わらず，すべての船員に対して能力水準の標準化を図っている。したがって，外航海運業は，現場従業員を対象とする人的資源のグローバル統合に関する取り組みが，最も進展している業種であると言える。

そこで本書では，先行研究によって提示された人的資源のグローバル統合に関する概念的フレームワークを，外航海運業の船員という業種および職種レベルにブレークダウンし，グローバル統合の構成要素である「制度的統合」と「規範的統合」の概念を，当該業種および職種に固有の要因を踏まえてさらに精緻化した。すなわち，「制度的統合」と「規範的統合」を構成する下位の機能に対して，国際ビジネスの諸理論を援用し，当該業種および職種におけるグローバル統合の概念をより精緻なものにした。さらに，海運企業がそれぞれの機能を成功裏に遂行し，人的資源のグローバル統合を達成するための要件を，先進事例ないし成功事例として捉えられる大手海運企業のケース・スタディから帰納的に導出した。

本章では，各章における議論を踏まえ，外航海運企業における船員戦略を，人的資源のグローバル統合として捉えた概念的フレームワークを提示すると同時に，それが成功裏に進展する要件を整理する。

外航海運企業における船員を対象とした人的資源のグローバル統合は，船員戦略における制度的統合のもとに，現場従業員である船員の規範的統合を達成するプロセスであり，船員戦略のグローバル統合と換言できる。船員戦略のグローバル統合を成功裏に展開することによって，海運企業は，世界レベルで自社が必要とする船員を確実に確保し，効率的に船員の活用が可能になると同時に，すべての船員が企業に固有の技術やスキルを同等に獲得し，船員の能力水準を全社レベルで高度化および標準化することが可能となる。そして，個々の船員がそれらの技術やスキルを，同一の安全管理ポリシーのもとに船舶オペレーションに反映させることによって，全社レベルで海上輸送サービスの品質を高度化し，それを維持することが可能となる。

船員戦略における制度的統合とは，船員を対象とするマンニング，クルーイング，トレーニング，船員人事に関する諸制度を全社レベルで統一化することによって，船員という人的資源を世界の船員市場から確実に雇用すると同時に，世界レベルで効率的に配置・活用することである。制度的統合の主要な手

段として，全社レベルで統一化されたマンニング，クルーイング，トレーニング，船員人事制度が挙げられる。

　マンニングとクルーイングの統合化は，世界レベルで制度的に統合化されたプロセスと基準に基づく採用拠点の「配置」と，船舶への配乗による「調整」として捉えられる。そして，海運企業によるマンニング・ソースの決定は，多国籍企業理論において論じられる人的資源管理拠点の「立地選択」であり，その決定要因となるのが，マンニング・ソースとしての立地優位性である。マンニングの統合化によって，海運企業は自社のニーズ，すなわち自社が必要とする船員の規模と能力の要件を満たす船員を，世界の船員市場から確実に雇用することが可能となる。さらに，全社レベルでの適切なクルーイングによって，自社が必要とする船員の規模および能力に関するニーズと，マンニングした個々の船員とを適合化し，全社レベルで船員を効率的に活用することが可能となる。

　海運企業がマンニング・ソースの選択を適切に行うことによって，世界レベルでの船員の最適活用が可能となる。マンニング・ソースの選択は，多国籍企業論で言う立地選択であるから，海運企業は各マンニング・ソースに形成される立地優位性を的確に知覚し，最適な立地にマンニング拠点を配置する必要がある。第3章で論じたように，マンニング・ソースとしての立地優位性は，船員の能力および利用可能性に集約されるが，船員のもつ具体的な優位性は，国ごとに異なる背景によって形成され，マンニング・ソース間の相対的概念によって決定される。さらに，マンニング・ソースの立地優位性が，自然的資産の性質の強い要素で構成される場合，海運企業の優位性とマンニング・ソースの立地優位性との間には，両者の相互作用によって優位性水準が高度化される関係が形成される。また，第4章で検討したように，特定のマンニング・ソースにおける船員の能力および利用可能性の高度化プロセスには，海運企業だけでなく，現地の船員教育機関や海事行政機関など様々なプレーヤーがコミットし，それぞれ異なる役割を果たすことから，ある種の「クラスター」が形成されている場合が多い。

　海運企業は，このようなマンニング・ソースの立地優位性と，自社の船員ニーズとを世界レベルで適合化する必要がある。海運企業の船員ニーズとは，

中長期的な経営計画に示された自社運航船の規模や船種と，それらの船舶のオペレーションに必要とされる船員の規模および能力要件を指す。したがって，海運企業は，自社の船員ニーズに適合するよう世界レベルでマンニングを行うと同時に，適切な船種および職位に対するクルーイングを行うことによって，全社レベルで船員という人的資源を効率的に配置し，活用することが可能となる。

　トレーニングの統合化とは，世界のマンニング・ソースから雇用した船員に対し，全社レベルで統一化された企業内教育・訓練を通じて知識を移転・共有し，能力水準の高度化および標準化を図ることである。先進的な海運企業は，全社レベルで統一化された能力要件の達成を目的として，体系的なトレーニング・プログラムを構築すると同時に，標準化されたトレーニング手法やツールを用いて，船員の国籍やバックグラウンドに関わらず同等の企業特殊的知識を移転し，すべての船員がこれらの知識を共有する。

　船員知識は，形式知的要素と暗黙知的要素とに区別できる。前者は，海運企業が定める安全管理マニュアルをはじめ，文書化およびプログラム化された知識を指すのに対し，後者は，各種マニュアルに示された機能を遂行するプロセスや，マニュアルではカバーできない不測事態への対応能力，船員組織のマネジメント能力などを言う。安全管理マニュアルの具体的な内容や，オペレーション現場での運用の厳格性は，海運企業によって異なることから，船員知識は企業に固有の性質をもつと言える。外航海運業においては，船員の短期的な雇用形態や，船員の多様性に起因する能力水準の差異などから，知識の供給者である海運企業や上位の船員と，受領者である船員の双方に，知識移転の阻害要因が存在する。しかしながら，海運企業が世界のマンニング・ソースから船員を雇用し，アウトプットの高度化および標準化を達成するためには，全社レベルで統合化されたトレーニングを通じてこれらの阻害要因を克服し，企業に固有の知識を国境を越えて移転しなければならない。トレーニングの統合化によって，海運企業の安全管理ポリシーが全社レベルで共有されると同時に，船員の国籍やバックグラウンドに関わらず，企業に固有の技術やスキルが，同一の船種や職位であればすべての船員にひとしくインプットされる。すなわち，船員の能力水準が，全社レベルで高度化ないし標準化されるのである。

第5章で論じたように,船員知識には,形式知的要素と暗黙知的要素があるが,それぞれの観点から,海運企業における知識移転が成功裏に行われ,船員の能力水準が全社レベルで高度化および標準化される要件は,以下のように説明できる。

　形式知的要素の移転に関しては,以下の3点が挙げられる。すなわち第1に,海運企業の積極的な投資によって,全社レベルでのトレーニング・プログラムを整備する。すなわち,船員の教育・訓練に対する制度的なグローバル統合を図る。これによって,知識の粘着性が低下し,世界レベルでの知識移転を円滑化するだけでなく,コストの制約によって他社に模倣される可能性も低下する。それと同時に,能力水準の高い船員を獲得することが可能となり,船員個人と海運企業の吸収能力が増大する。第2に,期間限定的な契約ベースの船員を継続的に雇用する。これによって,特定の海運企業が企業に固有の知識を占有することが可能となるだけでなく,全社的な知識の標準化が促進される。すなわち,船員の継続的雇用によって,船員知識が全社レベルで共有され,規範的統合が達成される。第3に,適切な監査制度を構築・実施する。これによって,全社レベルでの知識の標準化が達成されると同時に,新たな知識ニーズが発見され,それが知識創造・移転プロセスにフィードバックされる。すなわち,世界レベルで制度的に統合化された監査によって,船員の規範的統合がより確実に達成されるだけでなく,グローバル統合に関する課題を発見し,制度的統合の修正を図るなどの戦略的対応をとることが可能となる。

　他方,暗黙知的要素の移転に関しては,以下の2点が挙げられる。すなわち第1に,マンニングにおいて,オペレーション現場での活発なコミュニケーションを生起せしめる船員を獲得し,クルーイングにおいて,オペレーション現場における知識の供給者と受領者となる船員が,同一もしくは類似の言語や文化的バックグラウンドをもつ者となるよう配置する。これらの要件を満たすことによって,インフォーマルなコミュニケーションが活発に生起し,暗黙知的要素の移転が積極的に行われる。すなわち,規範的統合を効果的に促進する要件として,知識の供給者および受領者間のコミュニケーション環境を,戦略的に醸成することが挙げられる。第2に,オペレーション現場でのトレーニング手法を形式知化すると同時に,知識の供給者となる船員の責任と報酬を明確

に規定し，知識の供給者が知識移転活動にコミットするサイクルを短縮化するなどの人的資源管理慣行を導入する。これによって，個人的な差異による受領者の不利益を回避し，全社レベルで知識の高度化と標準化が可能となる。すなわち，知識の供給者としての役割を制度的に統合化することによって，規範的統合の達成をより確実なものにすることが可能となる。

　船員人事制度の統合化とは，船員の国籍に関わらず，全社レベルで統一化された制度に基づいて，個々の船員の給与，評価，昇進などが決定されることである。船員人事制度の統合化がなされた海運企業では，船員給与は，マンニング・ソースごとに定められたタリフに基づいて，配乗される船種や職位に応じて戦略的に決定される。また，船員は雇用契約終了の都度，全社レベルで統一化された内容の職務評価を受け，その結果に応じて昇進可否が決定される。さらに，先進的な海運企業においては，一定レベル以上の職位の船員を対象とする経営参加施策などについても，船員の国籍に関わらず全社レベルで実施される。海運企業がこれらの制度を全社レベルで統一化すると同時に，その公正性と透明性を高めることによって，海運企業は船員の信頼を獲得し，継続的雇用が達成される可能性が増大する。すなわち，船員人事制度の統合が，第9章で論じたリテンション要因として船員に知覚されることによって，結果的に規範的統合をもたらすことになる。

　船員戦略の規範的統合とは，上述の制度的統合のもと，国籍やバックグラウンドに関わらず，すべての船員が海運企業に組織適応し，企業に固有の技術やスキルを獲得すると同時に，企業の安全管理ポリシーを理解・共有し，それに基づいて適正かつ標準化されたオペレーションをひとしく遂行できるようにすることである。規範的統合を達成するための主要な手段として，船員組織におけるダイバーシティ・マネジメント，マンニングにおける継続的雇用，クロスボーダー・コミュニケーションが挙げられる。

　海運企業が，船員戦略におけるグローバル統合を達成するためには，船員の採用，配置，教育・訓練といった主要な制度を世界レベルで統合化すると同時に，それらの制度の下で規範的統合を達成しなければならない。第6章では，船員組織の多様性を所与の条件とし，規範的統合を達成する有力な手段とし

て，ダイバーシティ・マネジメントに焦点を当てた。船員組織におけるダイバーシティ・マネジメントとは，様々な国籍やバックグラウンドをもつメンバーで構成される船員組織において，多様性に起因するネガティブなインパクトを最小化すると同時に，ポジティブなインパクトを最大化するための組織的介入である。船員戦略においては，ダイバーシティに起因するネガティブなインパクトとして，主にコミュニケーションの齟齬によるアウトプットの品質の低下，船員間のコンフリクト，トレーニング効果の阻害などが考えられる。これに対し，ポジティブなインパクトとは，船員業務における的確な問題解決や，アウトプットに関する多様なアイディアの創造を指す。

海運企業は，ダイバーシティ・マネジメントを成功裏に行うことによって，海上輸送サービスの品質を中心とする組織のパフォーマンスを高度化させることが可能となり，マンニング，クルーイング，トレーニングといった船員戦略の主要なすべての活動において重要な役割を果たす。外航海運業におけるダイバーシティ・マネジメントは，海運企業レベルの取り組みと，個々の船舶レベルのそれとに区別できる。第6章で検討したように，船員戦略のグローバル統合において，船員の多様性に起因するネガティブなインパクトを最小化すると同時に，ポジティブなインパクトを最大化するためのマネジメントを成功裏に遂行する要件として，以下の3点が挙げられる。

すなわち第1に，海運企業レベルの取り組みとして，自社の船員ニーズにおける船員のコンピテンシーを明確化し，船員のダイバーシティを適合化できるよう，世界レベルで統合化された制度のもとに，マンニングとクルーイングを行うことである。船員として求められるコンピテンシーは，配乗する船種や職位によって異なっているが，それぞれのポジションに必要とされるコンピテンシーと，船員のもつダイバーシティを，マンニングの段階で適切に選別し，クルーイングによって適合化する必要がある。これによって，世界レベルで効率的かつ無駄のない人的資源の活用が可能となる。

第2に，企業レベルおよび船舶レベルの取り組みとして，体系的に統一化されたトレーニング・システムによるアウトプットの標準化を図ることである。これによって，船員のダイバーシティに起因するサービスの不均質性を回避することが可能となる。船員は，国籍やバックグラウンドにおけるダイバーシ

ティだけでなく，数ヶ月間の契約ベースで雇用され，流動性が高いとの特性をもっている。このことから，個々の船員レベルでアウトプットの水準に差異が生じ，結果的に船員戦略のグローバル統合を阻害することが懸念される。そこで，全社レベルで統合化された船舶オペレーション現場でのトレーニング・プログラムを構築するだけでなく，個々の船舶でそれらを実行し，船舶のオペレーションにおいて均質かつ高度なサービス品質を維持することが不可欠となる。

　第3に，船舶レベルの取り組みとして，船員間のコミュニケーションを促進するフォーマルな制度を設けると同時に，インフォーマルなコミュニケーションを促進する環境を整備することが必要となる。船員組織のダイバーシティは，コミュニケーションの阻害要因となりうるが，フォーマルなコミュニケーションによる情報共有や問題解決は，円滑な船員業務の遂行を促進するだけでなく，船舶オペレーションの安全性や効率性をもたらす。これに対し，インフォーマルなコミュニケーションは，現場におけるトレーニング効果を高め，アウトプットの品質を高度化するだけでなく，船員の職場満足度を向上させ，結果的に継続的雇用を達成することが期待できる。このようなコミュニケーションに関する要件が満たされれば，全社レベルでの船員知識の共有や，船員の継続的雇用といった規範的統合成果が導出されると考えられる。

　また，規範的統合の主要な成果として，船員の継続的雇用が挙げられる。継続的雇用とは，海運企業が短期間の契約ベースで雇用する船員の離職意思を抑制し，継続的に雇用することである。船員を継続的に雇用するベネフィットは，第7章で論じたように，船員市場の内部化の観点から説明することができる。すなわち海運企業は，船員の継続的雇用によって，船員市場の不完全性に起因する取引コストを回避し，船員に体化された知識を占有することが可能となる。船員市場の不完全性は，船員獲得の不確実性や，船員に関する情報の非対称性，買い手寡占の市場構造などによってもたらされるが，需要過剰の船員市場や，船員の能力水準がいっそう問われる今日の経営環境に鑑みれば，海運企業が船員市場を内部化するインセンティブは，いっそう増大しつつあると言える。海運企業によって行われる継続的雇用のための取り組みは，インターナル・マーケティングとして捉えられ，海運企業による取り組みが，船員の離職

意思抑制をもたらす心理過程は，リテンション・マネジメントの観点から説明できる。

　海運企業が，船員市場の内部化によるベネフィットを獲得するためには，船員の従業員満足を導出するための諸施策を，全社レベルで展開する必要がある。それらの施策を通じて，船員の国籍やバックグラウンドに関わらず，すべての船員にひとしく従業員満足をもたらすことができれば，全社レベルで継続的雇用が達成される。その結果，自社のニーズに適合する船員の確保だけでなく，効率的なクルーイングおよび職務の遂行，トレーニング効果の最大化を図ることが可能となる。第8章で論じたように，従業員満足を導出するための人的資源管理を中心とする諸施策を，インターナル・マーケティングとして捉えれば，それが成功裏に進展する要件として，企業側の視点から以下のような説明が可能である。

　すなわち第1に，自社の全社戦略に適合する船員市場を標的とし，船員戦略部門の目標を的確に達成しうる船員を的確に引き付け，選別・採用する。選別においては，船員としての専門的な職務遂行能力だけでなく，企業に固有の業務システムや組織風土との適合性も含めた基準を用いる。これによって，インターナル・マーケティング・ミクスのプロセスが効果的に機能する。第2に，「製品」としての職務の魅力度を高める。「製品」には，職務と同時に船員に提供される給与や物理的な職務環境が含まれる。これによって，船員が高い「価格」すなわち能力を海運企業に提供するインセンティブが増大する。第3に，「製品」としてのトレーニング・システムを高度化させる。すなわち，大規模な設備投資や，企業に固有のトレーニング手法を開発することによって，「製品」である船員業務の水準が高度化するだけでなく，船員にとっても，自己の能力水準が高度化するため，従業員満足とモチベーションの向上が期待できる。第4に，「販売促進」としての採用広報活動によって，標的市場に対して効果的に海運企業の優位性を発信すると同時に，報償制度や福利厚生，コミュニケーション施策を効果的に展開する。これによって，能力水準の高い船員を引きつけ，船員業務を通じて従業員満足を達成することが可能となる。第5に，インターナル・マーケティングのプロセスを効果的に機能させることによって，海運企業と船員との間に，相互支援的な関係を構築する。その結果，

船員の継続的雇用が促進される。

　船員の継続的雇用を達成するためには，このような海運企業による諸施策が船員に良好に知覚され，離職意思の抑制につながるものでなければならない。そこで，第9章で示したように，船員側の観点から，海運企業の諸施策が船員の離職意思抑制をもたらすに至る心理過程を，リテンション・マネジメントの概念を用いて説明することが可能である。

　離職意思の抑制をもたらす海運企業の施策をリテンション要因として捉えれば，船員戦略において7つのリテンション要因が存在する。すなわちリテンション要因とは，①海運企業の安全管理体制，②給与水準・給与制度の公正性，③評価・昇進制度の公正性，④企業内トレーニング・プログラム，⑤海運企業自体の優位性，⑥船員の経営参加，⑦船員個人の要因である。これらのリテンション要因は，船員の職務特性，雇用形態，職務環境，キャリア特性などの外航海運業に固有の背景に起因している。海運企業の取り組みであるリテンション要因は，船員の知覚を経て，海運企業に対する船員のコミットメントを形成する。コミットメントとは，特定の組織に対する従業員個人の一体感とインボルブメントの強さを指し，前述のリテンション要因は，それぞれの心理過程を経て，感情的コミットメント，継続的コミットメント，規範的コミットメントのいずれかを形成する。これらのコミットメントが形成されることで，船員の離職意思が抑制され，継続的雇用が達成される。船員戦略の規範的統合においては，全社レベルで制度的に統合された人的資源管理施策や安全管理体制が，国籍やバックグラウンドに関わらず，すべての船員に良好な知覚をもたらすことによって，海運企業に対するコミットメントが形成され，その結果個々の船員の離職意思を抑制することが可能となる。

　さらに，船舶オペレーションの安全性を高めるためには，多様な国籍やバックグラウンドを有するプレーヤーが，的確なコミュニケーションを通じて，規範的統合を達成する必要がある。この点について，第10章ではクロスボーダー・コミュニケーションの観点から，船舶オペレーションの安全性を高めるためのコミュニケーションの概念と，規範的統合を達成するための要件を提示した。

　船員業務におけるクロスボーダー・コミュニケーションとは，異なる国籍や

バックグラウンドをもつ船員が，船員業務に関係する様々なプレーヤーとの間で，相互に円滑なコミュニケーションをとることである。船員業務においては，船員間だけでなく，船舶管理者や水先人，陸上の荷役スタッフやメンテナンス・スタッフなど，世界レベルで多様なプレーヤーが参画するため，それぞれにコミュニケーションのインターフェイスが存在する。そして，これらのインターフェイスの大部分は，国境を挟んで形成される。このような異なるコミュニケーション環境のもとで，クロスボーダー・コミュニケーションが成功裏に行われることによって，海運企業は船舶オペレーションにおける安全性をより確実なものとすることが可能である。クロスボーダー・コミュニケーションは，オペレーションの安全性だけでなく，主に海上におけるトレーニングの効果や，良好な組織風土の形成にも影響を及ぼすため，規範的統合の成果を左右する重要な要因として位置づけられる。

　第10章で議論したように，主に船舶オペレーションに安全管理を成功裏に行うためのクロスボーダー・コミュニケーションとして，コンテクスト，組織文化，組織特性，国民文化の4つの観点から，以下の仮説を提起できる。第1に，船員間でのコミュニケーションについて，コンテクスト・マネジメントを成功裏に行うこと。すなわち，船員組織のコンテクストを共有化するか，異質なコンテクスト環境を前提とし，共通言語による明示的なコミュニケーションをとることによって，職務上必要とされるメッセージの伝達が的確に行われ，職務遂行の安全性が増大する。第2に，船舶管理企業によって，船員組織における不確実性回避志向の組織文化を醸成すること。すなわち，船舶管理企業が不確実性回避志向の高い船員を採用，社会化することによって，安全管理重視の価値観が本船において浸透し，安全管理マニュアルが的確に機能する。第3に，エッフェル塔型の船員組織において，権力格差認識の差異に関わらず，制度上の権限が集中する上位者の能力水準を高度化すると同時に，個々の船舶の上位組織に位置づけられる船舶管理企業が的確に管理・監督し，組織文化の標準化を図ること。それによって，物理的に分散する個々の船員組織だけでなく，全社レベルで安全管理水準を標準化することが可能となる。第4に，船舶管理企業による適切なマンニング，異文化理解力の養成，上位者による船内生活全般的な文化的対応，船内生活における文化的コンフリクトのフィードバッ

クを行うことによって，船員組織における多様性コストを回避ないし削減することが可能となり，マルチカルチャー・チームとしての船員組織が効率的に機能する。

　船員が規範的統合を達成し，船舶を安全に運航するためには，船員の多様性を所与の条件としながら，船員が相互に適切なコミュニケーションを行うことが不可欠である。海運企業は，クロスボーダー・コミュニケーションに関する上述の4つの要件を満たすべく，組織風土やコミュニケーション環境の形成，それを可能ならしめるマンニング，上位者としての役割の明確化と管理・監督，コンフリクトのフィードバックなどの取り組みを，全社レベルで統合化された制度として機能させる必要がある。

　以上のように，本書では，外航海運企業による船員戦略を人的資源の「グローバル統合」として捉え，その概念を業種および職種レベルで精緻化すると同時に，グローバル統合が成功裏に進展するための要件を，先進事例ないし成功事例としてのケース・スタディから帰納的に導出した。世界レベルで大規模な事業展開を行う多国籍企業であっても，人的資源のグローバル統合に向けた取り組みを行う企業はごく少数に限定されるだけでなく，制度的にも規範的にもグローバル統合を達成し，その成果を挙げている企業はきわめて稀である。さらに，グローバル統合の対象が生産現場レベルの従業員に及ぶケースはほとんどないと言える。本書は，人的資源のグローバル統合が現場従業員のレベルで進展する外航海運業を研究対象とすることで，グローバル統合に関するより具体的な概念を提示しただけでなく，業種特殊的な制約要因から，一般的にはグローバル統合が困難と考えられる外航海運業においても，企業が先進的な取り組みを行うことで，それが成功裏に進展する可能性を示した点に重要な意義があると言える。

　しかしながら，筆者が本書の研究をさらに進展させる上で，いくつかの課題も残されている。すなわち第1に，国際ビジネス論全体における人的資源管理論の位置づけや，両者の関係性について，より明確かつ丁寧に整理する必要がある。両者は，研究対象に対する分析の視点や分析手法が異なるため，国際ビジネス論としての人的資源管理の概念を，より精緻に検討する必要があると言

える。第2に，本書では，人的資源管理における多くの機能を対象に広範な研究がなされているが，さらにそれぞれの機能に対象を絞り込み，より精緻な分析が可能であると言える。たとえば，船員組織において規範的統合を達成する上でのコンテクスト・マネジメントや，グローバル統合を達成するための教育・訓練における教授法，海運企業全体の優位性を高めるための船員の組織内キャリア発達などについて，さらに詳細に検討する余地がある。第3に，本書の研究対象が，日本のオーナー・オペレーターに限定されているため，他国の海運企業や，オーナー・オペレーター以外の海運企業においても本書の議論が妥当性をもつかどうかを再検討する必要があると考えられる。

[注]

1) 本書では，外航船の所有，運航，管理のいずれかを行う企業を外航海運企業として捉え，船舶の所有，運航，管理を実質的にひとつの企業グループ内で行うオーナー・オペレーターを主に議論の対象とする。
2) 2015年数量ベース。
3) Perlmutter (1969) では，地域志向型をのぞく3つの類型を示すに留まっており，Heenan and Perlmutter (1979) において，地域志向型の類型を加え，EPRGプロファイルの概念となった。
4) Perlmutter (1969) p.12 表1。世界志向型のその他の特徴として，親会社と子会社間で協力的なアプローチをとることを目的に意思決定が行われる点や，全社レベルと現地レベルの評価基準を採用し，全社レベルの目標に対する報酬システムをもっている点などが挙げられている。他の類型の特徴については，同表参照。
5) Heenan and Perlmutter (1979) では，IBM社をはじめとする主要な多国籍企業に勤務する従業員を対象に，人事計画，人事統制，人事管理に関するアンケートとインタビュー調査に基づいて，多国籍企業の経営姿勢に基づく類型をより精緻化しようと試みている。
6) Fayerweather (1975) は，国際経営において，国境を越えた経営資源の取引と並び，多国籍企業と受入国社会との相関関係の重要性を挙げている。
7) 類似の概念として，Robinson (1984) は，組織構造とマネジメント形態の観点から，多国籍企業の発展段階を6つに区分した。それによれば，グローバル統合が達成され，最も成熟した多国籍企業を「脱国籍企業」と呼び，経営者は世界的視野で目標を設定し，組織上，心理上，法律上，世界レベルで自由に経営資源を移動できる企業と位置付けた。その上で，統合化されたマーケティング・システムの管理こそが国際経営の最も有益かつリスクの少ない形態であると論じている。
8) その他の企業の類型については，Bartlett and Ghoshal (1989) 邦訳，p.88，表4-2参照。
9) 感知・結合・活用の概念については，Doz et al. (2001) p.6, Figure1-1に図式化されている。
10) 価値連鎖の概念は，Porter (1986) 邦訳，p.26，図1.2に示されている。
11) 国際戦略の4つの類型については，Porter (1986) 邦訳，p.34，図1.5に図式化されている。
12) 多国籍企業活動の本質について，Ghoshal (1987) p.428, Table 1に図式化されている。
13) Ghoshal (1987) p.429, Figure 1に概念的フレームワークが示されている。
14) 組織社会化の定義について，たとえば佐々木 (1990) は，個人が組織に参入したとき，新しい組織内環境に適応していくための知識を獲得し，態度を形成し，行動を変容させていく過程であるとする（佐々木, 1990, pp.59-60）。また，高橋 (1993) は，組織への参入者が組織の一員となるために，組織の規範・価値・行動様式を受け入れ，職務遂行に必要な技能を習得し，組織に適応していく過程であるとしている（高橋, 1993, p.2）。
15) このほかにも，組織社会化の目的については様々な見解が示されている。たとえばFeldman (1981) は，社会化の目的を，① 一連の役割行動の獲得，② 職務スキルや能力の開発，③ 組織の規範や価値観への適応の3点であると捉えている（Feldman, 1981, p.309）。
16) 類似した分類として，Haueter, et al. (2003) は，組織社会化を① 職務・機能，② 職務グループ，③ 組織，④ 役割の4つの領域に区分し，組織社会化を促進する要因を分析した。
17) 特定の企業におけるグローバル統合の事例に関しては，古沢 (2009) などがある。
18) 船舶管理に関しては，特定の国に固有の立地優位性が存在する場合が多い。たとえば，シンガポールには世界の大手船舶管理会社が集中しているが，主要な優位性要素として，船舶管理者の水

準や獲得可能性，海運企業をめぐる政府の諸政策などが挙げられる．
19) 便宜置籍船とは，国際法上，船舶に対する国籍付与の条件が緩い国に登録された船舶を言い，外国人船員の配乗を行う上でも不可欠な制度である．便宜置籍船の概念，生成過程，それを取り巻く諸課題に関して，合田（2013）は包括的な研究を行っている．
20) 国土交通省ウェブサイト http://www.mlit.go.jp/（2016 年 12 月 2 日アクセス）．
21) 国土交通省ウェブサイト https://wwwtb.mlit.go.jp（2016 年 12 月 2 日アクセス）．
22) 国土交通省プレスリリース（2011 年 8 月 31 日）．
23) 日本船主協会ウェブサイト https://www.jsanet.or.jp（2016 年 12 月 2 日アクセス）．
24) ISM コード第 3 条に「会社の責任及び権限」として規定されている．
25) 2016 年に発表された *BOMCO Manpower Report 2015* によれば，2025 年には世界で 14 万 7500 人の船員（職員）が不足するとされている．
26) 本章においては，多国籍企業の立地選択ならびに立地優位性に関する点について検討するが，OLI パラダイムは，外国市場の不完全性に起因する取引コストを回避する手段として，企業の国際生産を説明するものである．OLI パラダイムに関する詳細は，Dunning（1988），Dunning and Lundan（2008）などにおいて論じられている．
27) Dunning は，海外直接投資のタイプ別に，1990 年代以降における立地特殊的優位要素を具体的に示している（Dunning, 1998, p.53, Table 1）．
28) Narula は，自然的資産と創造された資産の相互作用関係を図式化している（Narula, 1996, p.73, Figure 5.1）．
29) Dunning（1989）は，具体的なサービス産業の 21 業種について，OLI 構成要素を提示している．海運業の立地優位性については，航空輸送業と同様，現地販売拠点の能力水準や，ターミナルの運営能力，メンテナンス技術，港湾でのサービス支援施設の能力が指摘されているが，これらは海上輸送サービスそのものについての優位性であり，本研究の対象である船員戦略とは異なる付加価値活動である．
30) Rugman（1995）は，Porter が提示した「国の競争優位のダイヤモンド」に対して，ダイヤモンドを構成する 4 つの優位性要素の水準が，複数の国の間で相対的に決定されると論じている．
31) Porter の示す立地優位性の構成要素で，具体的には要素条件，需要条件，関連支援産業，企業戦略・競争を指す．Porter が立地優位性について提示した「クラスター」の概念については，次章においてさらに検討する．
32) Rugman は，Porter が示した競争優位のダイヤモンドに基づいて，この相対的な立地優位性の概念を「ダブル・ダイヤモンド」として図式化した（Rugman, 1995, p.107, Figure 1）．
33) 日本郵船より提供された社内資料による．
34) 船舶管理のコスト構造は，個々の契約によって異なっている．このグラフで示した比率は，平均的なケースの場合である．
35) Drewly Shipping Consultants 社のデータをもとに，リーマン・ショック後の 2009 年の最低月額水準を基準として算出した数値．
36) 便宜置籍船の概念，歴史的経緯，課題などについては，合田（2013）において詳細に論じられている．それによれば，2009 年現在，日本商船隊の 93％が便宜置籍船となっており，置籍国ではパナマが 74.1％と大部分を占めている．
37) 本報告書では，世界の 2000 トン以上の船舶を対象に，現存する隻数に建造中の隻数を加え，解撤隻数を減じて商船隊の規模を算出し，そのオペレーションに必要とされる船員数と，現存する船員数および商船大学を卒業する学生数の差異から需要過剰となる船員の規模が算定されている．
38) BIMCO Manpower Report 2015．
39) コスト削減を目的として外国人船員を配乗したのは，戦後 1976 年が最初であるが，会社設立当

初はイギリス人船員のみによってオペレーションが行われていた。これは，当時の船舶のオペレーションに関する技術水準に起因するものである。
40)「New Horizon 2007」においては，2005年に195隻だった保有船舶数が，2010年には388隻まで増加する予定であり，同社の船員需要（職員）は，2005年から2010年までの間に，新たに約1100名増加するとされていた。
41) 船舶における船員組織は，船長の下，主に船舶の操船に従事するデッキ部門と，主に機関のマネジメントに従事するエンジン部門とに分けられる。船員の職位は，管理的職位である「職員」と，職員の指示のもと，船員業務に従事する「部員」とに区分される。職員としての職位は，船長の下に，1等航海士，2等航海士，3等航海士，機関長，1等機関士，2等機関士，3等機関士があり，部員の職位には，甲板員，操機員，司厨員，事務員などがある。
42) 日本郵船インタビュー調査（2006年3月9日）。
43) たとえばインドの職員（上級船員）を例にとると，2005年現在船員市場に存在する既存の船員数は4万6497名であるが，新卒船員数が約3700名と推定されるため，この数を加えると，市場全体の規模は5万197名となり，フィリピンに次ぐ世界第2位の規模となる。そしてこのうちの一定割合を，自社にとって利用可能性が高い船員規模と判断する。
44) 日本郵船インタビュー調査（2004年3月12日）。
45) 2004年の調査時点においてはこのような知覚がなされていたが，2017年現在，同社が雇用する中国人船員規模は限定的である。このことからもフィリピンに固有の立地優位性が強固に形成されていると言える。
46) NYK-FIL社インタビュー調査（2004年10月11日）。
47) 船員の能力基準が定められた国際条約「STCW95」の要件を満たす船員教育機関は，2013年現在フィリピンに97校あるが，十分な設備ないしプログラムを有する機関は限定的である。
48) インドのマンニング・ソースとしての立地優位性に関して，2006年3月の現地におけるインタビュー調査の回答は，いずれの企業，機関においてもほぼ同様であった。
49) POEAのデータによれば，2013年現在，国外で就労する労働者は183万6345人で，そのうち船員は36万7116人であるとされている。また，これらの労働者の渡航先国は，多い順にサウジアラビア，アラブ首長国連邦，シンガポール，カタール，クウェートなどとなっている。
50) 職種によって送金義務の割合は異なるが，船員の場合，給与の80％とされている。
51) Bangko Sentral ng Pilipinasのデータに基づいて，2015年時点の数値で算出。
52) World BankおよびBangko Sentral ng Pilipinasのデータに基づいて，2015年時点の数値で算出。
53) 海員組合AMOSUPは，フィリピンにおいて雇用される船員に関して職位ごとの最低賃金を定めている。
54) 海事クラスターの研究として，たとえば濱田（2000）は，イギリス，ノルウェー，オランダの海事クラスターを対象に，その現状と課題を明らかにした。
55) たとえば日本政府は，2000年12月，日本の海事産業発展に向けた有識者会議「マリタイムジャパン研究会」を組織し，海事クラスターの促進に向けた政策策定を検討するなどの取り組みを行っている。
56) Birkinshaw（2000）は，スウェーデンのストックホルムに形成される情報技術産業を例に，海外直接投資とクラスター形成の関係について論じている。
57) Rugman and D'Cruz（1993）は，Porterが示すダイヤモンドが，一国ベースで議論される点の限界を指摘し，カナダを例に，他国との相対的な概念として立地優位性を捉えるべきであるとした。
58) 本章では，「海事クラスター」の概念を，海運業，造船業を中心に，港湾業，物流業，倉庫業，金融業，保険業等の広範な産業部門で構成され，それらの産業部門間に形成されたネットワークに

272 注

よって，経営資源の効率的な移動を伴うものとして捉える。
59) BIMCO の統計によれば，2005 年現在クロアチアの船員数は，職員 1 万 300 人，部員 9200 人とされており，大規模な船員市場をもつフィリピンやインドに比べて著しく小規模である。
60) クロアチア人船員の優位性に関しては，現地船舶管理企業各社への筆者インタビュー調査（2006年 8 月 8, 9 日）に基づいて記述している。
61) 2007 年 5 月現在。
62) 2007 年 3 月調査時点。
63) Atlantska 社インタビュー調査（2007 年 3 月 9 日）による。
64) 海事系大学に在籍し，海技士免許取得の要件である乗船研修に参加する訓練生を言う。
65) 海事系大学に在籍し，海技士免許取得の要件である乗船研修に参加する訓練生を言う。
66) IMO（国際海事機関）が 1993 年に制定した安全基準で，翌 1994 年に SOLAS 条約によって強制化され，1998 年から国際航海に従事する船舶に順次適用された。
67) 日本郵船の船員および船員経験者に対するインタビュー調査において，重要な暗黙知的要素を列挙するよう求め，得られた回答による。
68) Cohen and Levinthal（1990）は，企業の研究開発に対する投資と，その産業部門における技術革新の基礎にある知識との関連性について，318 社の 1719 ビジネス・ユニットから得たデータを分析し，示唆に富む研究を行った。
69) Lindsay, et al.(2003) は，アメリカと北欧に本社を置く多国籍企業 5 社のケース・スタディから，サービス業の知識移転における個人の役割と知識フローの関係を検討した。
70) Hansen（2002）は，電機産業の大規模な多国籍企業で，41 の事業単位における 120 の新製品開発プロジェクトを対象とした研究を行っている。
71) Szulanski（1996）は，多国籍企業 8 社における 122 の知識移転活動を対象に，知識の性質と知識移転の阻害要因について検討した。その上で，知識移転のプロセスを開始・実行・ランプアップ・統合の 4 段階に区分した。
72) Minbaeva, et al.(2003) は，アメリカ，ロシア，フィンランドの多国籍企業の子会社 169 社のサンプルをもとに，多国籍企業における人的資源管理の慣行と知識移転の関係について検討した。
73) 米澤（2015a）は，同校における入社前教育・訓練を対象に，組織社会化の観点から，外国人従業員を対象とする効果的な予期的社会化プロセスについて，より詳細に検討した。
74) 同船における具体的なトレーニング手法に関しては，同船 1 等航海士，2 等航海士，3 等航海士に対するインタビュー調査（2008 年 9 月 14 日）による。
75) 本章で対象とする船員とは，運航部門ではなく，顧客サービスに直接従事するホテル部門の従業員を指す。
76) 本章は，2009 年の調査時点における日本郵船グループの客船事業を対象に，その船員戦略を議論する。同社は，2015 年に客船事業を再編し，Crystal Cruise 社を外国企業に売却すると同時に，郵船クルーズ飛鳥 II に関しても，マンニングおよびクルーイングの体制を変更した。
77) 近藤（2007）は，この点について，とりわけ人材が果たす役割が最も重要であるとした。
78) 従業員の重要性について，Heskett らは，企業における収益性，顧客ロイヤルティ，従業員満足，従業員ロイヤルティ，生産性の間に相互作用の関係が成り立つとする仮説を提起し，その概念的なフレームワークを「サービス・プロフィット・チェーン」と呼んでいる（Heskett, et al., 1994, p.166）。
79) Berry, et al. は，サービス品質の評価手法として，「SERVQUAL」を開発した。SERVQUAL とは，有形資産（Tangibles），信頼性（Reliability），対応（Responsiveness），保障（Assurance），共感（Empathy）の 5 つの領域，22 の評価項目について，サービス企業および小売企業のサービス品質を顧客の視点から評価するツールである（Berry, et al., 1988）。
80) コンピテンシーとは，効果的に成果を挙げうる個人特性と定義される（Looy, et al., 2003 邦訳，

p.282)。
81) Looy, et al. は,サービス活動の性質を,① 管理重視,② 機能重視,③ 人材重視の3つに区分した (Looy, et al., 2003 邦訳,pp.298-299)。
82) エンパワーメントについて,Bowen and Lawler(1992)は,コストとベネフィットを明確にした上で,ビジネス環境や顧客との関係,従業員の性質などによって,3段階のアプローチを選択すべきであるとした。
83) Harrison, et al. は,ダイバーシティの存在するチームにおいては,時間の経過とともに深層レベルのダイバーシティの重要性が増大すると同時に,メンバー間での個人情報や業務情報の交換が活発に行われるようになり,社会的統合化が進展する結果,チームのパフォーマンスが向上すると論じている。
84) 本節の内容は,日本郵船および郵船クルーズ社,NYK-FIL SHIPMANAGEMENT 社へのインタビュー調査(2009年4月22日および8月4日)に基づくものである。
85) 2009年調査時点。その後日本郵船は,2015年に Crystal Cruise 社を Genting Hong Kong 社(香港)に売却した。
86) 2015年は1月15日から109日間実施。
87) 2015年は4月4日から104日間実施。
88) 同誌は,世界の272隻のクルーズ船を対象に,船舶,アコモデーション,食事,サービス,エンターテイメント,クルーズ全体の観点から毎年評価を行うものである。
89) 2009年調査時点。ただし,郵船クルーズ飛鳥IIに関しては,2016年3月現在もほぼ同様の状況である。
90) 2009年4月調査時点。
91) 2009年調査時点。現在,郵船クルーズ飛鳥IIに乗務するフィリピン人以外の船員に関しては,シンガポールの日本郵船子会社 NYK SHIPMANAGEMENT 社がマンニングを行っている。
92) 具体的には,Cabin stewardess,Waiter,Cook などが該当する。
93) 2009年7月調査時点。
94) 日本郵船インタビュー調査(2009年4月22日)。
95) 本節の内容は,「飛鳥II」船上におけるインタビュー調査(2009年7月31日)に基づくものである。
96) 日本企業の運航する大型外航クルーズ船としては,飛鳥IIのほか,にっぽん丸(商船三井),ぱしふぃっくびいなす(日本客船),ふじ丸(日本チャータークルーズ)がある。
97) 「飛鳥II」乗船調査時の参与観察(2009年7月31日)による。
98) 第5章において,外国人船員に対する海運企業の知識移転について,形式知的要素と暗黙知的要素の観点から検討した。前者は,安全管理(SMS)マニュアルをはじめとする文書化された船員知識であるのに対し,後者は,形式知的要素をどのように実行するかのノウハウである。
99) 現在は,同研修所のトレーニング機能がシンガポールのトレーニングセンターに統合され,同研修所は閉鎖されている。
100) BIMCO(2005)p.21, Table 5.1 および p.24 Table 5.4。また,BIMCO/ISF が 2010 年に発表した世界の船員需給に関するレポートでは,リーマン・ショック後の海運需要の縮小を加味しつつも,2015年に3万240人の船員(職員)が不足すると予測されている。このことは,世界的な船員不足が,中長期的に継続する傾向として捉えられることを示唆している。
101) 世界の2000トン以上の船舶を対象に,現存する隻数に建造中の隻数を加え,解撤隻数を減じて商船隊の規模を算出し,それらの船舶のオペレーションに必要とされる船員数を算定したものである。
102) 新造船に対する設備投資額は,傭船も含め商船三井が 2009 年度までに1兆1000億円,日本郵

船が 2010 年度までに 1 兆円とされる（日本経済新聞 2007 年 3 月 23 日）。
103) 同社では，2005 年 4 月に中期経営計画「New Horizon 2007」を策定し，それに基づいて同年 6 月より「船員戦略プロジェクト」を立ち上げた。このときから，同社は戦略的な船員の人的資源管理に着手したと言える。同社船員戦略の経緯や内容については，第 3 章参照。
104) NYK-FIL SHIPMANAGEMENT 社インタビュー調査（2006 年 8 月 24 日）。
105) 船員の給与は，船員市場国，配乗される船種や職位，配乗回数によって異なる。海運企業にとって機密性が高く，具体的な金額は公表できないとされている。
106) 国土交通省（2016）『海事レポート 2016』p.107。
107) Rugman（1985）邦訳 p.134 および Buckley and Casson（2002）p.38。
108) 船員の具体的な「知識」および知識移転に関しては，第 5 章参照。
109) 船員の再契約率に関して，公表されているデータはないが，一般的に 60％程度とされている。
110) 日本郵船資料による。
111) 数値は，BIMCO 統計および NYK SHIPMANAGEMENT 社資料より算出。
112) NYK ATLAS 号乗組員に対する海上でのインタビュー調査（2005 年 8 月 22〜29 日）。
113) 日本郵船本社インタビュー調査（2006 年 3 月 9 日）および 2013 年に追加的に入手した同社資料による。
114) 米澤（2015a）は，同校における企業内教育・訓練を，外国人従業員に対する「予期的社会化」の成功事例として捉え，組織社会化の観点から，規範的統合における役割について，より詳細な議論を行った。
115) 第 7 章において，期間限定的な雇用契約に基づいて配乗される船員の継続的雇用を，船員市場の内部化として捉え，その重要性とベネフィットについて，内部化理論の観点から明らかにした。
116) インターナル・マーケティングによる成果の捉え方は，論者によって様々である。すなわち，従業員のモチベーションや生産性，能力水準の向上，勤続期間の長期化，採用活動の円滑化などといった人的資源管理上の要因をもってインターナル・マーケティングの成果とする場合と，売上や顧客動向などの経営指標の改善をもって，インターナル・マーケティングの成果とする場合がある。本章では，船員戦略のグローバル統合において不可欠な，船員の継続的雇用の達成をインターナル・マーケティングの成果として捉える。
117) Heskett らは，従業員価値の決定要因として，従業員が遂行する業務に関する職務要因と，従業員自身の能力に関する個人要因があるとしている。
118) 人的資源の価値サイクルについては，Heskett, et al.（2004）邦訳，p.201, 図 7-2 に図式化されている。
119) インターナル・マーケティング・プロセスについて，Baron and Harris（1995）は，インターナル・マーケティングの構成要素を，①市場調査，②市場細分化，③標的市場の選択，④プロモーションに区分した。
120) この点について，たとえば Rafiq and Ahmed（1993）は，教育・訓練を「製品」の一部とみなしている。
121) Rafiq and Ahmed（2000）は，能力とモチベーションの高い従業員を引き付ける点において，特に採用活動と教育・訓練の重要性を強調した。
122) 本節は，2010 年 2 月の調査時点のデータに基づいて記述し，2011 年 8 月の調査において判明した変更点について加筆・修正したものである。
123) 日本郵船では，2013 年 6 月現在，フィリピンやインドを中心に 14 ヶ国から約 2000 名の職員と約 3100 名の部員を雇用している（配乗ポジションベース）。
124) 第 3 章において，マンニングのプロセスについての概念を明確にした上で，フィリピンのマンニング・ソースとしての立地優位性について，代表的な多国籍企業理論を用いて検討した。

注　275

125) 船員組織の最上位に位置づけられる船長，機関長，1等航海士，1等機関士を指す。
126) 第5章では，同社の船員戦略における知識移転について詳細なケース・スタディを行った。そのなかで，海運企業の企業内教育・訓練を通じて，船員知識の形式知的要素と暗黙知的要素の移転が成功裏に行われる要件を提示した。日本郵船の企業内教育・訓練に関する詳細な内容は，第5章参照のこと。
127) 本章で言う「オペレーション」とは，船舶を運航させるだけでなく，停泊中の荷役等の管理や，エンジンのハンドリングなどを含む現場の船員業務全般を指す。
128) 船員教育に関しては，自社でトレーニング設備を所有・運営し，企業内教育として企業独自の体系的なプログラムもとに船員のトレーニングを行う場合，企業に固有の訓練項目，自社の運航データを活用するなど企業に固有の訓練手法によって，船員が企業に固有の知識を獲得できる。
129) 主に安全管理システムに関して，国際海事機関（IMO）が定める基本的な安全管理基準「ISMコード」をもとに，各船舶管理会社が安全管理マニュアル（SMSマニュアル）を策定しているが，その内容や安全管理基準の厳格性，現場指示書における安全管理の具体的な業務手順，船舶管理会社の監査における要求基準などが企業ごとに異なっている。
130) 第5章において，外航海運企業における船員の能力開発を，国境を越えた知識移転として捉え，成功裏に知識移転が行われる要件について，形式知的要素と暗黙知的要素とに区分して議論した。そのなかで，船員業務において最も重要な安全管理ポリシーの理解や暗黙知的要素の移転，知識移転の担い手としての役割を果たす上で，船員の継続的雇用が不可欠である点を指摘した。
131) この見解は，コンティンジェンシー・アプローチに基づくものである。これに対し，いかなる企業であっても，人的資源管理施策とリテンション成果との関係が普遍的であるとする見解はベスト・プラクティス・アプローチと呼ばれる。
132) 本章では，企業レベルの「組織業績」よりも船員個人の「職務業績」を挙げる船員をリテンション・マネジメントの対象として捉える。なぜならば，海運企業の好ましい「組織業績」をもたらす要因が必ずしも船員の好ましい「職務業績」だけに限られないためである。たとえば，組織業績を企業レベルの売上や利益として捉えた場合，船員が好ましい職務業績を達成し，船舶のオペレーションを適切に遂行する点以外にも，海運市場の動向や原油価格の変動，営業部門の戦略など様々な要因によって左右される。
133) たとえば山本（2007）は，評価・昇進の適切性，教育訓練の積極性，雇用保障に対する従業員の認知が，キャリア満足や昇進可能性認知，専門性の獲得といったキャリア発達を経て，リテンション効果を促進するとしている。
134) 山本（2009a）によれば，知覚とは周囲の世界や自身の内部から生じる刺激や情報を受容し，それらを直接知ることまたはその過程を指すのに対し，認知とは知覚された状況を過去の記憶や他の感覚情報と組み合わせ，社会的，文化的に意味づけることであるとされている（山本，2009a, p.37）。本章では，いずれも同義に取り扱う。
135) 国際人的資源管理と現地人従業員の離職行動との関係を示す概念モデルは，Reiche（2007）p.526, Figure 1参照。
136) 多国籍企業の人的資源管理の性質によって，本国志向型，現地志向型，地域志向型，世界志向型に分類される。
137) Guest, et al.（2003）は，イギリスにおける従業員50名以上の610社を対象に人事担当者へのインタビューを実施し，高業績労働施策の実施と企業業績（従業員の離職・欠勤・労使間コンフリクト）との関連性を検討した。
138) この点について，Huselid（1995）は，包括的な従業員の採用と選抜システム，広範な従業員のインボルブメントとトレーニングといった高業績労働施策によって，リテンション成果を挙げられる点を明らかにした。

139) Tekleab, et al.(2005) は，アメリカ企業に勤務する管理職288名を対象とするアンケート調査に基づいた実証研究から，給与水準そのものよりも，昇給による満足度が従業員の離職意思を決定するとしている．
140) Byrne (2005) も同様に，手続的公正性がリテンション成果をもたらすとした．
141) たとえばTsui, et al.(1997) は，10社85職種に従事する976名を対象とする実証研究を行い，交換理論に基づいて，企業と従業員との関係を，従業員に対する投資の多寡に応じて，過剰投資型，相互投資型，準スポット契約型，過少投資型の4つに分類した．
142) Huselid (1995) は，アメリカ企業968社に対するアンケート調査をもとにした実証研究から，高業績労働施策と離職率，企業の経営成果の関係を検討した．
143) Guthrie (2001) は，従業員100名以上のニュージーランド企業190社を対象に行った実証研究を行った．
144) Batt (2002) は，アメリカのコールセンター企業を対象とした実証研究から，人的資源管理施策と離職率および売上との関係を検討した．
145) Mowday, et al. (1979) は，組織に対する従業員の意識に基づいてコミットメントの概念を明確化し，具体的な要素を15項目に分類した上で，コミットメントとリテンション成果との関係を明らかにした．
146) Huselid (1995) は，従業員のコミットメントが，従業員の安定した中核的能力を創造し，その結果，トレーニングに対する投資に見合うベネフィットを獲得できる程度まで生産性が向上するとしている．さらに，社内昇進システムは，従業員が企業に留まる強力なインセンティブとなり，適切な報酬制度や業績評価制度との組み合わせによって，さらに従業員の能力開発に対する投資から得られるリターンが増大するとしている．
147) Meyer and Allen (1991) は，コミットメントをさらに「態度」のコミットメントと「行動」のコミットメントに分類した．「態度」のコミットメントは，従業員が組織との関係を考えるプロセスを指すのに対し，「行動」のコミットメントは，特定の組織に従業員が組み込まれていくプロセスを指す．
148) Meyer and Allen が提示したコミットメントとリテンションの関係に関する概念モデルは，Meyer and Allen (1991) p.68, Figure 2 に図式化されている．
149) ここで言う心理的契約とは，企業と従業員との交換条件に対して個々の従業員が持つ信念のことである．
150) Wong, et al.(2002) は，中国・広東省の合弁企業に対するインタビュー調査と，従業員295名を対象とするアンケート調査に基づいて実証研究を行った．
151) Walton の示すコントロール型とコミットメント型の特徴の比較は，Walton (1985) p.81 参照．
152) Guthrie (2001) は，コミットメントを促進する施策を行う企業では，従業員のリテンション率が高くなるほど生産性が向上するが，コミットメントの度合いが低い施策を行う企業では，逆にリテンション率が高くなるほど生産性が低下することを明らかにした．
153) Ganesan and Weitz (1996) は，小売企業に勤務する222名を対象としたアンケート調査に基づいた実証研究を行った．
154) Feldman (1990) は，非正規従業員の雇用形態を，長期雇用か短期雇用か，直接雇用か派遣雇用か，年間契約か季節契約か，本業か副業か，自発的か非自発的かに分類している．
155) Wotruba (1990) は，アメリカ企業4社の販売員を対象とする実証研究から，職務満足，職務業績，離職行動に関する正規従業員と非正規従業員との差異を明らかにした．
156) Sighteler and Adams (1999) は，アメリカの病院に勤務する非正規従業員1053名を対象に，早期退職者と長期勤続者を比較した実証研究を行った．
157) 日本郵船の具体的な人的資源管理施策については，第9章において整理した．本章では，それ

らの施策がリテンション要因となりうるか，またそれらの施策に対する船員の知覚を中心に論じる。

158) 給与水準に関して，日本郵船本社，NYKSM 社におけるインタビュー調査の回答と船員の知覚が一致している。本章で問題となるのは，実際の給与額の多寡よりもむしろ，給与水準に対する船員の知覚である。なぜならば，同額の給与に対しても，それを高いと感じるかそうでないかの知覚は，個々の船員によって異なる可能性があり，この知覚が離職意思の形成に対して異なる影響を及ぼすからである。
159) 具体的には，2等航海士（および機関士），3等航海士（および機関士）を指す。
160) 各国の海事系大学に在籍し，海技士免許取得の要件である乗船研修に参加する訓練生を指す。
161) 本章では，オペレーションを「船舶の操船，荷役，船舶の機械設備のハンドリングに関する諸業務」と定義する。
162) 事故の概要および原因は，日本郵船から提供された関連文書にしたがい，同社の許可を得て記述した。また，事故の当事者となる船名は，同社の要請により略号とした。
163) 第7章では，世界的な船員不足の経営環境下で，船員の人的資源管理を効率的に行う手段として，船員市場を内部化し，船員を継続的に雇用する点について検討した。
164) 船員組織における上位4職種。すなわち船長，機関長，1等航海士，1等機関士を指す。
165) 不確実性回避志向の強い社会がもつ具体的な性質については，Hofstede（1991）邦訳, p.133 図5-1 に図式化されている。
166) Hofstede（1991）邦訳, p.216, 図8-2。

[参考文献]

Adler, N. J.(1983) "A Typology of Management Studies Involving Culture," *Journal of International Business Studies*, Vol. 14, No. 2, pp.29-47.
Adler, N. J.(1991) *International Dimension of Organizational Behavior*, Boston: PWS-KENT. 江夏健一・桑名義晴（監訳）(1992)『異文化組織のマネジメント』マグロウヒル。
Ahmed, P. K. and M. Rafiq and N. M. Saad (2003) "Internal Marketing and the Mediating Role of Organizational Competencies," *European Journal of Marketing*, Vol. 37, No. 9, pp.1221-1241.
Ahmed, P. K. and M. Rafiq (2003) "Internal Marketing Issues and Challenges," *European Journal of Marketing*, Vol. 37, No. 9, pp.1177-1186.
Allen, N. J. and J. P. Meyer (1990) "Organizational Socialization Tactics: A Longitudinal Analysis of Links to Newcomers' Commitment and Role Orientation," *Academy of Management Journal*, Vol. 33, No. 4, pp. 847-858.
Appelbaum, S. H. and B. M. Fewster (2004) "Safety and Customer Service: Contemporary Practices in Diversity, Organizational Development and Training and Development in the Global Civil Aviation Industry," *Management Research News*, Vol. 27, No. 10, pp.1-19.
有村貞則（2007）『ダイバーシティ・マネジメントの研究―在米日系企業と在日米国企業の実態調査を通して』文眞堂。
Arnett, D. B. and D. A. Laverie and C. McLane (2002) "Job Satisfaction and Pride as Internal Marketing Tools," *Cornell Hotel and Restaurant Administration Quarterly*, Vol. 43, No. 2, pp.87-96.
Arthur, J. B.(1994) "Effects of Human Resource Systems on Manufacturing Performance and Turnover," *Academy of Management Journal*, Vol. 37, No. 3, pp.670-687.
Asakawa, K.(1997) A Framework of International Knowledge Management『慶應経営論集』第14巻第1号，235-255ページ。
浅川和宏（2002）「グローバルR&D戦略とナレッジマネジメント」『組織科学』第36巻1号，51-67ページ。
Ashforth, B. E. and A. M. Saks (1996) "Socialization Tactics: Longitudinal Effects on Newcomer Adjustment," *Academy of Management Journal*, Vol. 39, No. 1, pp. 149-178.
Ashforth, B. E. and D. M. Sluss, and A. M. Saks (2007) "Socialization Tactics, Proactive Behavior, and Newcomer Learning: Integrating Socialization Models," *Vocational Behavior*, Vol. 70, pp. 447-462.
Ballantyne, D.(2003) "A Relationship-Mediated Theory of Internal Marketing," *European Journal of Marketing*, Vol. 37, No. 9, pp.1242-1260.
Bandura, A. (1977) *Social Learning Theory*, New York: Prentice-Hall. 原野広太郎（1979）（監訳）『社会的学習理論』金子書房。
Baron, S. and K. Harris (1995) *Services Marketing*. U. K.: Macmillan Press, 澤内隆志ほか（2002）（邦訳）『サービス業のマーケティング―理論と事例』同友館。
Bartlett, C. A. and S. Ghoshal (1989) *Managing across Boarders: The Transnational Solution*, Boston: Harvard Business School Press. 吉原英樹（邦訳）(1990)『地球市場時代の企業戦略―トランスナショナル・マネジメントの構築』日本経済新聞社。

Bartlett, C. A. and S. Ghoshal and P. Beamish (2008) *Transnational Management* (fifth edition), New York: MacGraw-Hill and Irwin.
Batt, R.(2002) "Managing Customer Services: Human Resource Practices, Quit Rates, and Sales Growth," *Academy of Management Journal*, Vol. 45, No. 3, pp.587-597.
Bergantino, A. and P. Marlow (1998) "Factors influencing the choice of flag: empirical evidence," *Maritime Policy and Management*, Vol. 25, No. 2, pp.157-174.
Berry, L. L. and J. S. Hensel and M. C. Bruke (1976) "Improving Retailer Capability for Effective Consumerism Response," *Journal of Retailing*, Vol. 52, No. 3, pp.3-94.
Berry, L. L. and A. Parasuraman ann V. A. Zeithaml (1988) "SERVQUAL: A Multiple-Item Scale for Measuring Consumer Perceptions of Service Quality," *Journal of Retailing*, Vol, 64, No. 1, pp.12-40.
BIMCO/ISF (2005) *The Worldwide Demand for and Supply of Seafarers*, Coventry: University of Warwick.
BIMCO/ISF (2010) *Manpower Report 2010 Update*, London: BIMCO.
Bird, A. and S. Beechler (1995) "Links between Strategy and Human Resource Management Strategy in U.S. Based Japanese Subsidiaries: An Empirical Investigation," *Journal of International Business Studies*, Vol. 26 No. 1, pp.23-46.
Birkinshaw, J. and P. Hageström (2000) *The Flexible Firm: Capability Management in Network Organizations*, New York : Oxford University Press.
Birkinshaw, J. (2000) "Upgrading of Industry Clusters and Foreign Investment," *International Studies of Management and Organization*, Vol 30, No. 2, pp.99-113.
Birkinshaw, J. and R. Nobel and J. Ridderstråle (2002) "Knowledge as a Contingency Variable: Do the Characteristics of Knowledge Predict Organization Structure?" *Organization Science*, Vol. 13, No. 3, pp.274-289.
Bowen, D. E. and E. E. Lawler III (1992) "The Empowerment of Service workers: What, Why, How, and When," *Sloan Management Review*, Vol. 33, No. 3, pp.31-39.
Brickson, S.(2000) "The Impact of Identity Orientation on Individual and Organizational Outcomes in Demographically Diverse Settings," *Academy of Management Review*, Vol. 25, No. 1, pp.82-101.
Buckley, P. J. and M. Casson (1976) *The Future of the Multinational Enterprise*, London: Macmillan.
Buckley, P. J.(1993) "The Role of Management in Internalization Theory," *Management International Review*, Vol. 33, No. 3, pp.197-207.
Buckley, P. J. and M. Casson (1998) "Models of the Multinational Enterprise," *Journal of International Business Studies*, Vol. 29, No. 1, pp.21-44.
Buckley, P. J. and J. L. Mucchielli (1997) *Multinational Firms and International Relocation*, Cheltenham: Edward Elgar.
Buckley, P. J. and M. Casson (2002) *The Future of the Multinational Enterprise*, London: Macmillan.
Byrne, Z. S.(2005) "Farness Reduces the Negative Effects of Organizational Politics on Turnover Intentions, Citizenship Behavior and Job Performance," *Journal of Business and Psychology*, Vol. 20, No. 2, pp.175-200.
Cable, D. M. and C. K. Persons (2001) "Socialization Tactics and Person-Organization Fit," *Personnel Psychology*, Vol. 54, pp.1-23.

Cahill, D. J.(1995) "The Managerial Implications of the Learning Organization: A New Tool for Internal Marketing," *The Journal of Services Marketing*, Vol. 9, No. 4, pp.43-51.

Casson, M.(2000) *Economics of International Business*, Cheltenham: Edward Elgar. 江夏健一 ほか（邦訳）(2005)『国際ビジネス・エコノミクス―新しい研究課題とその方向性―』文眞堂。

Chang, E.(2005) "Employee's Overall Perception of HRM Effectiveness,"*Human Relations*, Vol. 58, No. 4, pp.523-544.

Charles, J. (2003) "Diversity Management: An Exploratory Assessment of Minority Group Representation in State Government," *Public Personnel Management*, Vol. 32, No. 4, pp.561-577.

Cohen, W. M. and D. A. Levinthal (1990) "Absorptive Capacity: A New Perspective on Learning and Innovation,"*Administrative Science Quarterly*, Vol. 35, No. 1, pp.128-152.

Collins, B.(1991) "Internal Marketing: A New Perspective for HRM,"*European Management Journal*, Vol. 9, No. 3, pp.261-269.

Cox, T. H. and S. Blake (1991) "Managing Cultural diversity: Implications for Organizational Competitiveness," *Academy of Management Executive*, Vol. 5, No. 3, pp.45-56.

Cox, T. Jr.(2001) *Creating the Multicultural Organization: A Strategy for Capturing the Power of Diversity*, San Francisco: Jossey-Bass.

Cramton, C. D. and P. J. Hinds (2005) "Subgroup dynamics in Internationally Distributed Teams: Ethnocentrism or Cross-National Learning?," *Research in Organization Behavior*, Vol. 26, pp.231-263.

Dass, P. and B. Parker (1999) "Strategies for Managing Human Resource Diversity: From Resistance to Learning," *Academy of Management Executive*, Vol. 13, No. 2, pp. 68-80.

Doz, Y. L.(1980) "Strategic Management in Multinational Companies,"*Sloan Management Review*, Vol. 21, No. 2, pp.27-46.

Doz, Y. L. and C. K. Prahalad (1984) "Patterns of Strategic Control in Multinational Corporations,"*Journal of International Business Studies*, Vol. 15, No. 2, pp. 55-72.

Doz, Y. L. and J. Santos and P. Williamson (2001) *From Global to Metanational*, Boston: Harvard Business School Press.

Dunning, J. H.(1977) "Trade, Location of Economic Activity and the MNE: A Search for an Eclectic Approach," in Ohlin, B. et al.(eds) *The International Allocation of Economic Activity*, London: Macmillan.

Dunning, J. H.(1979) "Explaining Changing Patterns of International Production: In Defense of the Eclectic Theory," *Oxford Bulletin of Economics and Statistics*, Nov., pp.269-295.

Dunning, J. H.(1981) *International Production and Multinational Enterprises*, London: Allen and Unwin.

Dunning, J. H.(1988) *Explaining International Production*, London: Unwin Hyman.

Dunning, J. H.(1989) "Multinational Enterprises and the Growth of Service: Some Conceptual and Theoretical Issues," *The Service Industries Journal*, Vol. 9, No. 1, pp.269-295.

Dunning, J. H.(1993) *Multinational Enterprises and the Global Economy*, Wokingham: Addison Wesley.

Dunning, J. H.(1995) "Reappraising the Eclectic Paradigm in an age of alliance capitalism,"*Journal of International Business Studies*, Vol. 26, No. 3, pp.461-492.

Dunning, J. H. and B, Sangeeta (1997) "The Cultural Sensitivity of Eclectic Paradigm,"*Multinational Business Review*, Vol. 5, No. 1, pp.1-17.

Dunning, J. H.(1998) "Location and the multinational enterprise: A neglected factor?"*Journal of International Business Studies*, Vol. 29, No. 1, pp.45-66.
Dunning, J. H.(2000a) "The Eclectic Paradigm as an Envelope for Economic and Business Theories of Economic Activity,"*International Business Review*, Vol. 9, No. 2, pp.163-190.
Dunning, J. H.(2000b) *Regions, Globalization, and the Knowledge Based Economy*, New York: Oxford University Press.
Dunning, J.H.(2002) *Theories and Paradigms of International Business Activity*, Cheltenham: Edward Elgar.
Dunning, J.H. and S.M. Lundan (2008) *Multinational Enterprises and the Global Economy*, Cheltenham: Edward Elgar.
Earley, P. C. and E. Mosakowski (2000) "Creating Hybrid Team Cultures: A n Empirical Test of Transnational Team Functioning,"*Academy of Management Journal*, Vol. 43, No. 1, pp.26-49.
Eckstein, A.(1971) *Comparison of Economic Systems: Theoretical and Methodological Approaches*, Berkeley: University oh California Press.
Ely, R. J. and D. A. Thomas (2001) "Cultural Diversity at Work: The Effect of Diversity Perspectives on Work Group Process and Outcomes," *Administrative Science Quarterly*, Vol. 46, pp.229-273.
江夏健一（1984）『多国籍企業要論』文眞堂。
Enderwick, P.(1989) *Multinational Service Firms*, New York Routledge.
Enright, M. J.(2000) "The Globalization of Competition and the Localization of Competitive Advantage: Policies Towards Regional Clustering,"in Hood, N. and S. Young (2000) *The Globalization of Multinational Enterprise Activity and Economic Development*, London: Macmillan Press.
Evans, P. A.(1992) "Management Development as Glue Technology,"*Human Resource Planning*, Vol. 15, No. 1, pp.85-105.
Fayerweather, J.(1975) *International Business Management: A conceptual Framework*, New York: MacGraw-Hill. 戸田忠一（邦訳）（1975）『国際経営論』ダイヤモンド社。
Fayerweather, J.(1981) "Four Winning Strategies for the International Corporation," *Journal of International Business Strategies*, Fall, pp.25-36.
Feldman, D. C.(1976) "A Contingency Theory of Socialization,"*Administrative Science Quarterly*, Vol. 21, pp. 433-452.
Feldman, D. C.(1981) "The Multiple Socialization of Organization Members,"*Academy of Management Riview*, Vol. 6, No. 2, pp. 309-318.
Feldman, D. C. and H. J. Arnold (1983) *Managing Individual and Group Behavior in Organizations*, London: McGraw-Hill.
Feldman, D. C.(1990) "Reconceptualizing the Nature and Consequences of Part-Time Work,"*Academy of Management Review*, Vol. 15, No. 1, pp.103-112.
Feldman, D. C. and H. I. Doerpinghaus (1992) "Patterns of Part-Time Employment,"*Journal of Vocational Behavior*, Vol. 41, pp.282-294.
Ferraro, G. P. (1990) *The Cultural Dimension of International Business*, Prentice Hall. 江夏健一・太田正孝（監訳）（1992）『異文化マネジメント―国際ビジネスと文化人類学―』同文舘。
Fisher, C. D.(1986) "Organizational Socialization: An Integrative Review," in Rowland, K. M. and G. R. Ferris (ed.), *Research in Personnel and Human Resource Management*, Vol. 4, London: JAI Press.

Flipo, J. P.(1986) "Service Firms: Interdependence of External and Internal Marketing Strategies," *European Journal of Marketing*, Vol. 20, No. 8, pp.5-14.

藤沢武史(2000)『多国籍企業の市場参入行動』文眞堂。

古沢昌之(2008)『グローバル人的資源管理論―「規範的統合」と「制度的統合」による人材マネジメント』白桃書房。

古沢昌之(2009)「国際人的資源管理における「規範的統合」と「制度的統合」―「現地化問題」の批判的検討にもとづいて」『世界経済評論』第53巻第5号, 6-16ページ。

Galpin, T. J.(1997) "Making Strategy Work, *The Journal of Business Strategy*," Vol. 18, No. 1, pp.12-15.

Ganesan, S. and B. A. Weitz (1996) "The Impact of Staffing Policies on Retail Buyer Job Attitudes and Behaviors,"*Journal of Retailing*, Vol. 72, No. 1, pp.31-56.

George, W. R.(1990) "Internal Marketing and Organizational Behavior: A Partnership in Developing Customer-Conscious Employees at every Level," *Journal of Business Research*, Vol. 20, pp.63-70.

Ghoshal, S.(1987) "Grobal Strategy: An Organizing Framework,"*Strategic Management Journal*, Vol. 8, No. 5, pp.425-440.

Ghoshal, S. and C. A. Bartlett (1988) "Creation, Adoption, and Diffusion of Innovations by Subsidiaries of Multinational Corporations,"*Journal of International Business Studies*, Vol. 19, No. 3, pp.365-388.

Ghoshal, S. and N. Nohria (1989) "Internal Differentiation with Multinational Corporations,"*Strategic Management Journal*, Vol. 10, No. 4, pp.323-337.

Ghoshal, S. and C. A. Bartlett (1990) "The Multinational Corporation as an Interorganizational Network,"*Academy of Management Review*, Vol. 15, No. 4, pp.603-625.

Ghoshal, S. and H. Korine and G. Szulanski (1994) "Interunit Communication in Multinational Corporations,"*Management Science*, Vol. 40, No. 1, pp.96-110.

Gibson, P.(2006) *Cruise Operations Management*, Oxford: Butterworth-Heinemann.

Gilbert, J. A. and B. A. Stead and J. M. Ivancevich (1999) "Diversity Management: A New Organizational Paradigm," *Journal of Business Ethics*, Vol. 21, No. 1. pp.61-76.

合田浩之(2013)『戦後日本海運における便宜置籍船制度の史的展開』青山社。

Gounaris, S.(2008a) "The Notion of Internal Market Orientation and Employee Job Satisfaction: Some Preliminary Evidence," *Journal of Services Marketing*, Vol. 22, No. 1, pp.68-90.

Gounaris, S.(2008b) "Antecedents of Internal Marketing Practice: Some Preliminary Empirical Evidence," *International Journal of Service Industry Management*, Vol. 19, No. 3, pp.400-434.

Grönroos, C.(1997) "From Marketing Mix to Relationship Marketing towards A Paradigm Shift in Marketing,"*Management Decision*, Vol. 35, No. 4, pp.322-339.

Grönroos, C.(2007) *Service Management and Marketing: Customer Management in Service Competition,* Chichester: John Wiley & Sons.

Guest, D. E. and J. Michie, N. Conway and M. Sheehan (2003) "Human Resource Management and Corporate Performance in the UK,"*British Journal of Industrial Relations*, Vol. 41, No. 2, pp.291-314

Gummesson, E.(1999) *Total Relationship Marketing*, Boston: Butterworth-Heinemann. 若林靖永 ほか(邦訳)(2007)『リレーションシップ・マーケティング―ビジネスの発想を変える30の関連性』中央経済社。

Gupta, A. K. and V. Govindarajan (1991) "Knowledge Flows and the Structure of Control within

Multinational Corporations," *Academy of Management Review*, Vol. 16, No. 4, pp.768-792.
Gupta, A. K. and V. Govindarajan (2000) "Knowledge Flows within Multinational Corporations," *Strategic Management Journal*, Vol. 21, pp.473-496.
Gupta, A. K. and V. Govindarajan (2002) "Cultivating a Global Mindset," *Academy of Management Executive*, Vol. 16, No. 1, pp.116-126.
Guthrie, J. P.(2001) "High-Involvement Work Practices, Turnover, and Productivity: Evidence from New Zealand," *Academy of Management Journal*, Vol. 44, No. 1, pp.180-190.
Guzzo, R. A. and K. A. Noonan (1994) "Human Resource Practice as Communications and the Psychological Contact," *Human Resource Management*, Vol. 33, No. 3, pp.447-462.
Haas, M. R. and M. T. Hansen (2007) "Different Knowledge, Different Benefits: toward a Productivity Perspective on Knowledge Sharing in Organizations," *Strategic Management Journal* , Vol. 28, pp.1133-1153.
Hall, E.(1989) *Beyond Culture*, New York: Anchor Books. 岩田慶治・谷泰（邦訳）(1993)『文化を超えて』TBS ブリタニカ。
濱田哲（2000）「欧州における海事クラスター・アプローチの現状―欧州における海事クラスター調査を中心として―」『海事産業研究所報』第 414 号、21-41 ページ。
Hanover, J. M. B. and D. F. Cellar (1998) "Environmental Factors and the Effectiveness of Workforce Diversity Training," *Human Resource Development Quarterly*, Vol. 9, No. 2, pp.105-124.
Hansen, T. (2002) "Knowledge Networks: Explaining Effective Knowledge Sharing in Multiunit Companies," *Organization Science*, Vol. 13, No. 3, pp.232-248.
Harrison, D. A. and K. H. Price and J. H. Gavin and A. T. Florey (2002) "Time, Teams, and Task Performance: Changing Effects of Surface- and Deep-Level Diversity on Group Functioning," *Academy of Management Journal*, Vol. 45, No. 5, pp.1029-1045.
長谷川信次（1998）『多国籍企業の内部化理論と戦略提携』同文舘。
Haueter, J. A. and T. H. Macan, and J. Winter (2003) "Measurement of Newcomer Socialization: Construct Validation of a Multidimensional Scale," *Journal of Vocational Behavior*, Vol. 63, pp. 20-39.
Havold, J. I.(2000) "Culture in maritime safety," *Maritime Policy and Management*, Vol. 27, No. 1, pp.79-88.
林伸二（2005）『人材育成原理』白桃書房。
Heenan, D. A. and H. V. Perlmutter (1979) *Multinational Organization Development*, Wokingham: Addison Wesley.
Heskett, J. L. and T. O. Jones and G. W. Loveman and W. E. Sasser Jr. and L. A. Schlesinger (1994) "Putting the Service-Profit Chain to Work," *Harvard Business Review*, March-April, pp.164-170.
Heskett, J. L. and W. E. Sasser, Jr. and L. A. Schlesinger (2003) *The Value Profit Chain: Treat Employee Like Customers and Customer Like Employee*, The Free Press. 山本昭二・小野譲司（邦訳）(2004)『バリュー・プロフィット・チェーン―顧客・従業員満足を「利益」と連鎖させる』日本経済新聞出版社。
Hofstead, G.(1983) "The Cultural Relativity of Organizational Practices and Theories," *Journal of International Business Studies*, Vol. 14, No. 2, pp.75-89.
Hofstead, G. and B. Neuijen and D. D. Ohayv and G. Sanders (1990) "Measuring Organizational Cultures: A Qualitative and Quantitative Study Across Twenty Cases," *Administrative Science*

Quarterly, Vol. 35, No. 2, pp.286-316.

Hofstead, G.(1991) *Cultures and Organizations*, London, McGraw-Hill. 岩井紀子・岩井八郎（邦訳）（2004）『多文化世界』有斐閣。

Hofstede, G. (2001) *Culture's Consequences: comparing values, behaviors, institutions, and organizations across nations*, California: Sage.

Hofstede, G. (2005) *Cultures and Organizations: software of the mind*, New York: McGraw-Hill.

Holbrook, J. A. and D. A. Wolfe (2002) *Knowledge, Clusters and Regional Innovation*, Montreal: McGill-Queen's University Press.

Huselid, M. A.(1995) "The Impact of Human Resource Management Practices on Turnover, Productivity, and Corporate Financial Performance," *Academy of Management Journal*, Vol. 38, No. 3, pp.635-672.

市川貢・藤岡章子（1996）「インターナル・マーケティングに関する一考察」『経済経営論叢』（京都産業大学）第30巻第4号, 55-72ページ。

伊丹敬之（1991）『グローバル・マネジメント—地球時代の日本企業』NHKブックス。

Jaeger, A.(1986) "The Transfer of Organizational Culture Overseas: An Approach to Control in the Multinational Corporation," *Journal of International Business Studies*, Vol. 14, No. 2, pp.91-114.

Jensen, R. and G. Szulanski (2004) "Stickiness and the Adaptation of Organizational Practices in Cross-Border Knowledge Transfers," *Journal of International Business Studies*, Vol. 35, No. 6, pp.508-523.

Jou, Y. and C. K. Chou and F. L. Fu (2008) "Development of An Instrument to Measure Internal Marketing Concept," *Journal of Applied Management and Entrepreneurship*, Vol. 13, No. 3, pp.66-79.

狩俣正雄（1990）「組織の社会化過程とコミュニケーション」『商学論集』（大阪学院大学）第16巻第2号, 123-145ページ。

木村達也（2007）『インターナル・マーケティング—内部組織へのマーケティング・アプローチ』中央経済社。

Kinichi, A. J. and K. P. Carson and G. W. Bohlander (1992) "Relationship Between an Organization's Actual Human Resource Efforts and Employee Attitudes," *Group and Organization Studies*, Vol. 17, No. 2, pp.135-152.

Kogut, B. (1991) "Country Capabilities and the Permeability of Borders," *Strategic Management Journal*, Vol. 12, pp.33-47.

Kogut, B. and U. Zander (1992) "Knowledge of the Firm, Combinative Capabilities, and the Replication of Technology," *Organization Science*, Vol. 3, No. 3, pp.383-397.

Kogut, B. and U. Zander (1993) "Knowledge of the Firm and the Evolutionary Theory of the Multinational Corporation," *Journal of International Business Studies*, Vol. 24, No. 4, pp.625-645.

Kogut, B. and U. Zander (1995) "Knowledge, Market Failure and the Multinational Enterprise: A Reply," *Journal of International Business Studies*, Vol. 26, No. 2, pp.417-426.

国土交通省海事局『海事レポート』（各年版）。

近藤宏一（1996）「サービス・マネジメント論の枠組みと課題」『立命館経営学』第35巻第4号, 87-120ページ。

近藤隆雄（2007）『サービス・マネジメント入門—ものづくりから価値づくりの視点へ』生産性出版。

Kopp, R.(1994) "International Human Resource Policies and Practices in Japanese, European, and United States Multinationals," *Human Resource Management*, Vol. 33, No. 4, pp.581-599.

Kossek, E, E. and S. A. Lobel (ed) (1996) *Managing Diversity: Human Resource Strategies for*

Transforming the Workplace, Cambridge: Blackwell.
Kottler, P. and J. R. Bowen and J. C. Makens (2003) *Marketing for Hospitality and Tourism*, Pearson Education. 白井義男（監修）・平林祥（邦訳）(2003)『コトラーのホスピタリティ＆ツーリズム・マーケティング（第3版）』ピアソン・エデュケーション。
Krugman, P.(1991) *Geography and Trade*, Cambridge: MIT Press.
Kyriaki, M.(2003) "Third party ship management: the case of separation of ownership and management in the shipping context,"*Maritime Policy and Management*, Vol. 30, No. 1, pp.77-90.
Lane, P. J. and M. Lubatkin (1998) "Relative Absorptive Capacity and Interorganizational Learning,"*Strategic Management Journal*, Vol. 19, pp.461-477.
Lazarova, M. B. and J. L. Cerdin (2007) "Revisiting Repatriation Concerns: Organizational Support Versus Career and Contextual Influences,"*Journal of International Business Studies*, Vol. 38, pp.404-429.
Lee, C. H. and N. T. Bruvold (2003) "Creating Value for Employees: Investment in Employee Development," *International Journal of Human Resource Management*, Vol. 14, No. 6, pp.981-1000.
Lee, T. W. and S. J. Ashford, and J. P. Walsh, and R.T. Mowday (1992) "Commitment Propensity, Organizational Commitment, and Voluntary Turnover: A Longitudinal Study of Organizational Entry Process,"*Journal of Management*, Vol. 18. No. 1, pp. 15-32.
Lee, T. W. and S. D. Maurer (1997) "The Retention of Knowledge Workers with the Unfolding Model of Voluntary Turnover,"*Human Resource Management Review*, Vol. 7, No. 3, pp.247-275.
Lehrer, M. and K. Asakawa (1999) "Unbundling European Operations: Regional Management and Corporate Flexibility in American and Japanese TNCs,"*Journal of World Business*, Vol. 34, No. 3, pp.267-284.
Lindsay, V. and D. Chadee and J. Mattsson and R. Johnston and B. Millett (2003) "Relationships, the Role of Individuals and Knowledge Flows in the Internationalisation of Service Firms,"*International Journal of Service Industry Management*, Vol. 14, No. 1, pp.7-35.
Lings, I. N.(2004) "Internal Market Orientation: Construct and Consequences," *Journal of Business Research*, Vol. 57, pp.405-413.
Lings, I. N. and G. E. Greenley (2005) "Measuring Internal Market Orientation," *Journal of Service Research*, Vol. 7, No. 3, pp.290-305.
Looy, B. V. and R. V. Dierdonck and P. Gemmel (2003) *Services Management an Integrated Approach*, Pearson Education. 白井義男（監修）・平林祥（邦訳）(2004)『サービス・マネジメント―統合的アプローチ（中）』ピアソン・エデュケーション。
Louis, M. R.(1980) "Surprise and Sense Making: What New-comers Experience in Entering Unfamiliar Organizational Settings,"*Administrative Science Quarterly*, Vol. 25, pp.226-251.
Madsen, T. L. and E. Mosakowski and S. Zaheer (2003) "Knowledge Retention and Personnel Mobility: The Nondisruptive Effects of Inflows of Experience,"*Organization Science*, Vol. 14, No. 2, pp.173-191.
Malmberg, A. and D. Power (2005) "Do Clusters Create Knowledge?,"*Industry and Innovation*,Vol. 12, No. 4, pp.409-431.
Mccann, P. and R. Mudambi (2004) "The Location Behavior of the Multinational Enterprise: some Analytical Issue,"*Growth and Change*, Vol. 35, No. 4, pp.491-524.

Meyer, J. P. and D. R. Bobocel, and N. J. Allen (1991) "Development of Organizational Commitment During the First Year of Employment: A Longitudinal Study of Pre-and Post-Entry Influences," *Journal of Management*, Vol. 17, No. 4, pp.717-733.

Meyer, J. P. and N. J. Allen (1991) "A Three-Component Conceptualization of Organizational Commitment," *Human Resource Management Review*, Vol. 1, No. 1, pp.61-89.

Meyer, J. P. and D. J. Stanley and L. Herscovitch and L.Topolnysky (2002) "Affective, Continuance, and Normative Commitment to the Organization: A Meta-analysis of Antecedents, Correlates, and Consequences," *Journal of Vocational Behavior*, Vol. 61, pp. 20-52.

Miles, R. E. and C. C. Snow (1984) "Designing Strategic Human Resource Systems," *Organizational Dynamics*, Vol. 13, No. 1, pp.36-52.

Milliken, F. J. and L. L. Martins (1996) "Searching for Common Threads: Understanding the Multiple Effects of Diversity in Organizational Groups," *Academy of Management*, Vol. 21, No. 2, pp.402-433.

Minbaeva, D. and T. Pedersen, and I. Björkman, and C. F. Fey, and H. J. Park (2003) "MNC Knowledge Transfer, Subsidiary Absorptive Capacity, and HRM," *Journal of International Business Studies*, Vol. 34, No.6, pp.586-599.

Morgan, P. V.(1986) "International HRM: Fact or Fiction?," *Personnel Administrator*, Vol. 31, No. 9, pp.43-47.

Morgan, R. M. and S. D. Hunt (1994) The Commitment-Trust Theory of Relationship Marketing," *Journal of Marketing*, Vol. 58, No. 3, pp.20-38.

Mowday, R.T. and R. M. Steers, and L.W. Porter (1979) "The Measurement of Organizational Commitment," *Journal of Vocational Behavior*, Vol. 14, pp.224-247.

Nahapiet, J. and S. Ghoshal (1998) "Social Capital, Intelectual Capital, and the Organizational Advantage," *The Academy of Management Review*, Vol. 23, No. 2, pp.242-266.

Narula, R.(1996) *Multinational Investment and Economic Structure*. London: Routladge.

Nishii, L. H. and M. F. Özbilgin (2007) "Global Diversity Management: towards A Conceptual Framework," *International Journal of Human Resource Management*, Vol. 18, No. 11, pp.1883-1894.

Nohria, S. and S. Ghoshal (1993) "Horses for Courses: Organizational Forms for Multinational Corporations," *Sloan Management Review*, Vol. 34, No. 2, pp.23-35.

Nohria, S. and S. Ghoshal (1997) *The Differentiated Network: Organizing Multinational Corporations for Value Creation*, San Francisco: JOeesy-Bass.

野中郁次郎・竹内弘高 (1996)『知識創造企業』東洋経済新報社。

Normann, R.(2002) *Service Management: Strategy and Leadership in Service Business*, Chichester: John Wiley & Sons.

尾形真実哉 (2008)「若年就業者の組織社会化プロセスの包括的検討」『甲南経営研究』第48巻第4号, 11-68ページ。

小川悦史 (2006)「リテンション統合モデル構築のための先行研究による考察―非正規従業員の離職意思に関して―」『青山社会科学紀要』第35巻第1号, 121-144ページ。

太田正孝 (1993)「グローバル・コミュニケーション・ネットワークと異文化マネジメント」『世界経済評論』第37巻8号, 31-38ページ。

太田正孝 (1998)「異文化マネジメントの新展開」『世界経済評論』第42巻4号, 48-56ページ。

Panaydes, P. M. and R. Gray (1999) "An empirical assessment of rational competitive advantage in professional ship management," *Maritime Policy and Management*, Vol. 26, No. 2, pp-111-125.

Papasolomou, I.(2006) "Can Internal Marketing be Implemented within Bureaucratic Organisations?," *International Journal of Bank Marketing*, Vol. 24, No. 3, pp.194-212.

Perlmutter, H. V.(1969) "The Tortuous Evolution of the Multinational Corporation," *Columbia Journal of World Business*, Vol. 4, No. 1, pp.9-18.

Pfeffer, J.(1994) *Competitive Advantage through People*, Boston: Harvard Business School Press.

Piercy, N. and N. Morgan (1991) "Internal Marketing: The Missing Half of the Marketing Programme," *Long Range Planning*, Vol. 24, No. 2, pp.82-93.

Piercy, N.(1995) "Customer Satisfaction and the Internal Market: Marketing our Customer to our Employees," *Journal of Marketing Science*, Vol. 1, No. 1, pp.22-44.

Porter, L. W. and E. E. Lawler, and J.R. Hackman (1975) *Behavior in Organizations*, New York: McGraw-Hill.

Porter, M. E.(1985) *Competitive Advantage*, New York: Free Press. 土岐坤・中辻萬治・小野寺武夫（邦訳）(1985)『競争優位の戦略―いかに高業績を維持するか』ダイヤモンド社。

Porter, M. E.(1986) *Competition in Global Industries*, Boston: Harvard Business School Press. 土岐坤・中辻萬治・小野寺武夫（邦訳）(1989)『グローバル企業の競争戦略』ダイヤモンド社。

Porter, M. E.(1990) *The Competitive Advantages of Nations*, New York: The Free Press. 土岐坤ほか（邦訳）(1992)『国の競争優位』ダイヤモンド社。

Porter, M. E. and Ö. Sölvell (1998) "The Role of Geography in the Process of Innovation and the Sustainable Competitive Advantage of Firms," in Chandler, A. D. Jr. and P. Hegeström (1998) *The Dynamic Firm*, New York: Oxford University Press, pp.440-457.

Porter, M. E.(1999) *On Competition*, Boston: Harvard Business School Press. 竹内弘高（邦訳）(1999)『競争戦略論Ⅰ・Ⅱ』ダイヤモンド社。

Prahalad, C. K. and Y. L. Doz (1987) *The Multinational Mission: Balancing Local Demands and Global Vision*, New York: The Free Press.

Rafiq, M. and P. K. Ahmed (1993) "The Scope of Internal Marketing: Defining the Boundary Between Marketing and Human Resource Management," *Journal of Marketing Management*, Vol. 9, pp.219-232.

Rafiq, M. and P. K. Ahmed (2000) "Advances in the Internal Marketing Concept: Definition, Synthesis and Extension," *Journal of Services Marketing*, Vol. 14, No. 6, pp.449-462.

Reich, B. S.(2007) "The Effect of International Staffing Practices on Subsidiary Staff Retention in Multinational Corporations," *International Journal of Human Resource Management*, Vol. 18, No. 4, pp.523-536.

Rhodes, S. R. and M. Doering (1983) "An Integrated Model of Career Change," *Academy of Management Review*, Vol. 8, No. 4, pp.631-639.

李超（2010)「コミュニケーションとキャリア形成」『経営研究』（大阪市立大学）第61巻第2号，85-104ページ。

Robinson, R. D.(1981) "Background Concepts and Philosophy of International Business from World War Ⅱ to the Present," *Journal of International Business Studies*, Spring/Summer, pp.13-21.

Robinson, R. D.(1984) *Internationalization of Business: An Introduction*, The Dryden Press. 入江猪太郎（邦訳）(1985)『基本国際経営戦略論』文眞堂。

Robinson, R. D.(1994) "A Personal Journey through Time and Space," *Journal of International Business Studies*, Vol. 25, No. 3, pp.435-465.

Rugman, A. M.(1981) *Inside the Multinationals: The Economics of Internal Markets*, New York: Columbia University Press. 江夏健一ほか（邦訳）(1983)『多国籍企業と内部化理論』ミネル

ヴァ書房。

Rugman, A. M. and D. J. Lecraw, L. D. Booth (1985) *International Business: Firm and Environment*, New York: Mcgraw-Hil. 多国籍企業研究会（邦訳）(1987)『インターナショナルビジネス：企業と環境（上・下）』マグロウヒル。

Rugman, A. M. and J. R. D'Cruz (1993) "The Double diamond Model of International Competitiveness: The Canadian Experience," *Management International Review*, Vol. 33, No. 2, pp.17-39.

Rugman, A. M. (1995) *Beyond the Diamond*, London: JAI Press.

Rugman, A. M. (1996) *The Theory of Multinational Enterprises*, Cheltenham: Edward Elgar.

Rugman, A. M. and A. Verbeke (2003) "Extending the Theory of the Multinational Enterprise: Internalization and Strategic Management Perspective," *Journal of International Business Studies*, Vol. 34, No. 2, pp.125-137.

佐々木誠司（1990）「組織社会化と態度変容―心理的リアクタンス理論からのアプローチ」『経営行動科学』第5巻第2号, 59-66ページ。

Sasser, W. E. and R. P. Olsen and D. D. Wyckoff (1978) *Management of Service Operations: Text, Cases, and Readings*, Boston: Allyn and Bacon.

澤喜司郎（2001）『国際海運経済学』海文堂。

Schein, E. H. (1978) *Career Dynamics: Matching Individual and Organizational Needs*, Reading: Addison-Weseley, 二村敏子・三善勝代（1991）（邦訳）『キャリア・ダイナミクス』白桃書房。

篠原陽一・雨宮洋司（1991）『現代海運論』税務経理協会。

白木三秀（2006）『国際人的資源管理の比較分析』有斐閣。

Sightler, K. W. and J. S. Adams (1999) "Differences Between Stayers and Leavers Among Part-Time Workers," *Journal of Managerial Issues*, Vol. 11, No. 1, pp.110-125.

Sorenson, O. (2003) "Social Networks and Industrial Geography," *Journal of Evolutionary Economics*, Vol. 13, pp.513-527.

Swody, C. A. and G. N. Powell (2007) "Determinants of Employee Participation in Organization's Family-Friendly Programs: A Multi-level Approach," *Journal of Business Psychology*, Vol. 22, pp.111-122.

Szulanski, G. (1996) "Exploring Internal Stickiness: Impediments to the Transfer of Best Practice within the Firm," *Strategic Management Journal*, Vol. 17, pp.27-43.

高橋弘司（1993）「組織社会化研究をめぐる諸問題―研究レビュー」『経営行動科学』第8巻第1号, 1-22ページ。

高橋昭夫（1994）「サービス・マーケティングにおけるインターナル・マーケティング・コンセプトについて―製品としての職務と消費者としての従業員という考え方」『明大商学論叢』第76巻第2号, 185-208ページ。

竹内倫和・竹内規彦（2009）「新規参入者の組織社会化メカニズムに関する実証的検討―入社前・入社後の組織適応要因」『日本経営学会誌』第23号, 37-49ページ。

竹内倫和・竹内規彦（2011）「新規参入者の組織社会化過程における上司・同僚との社会的交換関係の役割―縦断的調査データによる分析」『組織科学』第44巻第3号, 132-145ページ。

谷口真美（2005）『ダイバーシティ・マネジメント―多様性をいかす組織』白桃書房。

Teece, D. J. (1976) *The Multinational Corporation and the Resource Cost of International Technology Transfer*, Cambridge: Ballinger.

Teece, D. J. (1986) "Transaction Cost Economics and the Multinational Enterprise," *Journal of Economic Behavior and Organization*, Vol. 7, pp.21-45.

Tekleab, A. G. and K. M. Bartol and W. Liu (2005) "Is It Pay Levels or Pay Raises that Matter to Fairness and Turnover?," *Journal of Organizational Behavior*, Vol. 26, pp.899-921.
Thomas, D. A. and R. J. Ely (1996) "Making Differences Matter: A New Paradigm for Managing Diversity," *Harvard Business Review*, September-October, pp.79-90.
Townley, B.(1994) "Communicating with Employees,"in Sisson, K.(ed) *Personnel Management*, Oxford: Blackwell.
Trompenaars, F. and C. Hampden-Turner (1993) *Riding the Waves of Culture*, London:Nicholas Brealey. 須貝栄(邦訳)(2001)『異文化の波』白桃書房。
Tsai, W. and S. Ghoshal (1998) "Social Capital and Value Creation: The Role of Intrafirm Networks," *Academy of Management Journal*, Vol. 41, No. 4, pp.464-476.
Tsai, W. (2000) "Social Capital, Strategic Relatedness and the Formation of Intraorganizational Linkages," *Strategic Management Journal*, Vol. 21, pp.925-939.
Tsai, W. (2002) "Social Structure of "Coopetition" within a Multiunit Organization : Coordination, Competition, and Intraorganizational Knowledge Sharing," *Organization Science*, Vol. 13, No. 2, pp.179-190.
Tsui, A. S. and T. D. Egan and C. A. O'Reilly III (1992) "Being Different: Relational Demography and Organizational Attachment," *Administrative Science Quarterly*, Vol. 37, pp.549-579.
Tsui, A. S. and L. W. Porter and A. M. Tripoli (1997) "Alternative Approaches to the Employee-Organization Relationship: Does Investment in Employees Pay Off ?," *Academy of Management Journal*, Vol. 40, No. 5, pp.1089-1121.
運輸政策研究機構(2010)『世界の船員需給見通し及び船員確保促進対策に係る研究会報告書』運輸政策研究機構国際問題研究所。
Uzzi, B.(1997) "Social Structure and Competition in Interfirm Networks: The Paradox of Embeddedness," *Administrative Science Quarterly*, Vol. 42, No. 1, pp.35-67.
Van Maanen, J.(1978) "People Processing: Strategies of Organizational Socialization," *Organizational Dynamics*, Vol. 7, No. 1, pp.19-36.
Van Maanen, J. and E. H. Schein (1979) "Toward a Theory of Organizational Socialization," *Research in Organizational Behavior*, Vol. 1, pp.209-264.
Verbeke, A.(2003) "The Evolutionary View of the MNE and the Future of Internalization Theory," *Journal of International Business Studies*, Vol. 34, pp.498-504.
Von Bergen, C. W. and B. Soper and T. Foster (2002) "Unintended Negative Effects of Diversity Management," *Public Personnel Management*, Vol. 31, No. 2, pp.239-251.
Von Hippel, E.(1994) "'Stick Information' and the Locus of Problem Solving: Implications for Innovation," *Management Science*, Vol. 40, No. 4, pp.429-439.
和田充夫(1998)『関係性マーケティングの構図―マーケティング・アズ・コミュニケーション』有斐閣。
Walton, R. E.(1985) "From Control to Commitment in the Workplace," *Harvard Business Review*, March-April 1985, pp.77-84.
Winter, S. G. and G. Szulanski (2001) "Replication as Strategy," *Organization Science*, Vol. 12, No. 6, pp.730-743.
Wong, Y. T. and H. Y. Ngo, and C. S. Wong (2002) "Affective Organizational Commitment of Workers in Chinese Joint Ventures," *Journal of Managerial Psychology*, Vol. 17, No. 7, pp.580-598.
Wotruba, T. R.(1990) "Full-time vs. Part-time Salespeople: A Comparison on Job Satisfaction,

Performance, and Turnover in Direct Selling," *International Journal of Research in Marketing*, Vol. 7, pp.97-108.

山田雄一 (1982)「組織における社会化の過程と企業内教育」『組織科学』第16巻第3号, 51-59ページ.

山本寛 (2007)「組織従業員のHRM認知とリテンションとの関係―キャリア発達の観点から―」『産業・組織心理学研究』第20巻第2号, 27-39ページ.

山本寛 (2009a)『人材定着のマネジメント―経営組織のリテンション研究』中央経済社.

山本寛 (2009b)「組織のキャリア開発の観点からみたリテンション・マネジメントの国際比較」『青山経営論集』第44巻第3号, 131-152ページ.

吉田茂・高橋望 (2002)『新版・国際交通論』世界思想社.

吉原英樹 (1985)「グローバル統合化と非構造論的接近―多国籍企業の管理課題」『組織科学』第18巻第4号, 28-37ページ.

米澤聡士 (2005)「立地優位性の高度化―国際海運業における外国人船員の活用を中心に―」『国際ビジネス研究学会年報』第11号, 223-239ページ.

米澤聡士 (2007a)「海運業の国際船員戦略におけるマンニングと立地優位性」『日本貿易学会年報』第44号, 152-160ページ.

米澤聡士 (2007b)「外航海運業における人的資源管理と船員市場の内部化」『国際ビジネス研究学会年報』第13号, 127-139ページ.

米澤聡士 (2008a)「船員市場国におけるクラスターの構造と機能」『日本貿易学会年報』第45号, 188-196ページ.

米澤聡士 (2008b)「外航海運業の安全管理とクロスボーダー・コミュニケーション―異文化マネジメント論の観点から」『国際ビジネス研究学会年報』第14号, 99-111ページ.

米澤聡士 (2009)「外航海運業の船員戦略における知識移転」『国際ビジネス研究』第1巻第2号, 75-89ページ.

米澤聡士 (2010)「クルーズ客船事業におけるサービス・マネジメントと船員戦略」『国際ビジネス研究』第2巻第2号, 93-107ページ.

米澤聡士 (2011)「インターナル・マーケティングとしての船員戦略―外航海運企業によるマンニングへの新たな視点―」『日本貿易学会年報』第48号, 128-138ページ.

米澤聡士 (2012)「外国人非正規従業員のリテンション・マネジメント―外航海運業の観点から」『国際ビジネス研究』第4巻第2号, 133-149ページ.

米澤聡士 (2015a)「予期的社会化と企業内教育・訓練―外航海運企業の大学運営に関する事例研究―」『経済集志』第84巻第4号, 53-70ページ.

米澤聡士 (2015b)「外国人従業員の規範的統合と予期的社会化―外航海運企業による入社前教育・訓練の観点から―」『国際ビジネス研究』第7巻第2号, 133-148ページ.

米澤聡士 (2016)「経営学的視点から見た外航海運企業の船員戦略―人的資源の「グローバル統合」としての概念的枠組―」『海運経済研究』第50号, 1-10ページ.

Zahra, S. A. and G. George (2002) "Absorptive Capacity: A Review, Reconceptualization, and Extension," *Academy of Management Review*, Vol. 27, No. 2, pp.185-203.

Zander, U. and B. Kogut (1995) "Knowledge and the Speed of the Transfer and Imitation of Organizational Capabilities: An Empirical Test," *Organization Science*, Vol. 6, No. 1, pp.76-92.

索　引

【数字・アルファベット】

1等機関士　46
1等航海士　46
2等機関士　46
2等航海士　46
3等機関士　46
3等航海士　46
Able Seaman　46
Bartlett and Ghoshal　19
BIMCO　66, 166
　──/ISF　166
Birkinshaw　85
Bosun　46
Buckley and Casson　170
CADET　95, 103, 111-112, 117-118, 193, 195-196, 226
　──制度　177-178
Crystal Cruise 社　143
Doz　21
Dunning　59, 63, 85-86
EPRG プロファイル　17
Fayerweather　18
Fitter　46
Ghoshal　24-25
　── and Nohria　20
Heenan　17
Hymer　169
IMO（国際海事機関）　48
ISM コード（船舶オペレーションの安全と汚染防止に関する国際基準）　48, 101, 113
Junior Officer　46
Kogut and Zander　174
LNG 船　43, 70, 196
Morgan　28
Narula　60
New Horizon 2007　67
NYK-TDG Maritime Academy　177, 195
Officer　46
OFF-JT　215-216
Oiler　46
OJT　154, 157, 158, 215
　──制度　116
OLI パラダイム　59, 61, 248
OLI 要素　61
Ordinary Seaman　46
Perlmutter　17
Porter　22, 24, 57-58, 85-87
Rating　46
Rugman　63, 87, 169-171
Senior Officer　46
SOLAS 条約（海上における人命の安全のための国際条約）　48, 172
STCW95　45
VLCC　43, 70
Wiper　46

【ア行】

アウトプットの高度化　259
アウトプットの標準化　152, 157, 262
アクセス-正当性パラダイム　138
飛鳥Ⅱ　143, 148
アフェクティブ・コンフリクト　139
安全管理　43-44, 224, 226, 237-241, 244, 250-251, 266
　──（SMS）マニュアル　46, 48, 101, 113, 116, 119, 146-147, 174, 213, 240-242, 244, 246, 248-250, 259, 266
　──基準　41, 174, 193, 213, 223-224, 241
　──施策　228
　──システム　249
　──手法　49, 175
　──体制　50, 223-224, 229, 265
　──ポリシー　50-51, 194, 223, 257, 259, 261
安全性コスト　173
暗黙知　86, 100-103, 107, 112, 174-175, 240

──的要素　100-104, 107, 112-114, 123, 158, 259-260
　　　──的要素の移転　108, 110, 118, 122
　　　──の形式知化　102, 113
暗黙的サービス　130
イノベーション　19-21, 24, 26, 84-85, 87-90, 95, 140
　　　──能力　105
異文化マネジメント論　246
異文化理解　143
移民政策　76
イメージ　141, 151
因果関係　108-110
インストラクター　115-116, 120, 225, 230
インセンティブ　86
インターナル・マーケティング　37, 184-192, 198-201, 203-204, 207, 263-264
　　　──・ミクス　187, 199, 203-204, 264
インターフェイス　202, 239-240, 242-246, 248, 252, 266
インド　43, 53, 55, 68, 71, 74, 76, 177
　　　──人船員　76
インドネシア　53, 68
インフラストラクチャー　87
インフラ要因　74
インボルブメント　216, 218, 265
運航会社　41
運航コスト　172
運航部門　147
運送契約　41
運賃同盟　65
エッフェル塔型組織　252
　　　──文化　251
エンジン部門　46-47
円高　64
エンパワーメント　135-136, 158
オーナー・オペレーター　41-42, 196, 227, 231
オペレーションの安全性　266
オランダ　83

【カ行】

海員組合　51, 83-84, 87-88, 94-95, 176
海運企業　42, 88
　　　──の優位性　178

海運政策　90, 94
海技士資格　45
海技士免許　91, 177, 193, 194
下位機能　25
外航海運企業　16, 53, 57-58
外航海運業　34, 40, 53, 65
外国人船員　42, 46, 53, 64, 66-67, 114, 118, 168, 175, 241
海事行政機関　258
海事クラスター　81, 83-84, 91
　　　──の構造　84
海事系大学　83-84, 90, 103-104, 111, 166-167, 177-178, 193, 196, 200, 202
海上輸送サービス　199, 201, 206, 256-257, 262
海上輸送需要　50
階層構造　107-108
買い手寡占　172, 263
外部顧客　185-186, 199, 201
外部市場　170, 174
海洋事故　167, 172, 237-238, 241, 245
　　　──の要因　237-238
価格　188, 201, 205-206, 264
　　　──競争　65
　　　──競争力　64
　　　──決定メカニズム　173
学習ツール　101, 112, 119
確認ツール　101
寡占状態　172
価値観　29, 249
価値共有　190
価値創造　131
　　　──プロセス　89
価値連鎖　22, 23, 57-58, 85
下流活動　23
環境適応能力　71-72, 74
環境要因　76-77
関係構築　190-191
関係終結　190
関係性　190-191
　　　──マーケティング　189-191, 203
監査　41, 116, 121
　　　──制度　260
観察　121
感情的コミットメント　219, 221, 229-231, 265

感知 21
甲板員 46
甲板手 46
甲板長 46
甲板部 46
関連・支援産業 85, 87-88
機会主義 86, 190
　——的行動 204, 206
機関承認制度 45
機関長 46, 67
機関部 46
企業業績 215
企業戦略・競争 87
企業特殊的優位 169-170, 178-179
企業内キャリア発達 230
企業内教育・訓練 36, 44, 201, 259
企業内顧客 186
企業内昇進 216
企業の戦略・構造・ライバル間競争 85
企業風土 219, 230-231
企業レベル 24
技術 90, 173-174
基礎学力 112
帰属意識 29, 35, 112, 119, 175, 185, 204, 219,
　227-228, 232
基礎知識 122
技能形成 30
機能コンフリクト 139
技能的側面 30
機能レベル 24
規範的コミットメント 219, 230-232, 265
規範的統合 28-31, 34-37, 49-51, 54, 112, 257,
　260-261, 263, 265-267
　——化 20
規模の経済 57
　——性 26, 61
客船 148
　——サービス 140
　——事業 137, 142, 144, 150
　——の船舶管理 144
キャリア開発 216
キャリア形成 251
キャリア構造 75, 90, 92, 95-96
キャリア選択 219, 222, 225, 231-232

キャリア展望 225, 228, 230
キャリア特性 265
キャリアパス 111, 221
キャリア発達 213-214, 216, 223, 225-226, 228,
　230
キャリア・マネジメント 213
キャリア満足 214, 225
吸収能力 105, 107, 109-110, 119-120, 122, 260
給与水準 179, 195-196, 205, 215, 218, 222,
　224-225, 228-230, 265
給与制度 205, 215-216, 224-225, 229, 265
給与体系 231
教育可能性 106
教育機関 93-95
教育・訓練 36, 44, 105, 112, 198, 202, 260
　——プログラム 44
教育手法 122
教育政策 77, 95
業種特性 62
業種レベル 23-24
行政機関 49, 83-84, 87-88, 93, 95
競争環境 168, 187
競争戦略論 22, 57
競争優位 22, 24, 58-61, 65, 70, 73, 85, 87, 89
協調性 72
共同化 102
業務経験 105, 122
業務情報 150
業務手順 44, 150, 154, 174, 228
　——書 101, 213
業務特性 154, 174
業務マニュアル 154
空間特殊的取引コスト 85
国の競争優位 85
クラスター 85-86, 89, 92, 258
　——の概念 87
　——の社会構造 89
　——の優位性 85
クルーイング 43-44, 58, 64, 123, 146, 257-260,
　262
クルーズ市場 152
クロアチア 43, 53, 68, 91-95, 177
　——人船員 91-92
グローカル・マネジメント 29

グローバル 22
　——業界 22
　——競争 57
　——戦略 23-24
　——統合 18, 22, 24-26, 49-51, 68
　——統合の概念 27
　——統合の手段 33
　——統合の必要性 26
　——・マインドセット 32-33
クロスボーダー・コミュニケーション 261, 265-267
訓練設備付船舶 111, 195
経営環境 52, 65-67, 165
経営管理命令 170
経営計画 213, 259
経営参加 231, 265
　——施策 227, 261
　——プログラム 217
経営参画意識 206
経営資源 18-19, 60, 62, 173-174, 178, 230
　——の移動 90, 94
経営姿勢 18
経営情報 217
経営成果 187-188, 192, 200
経営理念 197
経済構造 76
経済的ベネフィット 230
経済発展水準 71, 76-77
形式知 100-103, 112, 242
　——的要素 100-101, 103, 106, 112, 114, 118-119, 158, 259-260
　——的要素の移転 120
　——の移転 104
継続的コミットメント 219, 231, 265
継続的雇用 29, 35-36, 43, 50, 54, 120, 159, 177-178, 189, 198-199, 201, 204, 207, 213, 260-261, 263-265
結合 21
権限配分 253
言語によるコミュニケーション 242-243, 245-246
言語の共通化 248
現地適応 18, 22, 24-26
現場指示書 49

現場従業員 257
権力格差 251-252, 266
コア・サービス 129, 130
航海士 47
交換 186, 189, 203
　——関係 20, 190
講義実習 116
高業績労働施策 215-216
好循環 132-133, 158-159
構造的要素 20
購買行動 142
広報活動 196, 202, 206
コード化 174
　——可能性 106
語学力 74
顧客志向 185
顧客ニーズ 152
顧客満足 131-133, 137, 191-192, 198, 203-205
国民文化 242, 245-246, 251, 266
個人知 102, 121
個人的成果 31
コスト管理 40
コスト競争力 53, 179
コスト効率 141, 155
固定配乗 153, 159
コミットメント 19, 140, 189-190, 203, 214, 216, 218-219, 221-223, 229-230, 265
　——型人的資源管理 220
コミュニケーション 29-31, 37, 72, 107-108, 110, 118-119, 122, 134, 140, 143, 147, 151, 154, 158-159, 190, 197, 199, 215, 220, 227, 231, 238-241, 244-253, 260, 263, 266-267
　——環境 107-108, 123, 266-267
　——施策 197, 202, 206, 264
　——能力 92, 110
　——の齟齬 155, 262
　——頻度 254
　——風土 247
　——要因 238, 241, 245
　——・リスク 248
雇用 35
　——環境 222
　——慣行 51
　——形態 44, 51, 217, 221-223, 256, 259, 265

索　引　295

　　──契約期間　51
　　──の安定性　194
　　──の不安定性　218, 222, 232
　　──の流動性　51, 170, 256
　　──保障　215, 217
　　──リスク　202
コンティンジェント・サービス　129
コンテクスト　20, 246-247, 266
　　──環境　44, 246-247, 266
　　──度　246-248
　　──の共有化　247
　　──・マネジメント　247, 266
コンテナ船　43
コントロール型人的資源管理　220
コンピテンシー　135-136, 156-157, 262
　　──・プロファイル　135
コンフリクト　140, 219, 240, 253, 262

【サ行】

サービス　129
　　──・エンカウンター　133-134, 136-137,
　　　141, 151, 155, 158
　　──企業　61
　　──産業　62
　　──循環モデル　132
　　──・デリバリー　132-133, 136, 139-142,
　　　151-152, 155-157
　　──・デリバリーの標準化　158
　　──の概念　129
　　──の特徴　130
　　──の不均質性　262
　　──・パッケージ　129-130
　　──品質　61, 130, 134, 137, 140, 142,
　　　150-153, 155-159, 191-192, 199, 203, 217
　　──品質の標準化　153, 158-159
　　──・プロセス　140, 142, 157
　　──・マネジメント　131
再契約率　146, 167, 175-176
最少安全定員　45
採用　29
　　──基準　29, 54
　　──広報　264
サブスタンダード船　172
サプライチェーン　89

差別化要因　173
差別－公平パラダイム　138
サポーティング活動　87
参入形態　169
参入要因　86
支援活動　23, 57
資格要件　45
指揮系統　48
指揮・命令系統　46, 221
事業戦略　187-188
資源配分　170
資産価値　40
市場価格　170
市場環境　187, 225
市場規模　73
市場構造　263
市場の内部化　169
市場の不完全性　169, 172, 176
システム依存性　106
自然的外部性　169
自然的資産　59-61, 73-74, 76, 258
失業リスク　202
シニア・オフィサー　118, 193, 248
　　──クラス　225
資本資源　87
社会化　215, 219, 230, 249
　　──プロセス　250
社会構造　75, 90
社会的地位　71, 77
社会的統合化　140
社内昇進制度　221
就学支援　91, 104, 167, 177
就業インセンティブ　177-179, 196, 205
就業機会　228
就業態度　221
従業員価値　186
　　──サイクル　186
従業員満足　133, 186-189, 192, 198-199,
　　　201-202, 204-207, 264
従業員持株制度　217
宗教の適合性　74
集積　92, 94
　　──の利益　86
柔軟性　74

周辺的サービス 129-130
ジュニア・オフィサー 118
　——クラス 225
主要活動 57
需要条件 85
昇給可能性 216
昇進 216
　——可能性 215, 218, 222
　——可能性認知 214
　——機会 221, 225-226, 230
　——制度 225, 228, 231
乗船経験 44, 166
乗船研修 91, 95, 103, 111-112, 177, 193, 202
乗船履歴 193-194, 200
情報 90, 100-101, 169, 171, 173
　——関連的資産 173-174, 178-179
　——共有 197, 215
　——的経営資源 174
　——粘着性 104
　——の非対称性 86, 171-172, 263
　——フロー 95
消滅性 129
上流活動 23
職位 45, 48
職員 46, 66-68
職場環境 227, 253
職務 48, 202, 205-206, 264
　——環境 44, 159, 201, 205, 222-224, 264-265
　——規定 245
　——業績 213-214, 216, 220
　——経験 43, 216, 219
　——行動 213
　——設計 43-44, 47, 188, 194, 198, 215, 217, 220-221
　——態度 221
　——特性 44, 222-223, 228, 265
　——の質 206
　——範囲 218, 222
　——評価 215, 261
　——保障 220
　——満足 37, 218-219, 222-223
　——満足度 222
ジョブ・ローテーション 216
所有権 171

所有特殊的優位 59-61, 248
人件費 65
人事情報 29, 215
人事制度 29, 44
人的資源 19, 21, 74-75, 87, 141, 155, 174
　——価値サイクル 198
　——管理 58, 68-69, 256
　——管理施策 212-215, 217-218, 220-224, 229, 265
　——管理認知 214
　——管理の概念 28
　——の移動 90, 95
　——のグローバル統合 15, 27, 34, 37, 256-257, 267
　——の集積 95
　——の多様性 51
人的資産 217
人的要因 168, 238, 241
信頼 189-192, 203-204, 206, 217, 220, 229, 231, 261
　——構築 190
心理過程 32, 37, 218, 221, 264-265
心理的関係 220
心理的契約 219-220, 229
心理的コスト 202
成果報酬 215, 217
正規従業員 222
政策 77
　——策定者 94
　——策定プロセス 95
生産性 57, 216-217, 253
生産要素 87, 93, 170
制度的統合 28-29, 34-35, 50, 58, 257, 260-261
製品 188, 201-202, 205-206, 264
政府機関 173
制約要因 51, 71, 72, 77
世界志向型企業 17
世界志向のコスト 17
世界志向の阻害要因 17
世界志向のベネフィット 17
設備投資 199-200, 206
船員 41, 62, 87-88, 90, 93, 95, 103, 170, 198, 200, 239, 256-257
　——獲得競争 50, 167-168, 171-172, 176-177

索　引　*297*

──獲得リスク　177
──間関係　36, 43-44
──関係法規　213
──間のコミュニケーション　44
──関連法規　43, 45, 66, 171
──教育機関　72, 88, 90, 94, 103, 176-177, 258
──教育政策　92, 94
──業務　54, 75, 87, 103, 111, 117, 174, 179, 201, 205
──業務の性質　221
──経験者　90, 92, 94-95
──コスト　42, 53-54, 61, 70, 150, 172-173
──市場　43, 50, 54, 63, 66, 77, 86-87, 91, 146, 166, 168-173, 176-178, 195, 199-200, 224-225, 257-258, 264
──市場規模　69
──市場国　42
──市場の構造　172
──市場の内部化　36, 165, 167, 169, 171, 176, 178-179, 207, 263-264
──市場の不完全性　36, 169, 171, 263
──需要　43, 54, 66, 87, 166
──人事　257
──人事制度　258
──人事制度の統合化　261
──政策　45, 90
──戦略　34-35, 40, 42, 49-50, 57-58, 60, 66-70, 78, 84, 256-257, 265, 267
──戦略のグローバル統合　256-257
──戦略の担い手　41
──戦略プロジェクト　67
──組織　36, 43-44, 46, 48, 74, 101, 130, 140-142, 144, 151-153, 155-158, 221, 240, 244-247, 249-253, 259, 261-263, 266-267
──組織のマネジメント　44
──知識　121, 175, 259-260, 263
──知識の高度化　36
──知識の標準化　36
──ニーズ　43-44, 54, 64, 70-71, 76, 78, 156, 193, 195, 199, 256, 258-259, 262
──能力の標準化　119, 122
──の吸収能力　105
──の多国籍化　114

──の利用可能性　91
──不足　42, 50, 66, 165, 167, 169, 193, 204
──法　45
潜在的従業員　205
潜在的船員市場　90, 93, 95, 176-177
　──の内部化　178
潜在的優位性　73
全社戦略　188, 199-200
船長　46, 67
船舶管理　40, 48, 65-66
　──会社　41, 43
　──企業　49, 83-84, 87-88, 92-93, 101, 103, 116
　──コスト　42, 65, 172-173
　──者　75, 94, 225, 230, 239, 266
　──手法　227, 241
船舶職員及び小型船舶操縦者法　45
船舶所有会社　66
専門的知識　93
占有　178
戦略的クラスター　87-88
戦略的資産追求型　59
戦略目標　192, 198-199
操機員　46
操機手　46
操機長　46
相互依存関係　89, 91-92
相互作用　60-61, 73-74, 258
操船　101
創造された資産　59-61, 73-74, 76
創造性　142, 151
相対的概念　70, 258
阻害要因　110
組織学習　186
組織間キャリア効力　231
組織業績　213
組織形態　217, 223
組織構造　220
組織社会化　30-31
　──の成果　31
　──の目的　30
組織成果　213
組織知　102, 105, 121
組織適応　54, 261

組織的介入　137, 141, 155, 262
組織的成果　31
組織特性　242, 250, 266
組織能力　187
組織の柔軟性　141, 155
組織のマネジメント　19
組織風土　44, 123, 132, 158, 201, 205, 264, 266-267
組織文化　242, 246, 249, 251, 266
　　──の標準化　266
ソフト・インフラ　74
ソフト的要因　238

【タ行】

体験共有　121
ダイバーシティ　130-133, 136-137, 140, 142, 150-152, 155-158
　　──の優位性　159
　　──・マネジメント　36, 137-139, 141-142, 151, 155, 261-262
　　──・マネジメントの本質　137
ダイヤモンド　63, 85, 87-88
多国籍企業　57, 85
　　──活動　26, 59
　　──活動の本質　15, 24, 85
多様性　36, 259, 261-262, 267
　　──コスト　253, 267
　　──のマネジメント　36
タリフ　195
チームワーク　238
地縁的ネットワーク　95
知覚　37, 63-64, 71, 73, 214, 218, 221, 223-224, 226-227, 229-231, 261, 265
　　──品質　131
知識　21, 50, 57, 86, 90, 93-94, 100-101, 153, 169-171, 174, 178-179, 259, 263
　　──移転　36, 103, 106-107, 111, 117-119, 121, 123, 174-175, 178, 259-260
　　──移転手法　124
　　──移転ニーズ　121
　　──移転の価値　109
　　──移転のグローバル統合　114
　　──移転の成果　105, 122
　　──移転の阻害要因　108-109

　　──移転の本質　108
　　──移転のユニット　105
　　──共有　103
　　──市場　174
　　──集約的資産　59
　　──創造　117, 121, 260
　　──ニーズ　260
　　──の移転　109
　　──の価値　105
　　──の供給者　103, 108, 118-121, 124, 260-261
　　──の共有　103, 107-108
　　──の交換　109
　　──の受領者　108-109, 118-120
　　──の所有権　171
　　──の粘着性　106, 120-121, 260
　　──の非対称性　171
　　──の標準化　101, 110, 113, 119, 121, 260
　　──フロー　105
　　──変換　102, 121
中間財　171
　　──市場　169-170
　　──市場の不完全性　171
中国　53
調整　22, 57-58, 85, 258
　　──機能　158
　　──メカニズム　107
追加的コスト　173
定式化　174
適応コスト　231
適応能力　92
適合化　64
デッキ部門　46-47
手続的公正性　215, 220, 230
デリバリー・システム　131-132
電気担当士官　46
動機付け　185, 198
統合－学習パラダイム　138
当直基準　45
独占的優位　170
独占的利用　170
特権的アクセス　61
トランスナショナル企業　19
取引コスト　59, 169-172, 176-177, 263

索　　引　　*299*

トレーニング　43-44, 49, 58, 104-105, 135, 143,
　　147, 153, 157, 195, 215-216, 220, 257-259
　――機能　44, 93, 146
　――拠点　115
　――・コスト　173
　――・システム　158, 206, 262, 264
　――手法　123, 206, 259-260, 264
　――設備　206
　――・ニーズ　117
　――の手法　122
　――の統合化　259
　――プラン　117
　――・プログラム　51, 103, 106, 111-112,
　　114-115, 119-120, 194, 196, 201, 206, 226,
　　230, 256, 259-260, 265

【ナ行】

内部化　59, 173
　――インセンティブ　170, 174, 179
　――行動　179
　――の手段　175
　――の本質　170
　――優位　59
　――理論　37, 169, 178
内部顧客　185, 188, 191, 198-199, 201
内部支援サービス　186
内部市場　171, 173, 188
内部製品　185
内部労働市場　215
内面化　102
ナレッジ・マネジメント　21, 23
荷主　41
　――企業　116
日本語教育　154
日本人船員　42, 64, 227
日本郵船　67-68, 70, 111-112, 143-144, 166,
　　175-177, 192, 195, 223, 241
荷役　101
ネットワーク　20, 58, 87, 89-90, 94-95
　――機能　94
ノウハウ　100-101, 173-174, 178
能力　62-63, 73-76, 78, 101, 206
　――開発　87-88, 90, 93, 135, 157, 168, 175,
　　177-178, 195-196, 216, 230

　――開発機会　222
　――開発プロセス　178
　――水準　44, 50-51, 54, 58, 70, 77, 87-88, 91,
　　152, 167-168, 171-172, 178, 200, 257,
　　259-260, 264
　――水準の高度化　92, 169, 259
　――水準の差異　259
　――水準の標準化　50, 257
　――評価　146, 250
　――要件　101, 259
ノルウェー　43
　――船級協会　115

【ハ行】

パーソナリティー　71-72, 74
ハード・インフラ　74
ハード的要因　237
ハイ・インボルブメント型人的資源管理施策
　　216-217
配乗　43, 45-46, 49, 53, 66
　――計画　145, 194, 204, 206
　――契約　42
　――要件　46
配置　22, 57-58, 85, 258
ハイリスク船　43
パナマ　53
パフォーマンス　203
バルカー　43, 70
範囲の経済性　24, 61
販売経路　189, 202, 205-206
販売促進　189, 205-206, 264
比較優位　57
非正規従業員　215, 218, 221-223, 225, 229-232
ヒトの現地化　28
ヒューマン・コンタクト　174-175
評価基準　29, 146, 205, 225
評価制度　216
表出化　102
標準化　35
標的市場　192, 202, 264
フィードバック　92, 94, 121
フィランソロフィー　185
フィリピン　43, 53, 55, 68, 71-72, 76, 83, 167,
　　177, 195

――人船員　71, 73, 76, 145, 147, 177
部員　46, 53, 66-68
付加価値　60, 63
　　――活動　15, 22, 25, 57-59
　　――活動レベル　24
不確実性　86, 171-173
　　――回避志向　249-250, 266
不可分性　61, 129
不完全市場　170
不完全性　170
複雑性　106
福利厚生　264
　　――制度　146, 196, 202, 206
物的資源　87
物理的近接性　86
船主　40, 41
部門間調整ミクス　187
部門目標　200
プロファイル　43-44
プロミス　191
文化受容　30
文化的アイデンティティ　138
文化的規範　245
文化的コンフリクト　254, 266
文化的差異　139, 142, 245, 249
文化的側面　30
文化的多様性　253
文化的適応能力　253
文化的特性　253
文化的ノイズ　247
文化的バックグラウンド　253-254, 260
分配的公正性　220
ベトナム　53, 177
ベネフィット　25-26, 52
便宜置籍船　41, 46, 66
変動性　52, 129
貿易障壁　59
報酬　220
　　――制度　216
　　――マネジメント　212
報償　198
　　――制度　196, 202, 206, 225, 264
法的環境　150
ホテル部門　147-148

【マ行】

マーケティング・ミクス　188, 192, 201
マインドセット　32
マニュアル化　174
マネジメント・サポート・ミクス　187
マネジメント能力　101
マルチカルチャー・チーム　253, 267
マルチドメスティック　22
　　――業界　22
　　――戦略　23
マンニング　42-43, 45, 48, 53-54, 58, 64, 92, 123, 142, 146, 157, 200, 204, 257-260, 262, 267
　　――企業　45, 51, 83-84, 87-88, 93, 95
　　――機能　92
　　――拠点　54, 58, 68
　　――・クラスター　81, 83-85, 87, 89-91, 94, 96
　　――・クラスターの概念　85
　　――・クラスターの優位性　87, 93-94
　　――・ソース　42-43, 49, 53-55, 58, 60-62, 64, 67-73, 83-84, 86, 88, 91-92, 193, 195, 199-200, 214, 224, 256, 258-259
　　――・ソースの競争優位　87-88
　　――・ソースの多様化　68, 70, 114
　　――のチャネル　200
　　――の本質　86
水先人　239, 242, 266
無形サービス　129, 130
無形性　61, 129
明示的サービス　130
明示的なコミュニケーション　247
命令系統　74
メタナショナル企業　21
メンテナンス　40-41
モチベーション　107-110, 118-119, 121-122, 124, 158-159, 185, 192, 198-199, 201-204, 206, 216, 226, 264
　　――・マネジメント　212
模倣可能性　120
問題解決　142

【ヤ行】

優位性水準　63
優位性要素　72
有形サービス　129-130
融合　190, 203
郵船クルーズ　143-144, 148
有用性　108-110
傭船契約　41
要素市場　169
要素条件　85, 87, 90
要素投入物　169-170

【ラ行】

陸上職　230
離職　221
　——意思　29, 37, 50, 215-216, 218-221, 223, 229-231, 263, 265
　——行動　217, 221-222
　——率　217, 220, 222
リスク　24, 57
立地選択　36, 43, 57-58, 60, 62-63, 68-69, 71, 200, 258
　——の多様化　72
立地的集合　88
立地特殊的優位　59
立地優位　61
　——性　43, 53-55, 58-64, 68, 70-71, 76-77, 83-84, 88, 91-92, 200, 258
　——性要素　60-63, 69-70, 73-74, 77, 193, 200
リテンション　213, 216, 221-222, 225-226, 229
　——成果　213-223, 228-229, 231
　——・マネジメント　37, 212-213, 215, 221-222, 228-229, 264-265
　——要因　222-223, 225, 228-229, 231, 261, 265
リベリア　53
流動性　36
利用可能性　62-63, 69, 73-78, 87, 91, 200, 258
リンケージ　85
ルーマニア　43, 53, 68, 177
連結化　102, 121
ロイヤルティ　133
　——規範　219
労働意欲　72
労働環境　142, 146, 252
労働契約期間　222
労働市場　186, 188, 192
労働政策　77
労務管理　246, 252-253
ロシア　53

著者紹介

米澤聡士（よねざわ　さとし）

1992年　早稲田大学商学部卒業
　　　　生命保険会社勤務を経て
1995年　早稲田大学大学院商学研究科修士課程修了
1999年　早稲田大学大学院商学研究科博士後期課程単位取得
　　　　早稲田大学産業経営研究所助手・久留米大学商学部講師・助教授
　　　　日本大学経済学部准教授を経て
現　在　日本大学経済学部教授　博士（商学）
専門分野　国際ビジネス論　多国籍企業論　国際人的資源管理

人的資源のグローバル統合
―外航海運業の船員戦略―

2018年5月1日　第1版第1刷発行　　　　　　　　　検印省略

　　　　　　著　者　米　澤　聡　士
　　　　　　発行者　前　野　　　隆
　　　　　　　　　　東京都新宿区早稲田鶴巻町533
　　　　　　発行所　株式会社 文　眞　堂
　　　　　　　　　　電　話　03（3202）8480
　　　　　　　　　　FAX　　03（3203）2638
　　　　　　　　　　http://www.bunshin-do.co.jp
　　　　　　　　　　郵便番号(162-0041)振替00120-2-96437

印刷・モリモト印刷／製本・イマヰ製本所
©2018
定価はカバー裏に表示してあります
ISBN978-4-8309-4973-9 C3034